重庆工商大学土地资源管理国家级一流本科专业建设经费支持

# 自 然 资 源 管 理

王兆林 等 编著

中国农业出版社

北 京

# 内 容 简 介

    本书系自然资源管理类教材编写的一次尝试。本书从自然资源界定出发，按照自然资源管理理论基础→自然资源权属管理→自然资源权籍管理→自然资源资产管理→自然资源保护利用管理→自然资源信息化管理的思路，较为系统地阐述了土地资源、水资源、矿产资源、森林资源等管理的内容，并结合中外自然资源管理的案例，归纳总结我国自然资源管理一般思路、程序与方法，以期为自然资源管理专业、土地资源管理专业、人文地理与城乡规划等相关专业本科生、研究生、高职学生和自然资源领域研究人员提供参考与使用。

# 编　委　会

主　编：王兆林

**副主编**（以姓氏笔画为序）：

　　王世杰　吕志强　杜　挺

　　陈　帅　鄂施璇

# 前　言

　　自然资源是宝贵的资源和重要的资产，是人类生存和发展的基础。自然资源作为稀缺资源，社会经济的快速发展使人类对自然资源的依赖愈加严重。目前，我国正处于社会经济快速转型期，对自然资源的配置效率、利用方式产生了重要影响。自然资源稀缺性与社会经济需求之间的矛盾日益凸显，这给我国自然资源管理提出新挑战。自然资源属于公共资源，如何科学管理自然资源，实现社会经济的可持续发展，实现人类自身的可持续发展，这就需要政府从社会和整个人类的角度，对自然资源利用过程以及由此产生的社会经济关系进行干预，这就是自然资源管理。因此，自然资源管理从学科属性上属于公共管理范畴。

　　党的十八大以来，生态文明与自然资源保护上升为国家战略，"绿水青山就是金山银山""山水林田湖草沙生命共同体"等论断的提出，不断强化要转变自然资源保护与利用理念。

　　自然资源作为基础性生产要素，是生态文明建设的主战场，由专门部委负责国家土地空间用途管理，对山、水、林、田、湖进行统一保护、统一修复是适应新形势下生态文明建设的新要求。2018年，自然资源部组建，自然资源部的成立打破了各类自然资源长期以来分散管理的格局，重塑了自然资源管理新格局。随着自然资源管理制度改革不断深化，自然资源管理工作正在发生着巨大的变革，政府在社会经济发展中的地位、管理职能与方式发生了较大转变，这些均是新时期自然资源管理领域人才培养的现实要求，也是本书编写的目的。

　　本书力求重点介绍自然资源管理的基本知识、基本原理和基本方法，并依据我国自然资源管理实践的要求介绍自然资源管理的具体内容和方法，探索有效的自然资源管理途径。全书共分八章。

　　第一章为自然资源管理绪论，从总体上分析了自然资源管理时代背景和重要意义、自然资源概述、我国自然资源现状、自然资源管理学内涵与发展，总结梳理了自然资源管理学的研究对象、方法与内容。

第二章为自然资源管理原理，系统地阐述了可持续发展理论、生态学理论、经济学理论、管理学理论及"绿水青山就是金山银山"等对自然资源管理的指导意义。

第三章为自然资源管理的一般程序与过程，分别阐述了自然资源管理目标的设置、自然资源管理的组织设计、自然资源管理职能。

第四章为自然资源权属管理，界定了自然资源产权内涵与体系，系统阐述了自然资源权属管理内容与任务、自然资源权属流转、自然资源征收与补偿。

第五章为自然资源权籍管理，围绕自然资源权籍调查目的、意义、内容、程序以及自然资源确权登记特点、内容、类型等，系统梳理了自然资源权籍调查与自然资源登记。

第六章为自然资源资产管理，阐述了自然资源资产管理概述、自然资源资产价值及其评估，围绕土地、矿产、水等资源，归纳总结了自然资源资产交易，总结了自然资源资产核算体系。

第七章为自然资源保护利用管理，围绕自然资源利用规划管理、自然资源用途管制管理、自然资源保护管理等方面，归纳总结了自然资源保护利用管理。

第八章为自然资源信息化管理，系统阐述了自然资源权籍管理信息化、自然资源保护管理信息化、自然资源利用管理信息化以及自然资源信息化建设保障措施。

本书由王兆林主编，经过课题组多次讨论与研究，收集了大量的相关资料，经过细致的分析，确立了教材的内容与大纲，并分别进行了编写。各章编写分工为：第一、二、三章由王兆林编写，第四章由杜挺编写，第五章由鄂施璇编写，第六章由王世杰编写，第七章由陈帅编写，第八章由吕志强编写。

本书是自然资源管理教材编著的一次尝试，由于知识、时间所限，书中错误、缺失与疏漏之处在所难免，竭诚希望广大读者给予批评指正。

编　者

2021 年 12 月 1 日

# 目　　录

# 第一章 绪 论

## 第一节 自然资源概述

### 一、自然资源的内涵

自然资源是构成自然环境的重要组成部分，是人类生活、生产的物质条件和基础，人类的衣、食、住、行和一切生产活动都离不开它。自然资源为人类提供生存、发展和享受的物质与空间。自然资源是人类文明存在的基础，是社会发展和科学技术进步的物质资料。

自然资源所涉及的范围较大，如生物资源、农业资源、森林资源、国土资源、矿产资源、海洋资源、气候气象、水资源等，都是人类生存和发展的基础，可以为人类提供自然能量和自然物质。人类对自然资源的认识和利用已经有较为悠久的历史，但对于自然资源的科学含义，直到 20 世纪 70 年代才逐步形成，并且仍在不断地完善和发展。其中，具有代表性的有以下几种。

恩格斯在《自然辩证法》一书中曾经指出："劳动和自然界一起才是一切财富的源泉，自然界为劳动提供材料，劳动把材料变为财富"（《马克思恩格斯选集》第三卷第 508 页）。在辞书中对资源的解释是："资源即指财富的源泉"。因此，从马克思主义的观点看，自然界的材料加上人类的社会劳动，才能称为资源。应当认为，这是为自然资源提出的初步的科学概念。

地理学家金梅曼（Zimmermann，1933）较早给自然资源下了较完备的定义，他在《世界资源与产业》一书中指出：环境或其某些部分，只有它们能（或被认为能）满足人类的需要时，才是自然资源。自然禀赋或称环境禀赋，在能够被人类感知到其存在、认识到能用来满足人类的某些需求、发展出利用方法之前，它们仅仅是"中性材料"。他解释说，譬如煤，如果人们不需要它或者没有能力利用它，那么它就不是自然资源。按照金梅曼的这种观点，自然资源这一概念是主观的、相对的与功能性的。

中国《辞海》中给出的自然资源定义是，"一般指天然存在的自然物（不包括人类加工制造的原材料），如土地资源、矿产资源、水利资源、生物资源、海洋资源等，是生产的原料来源和布局场所。随着社会生产力的提高和科学技术的发展，人类开发利用自然资源的广度和深度也在不断增加"（辞海编辑委员会，1980）。这一定义体现了自然资源的天然存在性，指出了人类生存场所也是自然资源。

联合国环境规划署（UNEP）指出：“人在自然环境中发现的各种成分，只要它能以任何方式为人类提供福利，都属于自然资源。从广义来说，自然资源包括全球范围内的一切要素。”1972年UNEP强调：“所谓自然资源，是指在一定的时间条件下，能够产生经济价值以提高人类当前和未来福利的自然环境因素的总称。”由此可以看出，联合国对自然资源的定义是从自然资源的使用价值和经济价值这一角度出发的。

《大英百科全书》中为自然资源所下的定义是“人类可以利用的自然生成物，以及作为这些成分之源泉的环境功能。前者如土地、水、大气、岩石、矿物、生物及其群集的森林、草场、矿藏、陆地、海洋等；后者如太阳能、环境的地球物理机能（气象、海洋现象、水文地理现象），环境的生态学机能（植物的光合作用、生物的食物链、微生物的腐蚀分解作用等），地球化学循环机能（地热现象、化石燃料、非金属矿物的生成作用等）”。这个定义指出自然环境也是自然资源。

以上对自然资源的定义都把自然资源当作天然生成物，但由于人类长时间的存在，现如今的自然资源或多或少有了人类的痕迹，融入了人类的劳动成果，因此，中国现代自然资源学者蔡运龙认为：“自然资源是人类能够从自然界获取以满足其需要的任何天然生成物及作用于其上的人类活动结果，自然资源是人类社会取自自然界的初始投入。”

综合以上论述，可以对自然资源下一个更全面的定义：自然资源是能够被人类开发利用，满足其当前或未来需要的自然界中的空间、空间内天然存在的各种物质、物质存在形式及运动形式所含的能量以及物质运动变化所提供的各种服务功能。本书提到的自然资源主要是指土地、矿产、水以及森林这四个部分。

根据上述自然资源的定义，可以对自然资源的概念做出如下解释：

自然资源是自然界中产生的、有一定的使用价值的天然生成物。地球陆地表面、野生动植物、土壤、水资源、矿物质都是在自然过程中产生的天然生成物，自然资源与其他资源最本质的区别就是它的天然性，但由于人类的出现，现代的自然资源中已经或多或少地融入了人类的劳动成果。

自然资源是由人来界定而非自然。自然界中的各环境要素要具备以下两个条件才能被称为自然资源，一是人类对自然资源或自然资源产生的物质有某种需求；二是人类具备开发和利用自然资源的知识和技能。这两个条件必须同时满足，这些环境要素才属于自然资源，缺少任何一个条件，都只能属于“中性材料”。

自然资源的范畴不是一成不变的。随着人类需求的增加和科学技术的发展，人类对自然资源的认识、开发和利用能力加强，自然资源的利用范围也随之不断扩大，人类对某种自然物质的需求量越大，这种物质就会越稀少，也会因为稀少而成为资源。

自然资源与文化背景有关。从文化背景的角度来看，自然物质是否可以被看作自然资源，通常取决于风俗、信仰、宗教等因素。

自然资源是自然环境的一个方面。自然环境是指人类周围所有的外界客观存在物，自然资源则是从人类的需求角度来理解这些因素存在的价值。因此，自然资源和自然环境密不可分，但二者的概念又互有差异，可以说，自然资源是自然环境透过人类社会这个棱镜的反映。

## 二、自然资源的功能

### 1. 为人类提供生活和生产的物质资料

自然资源是人类赖以生存和发展的必不可少的物质基础。自然资源制约着社会经济的发展，自然资源的数量、质量及其区域组合状况制约着地区产业布局和区域经济发展方向。虽然，一些国家和地区在一定阶段，其经济发展的首要条件不只是依赖于这个国家或地区内部自然资源数量的多寡、质量的高低，而是开发利用自然资源的科学技术水平。有时这种资源不一定是取自国内（或区内），还可能是来自国外（或区外）。但是，一般而言，经济的发展仍然和自然资源紧紧地联结在一起。从全球来看，从可持续发展的观点来看，一个国家经济发展潜力、综合国力大小总是和国家所拥有自然资源量的大小密切相关的。

### 2. 为人类生活和生产提供必不可少的空间资源

人类生存的空间可分为狭义生存空间和广义生存空间两类。狭义生存空间主要指地理空间，包括土地面积（含人均面积）、资源状况（含人均资源量），这是衡量空间资源的主要量度，现阶段也常被用作土地承载力的主要尺度。

广义的空间是在狭义空间的基础上再加上以人类生产力水平为背景的空间资源。众所周知，生产力水平取决于开发利用资源的技术水平、管理水平和区域总体经济水平。土地面积的扩大（如沿海河流三角洲地区），耕地、林地、草地面积的扩大以及矿产资源可采储量的增加和新矿种新储量的发现，都意味着人类生存空间的增多；技术的发展，经济活动方式的进步所导致的资源利用率的提高，也标志着人类生存空间的扩展。衡量生产力综合指标的国民经济产值、国民消费水平、文化教育程度、社会福利以及贫困人口的比例，都被看作是人类生存空间的量度，也是深入研究一个国家、一个地区土地承载力和环境容量的重要数量指标。

### 3. 为人类生产提供环境基础

几乎所有的自然资源都构成人类生存的环境因子，自然资源是在一定的时空范围内，可供人类利用的，表现为各种相互独立的静态物质和能量，而环境资源则是静与动的统一体。进一步讲，自然资源利用状况，直接决定生态环境的好坏。人类合理的资源利用能够维持生态环境的平衡，能够为人类在享受现代文明的同时获得环境的馈赠。反之，如果过度利用资源，将会严重破坏人类赖以生存的环境，可能带来一些灾难性的自然环境问题。

## 三、自然资源的特征

### 1. 综合性

自然资源的综合性主要表现在：第一，自然资源是由多种单项资源组合而成的庞大的自然系统，即自然综合体，各资源之间有着密切联系。气候资源、水资源、生物资源与土地资源之间都是密不可分的，特别是土地资源，它是由多种资源组合起来的自然综合体。正是由于各种资源相互关联，一种资源的开发利用常常会引起其他资源的变化，如森林资源的过度消耗所导致的气候的变劣、动物资源的锐减和土地的退化等。第二，各单项资源内部也是一个复杂的系统。如生物资源是由绿色植物、草食动物、肉食动物、微生物等构成，它们之间构成了一个庞大而复杂的生态网络。这个网络中任何一个环节起了变化，都会产生连锁反应，引起整个生态系统的变化。如森林系统中，除了乔木外，还有灌木和草本植物以及相应的气候、土壤和多种动物，其中任何一个因素发生变化都有可能引起整个森林系统的改变。第三，自然资源与资源开发利用有关的社会经济条件也形成一个相互联系、相互制约的整体。资源与技术、经济以致与国家政策之间都是紧密联系的。自然资源，实际上是一个由资源—生态—社会经济组合而成的复合体系。自然资源学是集自然科学、生态科学、社会科学、环境科学和工程技术与管理科学于一身的综合性科学。自然资源的价值，不仅取决于自然资源本身的自然属性（数量、质量与分布），还取决于技术和管理水平，良好的生产技术和管理水平可以更好地提高和扩大资源的价值，正确的政策路线和方针可以使资源长用不衰。

### 2. 整体性

自然资源的整体性是由其综合性所决定的，不管是哪种自然资源，不管自然资源的种类是多么复杂多样，基本上都统一在地球表层这个整体之中，它们相互联系、相互制约，各种资源互为环境。人们在社会生产过程中，如果改变一种资源或资源系统中的一种成分，就同时能使周围环境和其他资源发生变化。如采伐山地森林，受到影响的就不只是森林中的林木、灌木和草类，而且还要影响森林的动物、土壤和气候，不仅使山地环境受到影响，而且还使处于下游的平原、湖泊、水库的生态发生变化。采矿对环境的破坏亦不容忽视。据统计，每采 1 吨品位为 0.7% 的铜矿，排出的石块和矿碴为 150 吨，而 1 吨品位为 0.2% 的铜矿排出的岩石矿碴则达 500 吨，会压废大片土地，并造成环境污染。所以对自然资源的开发利用必须持综合的观点、整体的观点，否则顾此失彼，使生态与环境遭到破坏，经济也得不到发展。

### 3. 有限性

在具体的空间和时间范围内，自然资源是有限的，尤其是资源分布的地域差异性使得自然资源在一定的地域空间内总是有限的。由于生命发展的高需求性以及存在许多种不可再生、消耗性使用的自然资源，致使某些资源供给处于某种程度的紧张之中。在人类历史的初始阶段，人口数量少，生产力水平低，自然资源的有限性表现得不够明显。进入 20 世纪以后，随着人口的剧增、生产力水平的提高以及生产、生活物质消耗的增加，自然资源的有限性就日益明显地表现出来，自然资源供给的紧张状况已经对经济的繁荣、社会的发展甚至人类的生存带来了一定的威胁。自然资源不断地被人类消耗而且消耗速度急剧增加，使自然资源日益明显地表现出稀缺的本质特征。在自然资源的开发利用与管理中，无论人们所研究的时段的长短如何，从发展的观点去考察，人类开发利用自然资源的活动总会具有无限的延续性。但是，就其自身的数量形体而言，自然资源总是有限的，这就使得每个时段所拥有的自然资源量趋于无穷小，即自然资源表现出稀缺特征。稀缺的自然资源作为一个最终的限制因子，制约着区域、国家乃至全球的经济发展。

### 4. 空间性

自然资源的空间性也称自然资源的地区性或地域性。自然资源的分布，有的受地带性因素的影响，有的受非地带性因素的制约。不仅不同种类的自然资源的地带性分布规律会有很大差异，而且同一种自然资源因受不同属性的地带性规律的影响，也表现出很大的空间差别。气候、水、土壤和生物的地域分布主要受地带性因素的影响，但同时也受非地带性因素的制约；地质、矿产、地貌等主要受非地带性因素的控制。此外，自然资源开发利用的社会经济条件和技术工艺水平也具有地域性差异。因此，对自然资源的研究和开发利用必须遵循因地制宜的原则。

### 5. 多用性

多用性是指任何一种自然资源都有多种用途，如土地资源既可用于农业，也可用于工业、交通、旅游以及改善居民的生活环境等，同一种资源可以作为不同生产过程的投入因素，不同的行业对同一种资源存在着投入需求；同一行业的不同部门以及同一部门的不同经济单位，甚至同一经济单位的不同企业或同一企业的不同车间、班组或工序都会同时存在着对同一种资源（如电力）的需求。自然资源的多用性只是为人类利用资源提供了不同用途的可能性，到底采取何种方式来利用自然资源则是由社会、经济、科学技术以及环境保护等许多因素决定的。

# 第二节　我国自然资源利用现状

自然资源作为人类生存和发展的基础，可以为人类提供可供利用的自然物质和自然能量，随着世界人口不断增长和生产规模日益扩大，如何对自然资源进行有效且合理的利用，成为当代研究的热点。自然资源的利用是指人们以自然资源（土地资源、水资源、矿产资源、森林资源等）为对象，为一定的利用目的而从事的经营或经济活动。以下从土地资源、水资源、矿产资源和森林资源四个方面阐述我国当前自然资源利用状况。

## 一、土地资源利用现状[①]

土地资源是人类赖以生存和发展的基本生产资料和劳动对象，是经济社会发展的基础，主要供农业、林业、牧业及其他生产活动使用。相对其他自然资源，土地资源具有特殊性，它本身是一类资源，但同时又在其上承载着森林、草原、河流、海洋等自然资源，而在土地资源下又蕴藏着丰富的矿产资源。我国土地资源总量较大，位居世界第三位，但人均占有量少，这是我国的国情，因此当今发展中的关注重点是人地矛盾。我国土地资源按照土地利用的特征可主要分为耕地、园地、林地、草地、湿地、城镇村及工矿用地、交通运输用地、水域及水利设施用地等。

### 1. 耕地资源

我国现有耕地 12 786.19 万公顷（191 792.79 万亩[②]）。其中，水田 3 139.20 万公顷（47 087.97 万亩），占 24.55%；水浇地 3 211.48 万公顷（48 172.21 万亩），占 25.12%；旱地 6 435.51 万公顷（96 532.61 万亩），占 50.33%。64% 的耕地分布在秦岭—淮河以北。黑龙江、内蒙古、河南、吉林、新疆等 5 个省份耕地面积较大，占全国耕地的 40%。位于一年三熟制地区的耕地 1 882.91 万公顷（28 243.68 万亩），占全国耕地的 14.73%；位于一年两熟制地区的耕地 4 782.66 万公顷（71 739.85 万亩），占 37.40%；位于一年一熟制地区的耕地 6 120.62 万公顷（91 809.26 万亩），占 47.87%。位于年降水量 800 毫米以上（含 800 毫米）地区的耕地 4 469.44 万公顷（67 041.62 万亩），占全国耕地面积的 34.96%；位于年降水量 400～800 毫米（含 400 毫米）地区的耕地 6 295.98 万公顷（94 439.64 万亩），占 49.24%；位于年降水量 200～400 毫米（含 200 毫米）地区的耕地 1 280.45 万公顷（19 206.74 万亩），占 10.01%；位于年降水量 200 毫

---

① 资料来源：自然资源部 2021 年 8 月发布的《第三次全国国土调查主要数据公报》。

② 亩为非法定计量单位，1 亩＝1/15 公顷。——编者注

米以下地区的耕地 740.32 万公顷（11 104.79万亩），占 5.79%。位于 2 度以下坡度（含 2 度）的耕地 7 919.03 万公顷（118 785.43万亩），占全国耕地面积的 61.93%；位于 2～6 度坡度（含 6 度）的耕地 1 959.32 万公顷（29 389.75 万亩），占 15.32%；位于 6～15 度坡度（含 15 度）的耕地 1 712.64 万公顷（25 689.59万亩），占 13.40%；位于 15～25 度坡度（含 25 度）的耕地 772.68 万公顷（11 590.18万亩），占 6.04%；位于 25 度以上坡度的耕地 422.52 万公顷（6 337.83 万亩），占 3.31%。

**2. 园地资源**

我国现有园地 2 017.16 万公顷（30 257.33 万亩）。其中，果园 1 303.13 万公顷（19 546.88 万亩），占 64.60%；茶园 168.47 万公顷（2 527.05 万亩），占 8.35%；橡胶园 151.43 万公顷（2 271.48 万亩），占 7.51%；其他园地 394.13 万公顷（5 911.93 万亩），占 19.54%。园地主要分布在秦岭—淮河以南地区，占全国园地的 66%。

**3. 林地资源**

我国现有林地 28 412.59 万公顷（426 188.82 万亩）。其中，乔木林地 19 735.16万公顷（296 027.43 万亩），占 69.46%；竹林地 701.97 万公顷（10 529.53 万亩），占 2.47%；灌木林地 5 862.61 万公顷（87 939.19 万亩），占 20.63%；其他林地 2 112.84 万公顷（31 692.67 万亩），占 7.44%。87% 的林地分布在年降水量 400 毫米以上（含 400 毫米）地区。四川、云南、内蒙古、黑龙江等 4 个省份林地面积较大，占全国林地的 34%。

**4. 草地资源**

我国现有草地 26 453.01 万公顷（396 795.21 万亩）。其中，天然牧草地 21 317.21 万公顷（319 758.21 万亩），占 80.59%；人工牧草地 58.06 万公顷（870.97 万亩），占 0.22%；其他草地 5 077.74 万公顷（76 166.03 万亩），占 19.19%。草地主要分布在西藏、内蒙古、新疆、青海、甘肃、四川等 6 个省份，占全国草地的 94%。

**5. 湿地资源**

我国现有湿地 2 346.93 万公顷（35 203.99 万亩）。湿地是"三调"新增的一级地类，包括 7 个二级地类。其中，红树林地 2.71 万公顷（40.60 万亩），占 0.12%；森林沼泽 220.78 万公顷（3 311.75 万亩），占 9.41%；灌丛沼泽 75.51 万公顷（1 132.62 万亩），占 3.22%；沼泽草地 1 114.41 万公顷（16 716.22万亩），占 47.48%；沿海滩涂 151.23 万公顷（2 268.50 万亩），占 6.44%；内陆滩涂 588.61 万公顷（8 829.16 万亩），占 25.08%；沼泽地 193.68 万公顷（2 905.15 万亩），占 8.25%。湿地主要分布在青海、西藏、内蒙古、黑龙江、新疆、四川、甘肃等 7 个省份，占全国湿地的 88%。

**6. 城镇村及工矿用地**

我国现有城镇村及工矿用地 3 530.64 万公顷（52 959.53 万亩）。其中，城市用地 522.19 万公顷（7 832.78 万亩），占 14.79%；建制镇用地 512.93 万公顷（7 693.96 万亩），占 14.53%；村庄用地 2 193.56 万公顷（32 903.45 万亩），占 62.13%；采矿用地 244.24 万公顷（3 663.66 万亩），占 6.92%；风景名胜及特殊用地 57.71 万公顷（865.68 万亩），占 1.63%。

**7. 交通运输用地**

我国现有交通运输用地 955.31 万公顷（14 329.61 万亩）。其中，铁路用地 56.68 万公顷（850.16 万亩），占 5.93%；轨道交通用地 1.77 万公顷（26.52 万亩），占 0.18%；公路用地 402.96 万公顷（6 044.47 万亩），占 42.18%；农村道路 476.50 万公顷（7 147.56 万亩），占 49.88%；机场用地 9.63 万公顷（144.41 万亩），占 1.01%；港口码头用地 7.04 万公顷（105.64 万亩），占 0.74%；管道运输用地 0.72 万公顷（10.85 万亩），占 0.08%。

**8. 水域及水利设施用地**

我国现有水域及水利设施用地 3 628.79 万公顷（54 431.78 万亩）。其中，河流水面 880.78 万公顷（13 211.75 万亩），占 24.27%；湖泊水面 846.48 万公顷（12 697.16 万亩），占 23.33%；水库水面 336.84 万公顷（5 052.55 万亩），占 9.28%；坑塘水面 641.86 万公顷（9 627.86 万亩），占 17.69%；沟渠 351.75 万公顷（5 276.27 万亩），占 9.69%；水工建筑用地 80.21 万公顷（1 203.19 万亩），占 2.21%；冰川及常年积雪 490.87 万公顷（7 362.99 万亩），占 13.53%。西藏、新疆、青海、江苏等 4 个省份水域面积较大，占全国水域的 45%。

中国土地资源有四个基本特点：绝对数量大，人均占有量少；类型复杂多样，耕地比重小；利用情况复杂，生产力地区差异明显；地区分布不均，保护和开发问题突出。

## 二、水资源利用现状

水资源在当前社会中所扮演的角色已不再局限于维系生命，现代人类活动的各个方面均需要水的参与。随着人类社会的进步与发展，日常生活、农业灌溉、渔业养殖、工业生产活动等都离不开水资源的支持。因此，水资源是维持地球生态平衡的关键性因素，既是不可或缺的自然资源，也是无可替代的经济资源。我国水资源按照利用方式主要分为工业用水、农业用水、生活用水和人工生态环境补水四个方面。

我国水资源总量占降水总量的 44.2%，平均每平方千米产水 29 万立方米。淡水资源总量为 2.8 万亿立方米，居世界第 6 位，人均占有量为世界人均占有量的 1/4，排在第 88 位。依据 2020 年水利部发布的中国水资源公报数据，得到当前我国水资源总量为 31 605.2 亿立方米，以及水资源不同利用情况（图 1-1）。2020 年，全国用水总量为 5 812.9 亿立方米。其中生活用水 863.1 亿立方米，占用水总量的 14.9%；工业用水 1030.4 亿立方米（其中火核电直流冷却水 470.3 亿立方米），占用水总量的 17.7%；农业用水 3 612.4 亿立方米，占用水总量的 62.1%；人工生态环境补水 307.0 亿立方米，占用水总量的 5.3%。

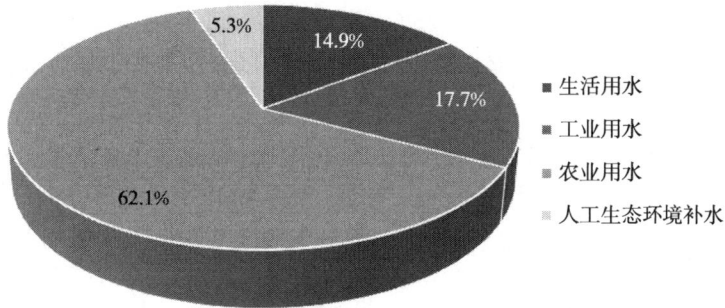

图 1-1　2020 年我国水资源利用状况

根据当前查阅资料可看出，农业用水量所占比重最大，工业用水量所占比重排第二位，生活用水量占比排第三位，而人工生态环境补水量占比最少。农业用水主要包括农田灌溉用水、林果地灌溉用水、草地灌溉用水、鱼塘补水和畜禽用水，农业灌溉用水量受到当地用水水平、气候、土壤、作物、耕作方法、灌溉技术及渠系利用系数等因素的影响，存在明显的地域差异。由于各地水源条件、作物品种、耕植面积不同，用水量也不尽相同。工业用水指工矿企业在生产过程中用于制造、加工、冷却、空调、净化、洗涤等方面的用水，按新水取用量计，不包括企业内部的重复利用水量。工业用水量的实际消耗并不多，一般耗水量为其总用水量的 0.5%～10%，即有 90% 以上的水量使用后经过处理是可以重复利用的。生活用水包括城镇生活用水和农村生活用水，其中城镇生活用水是指居民用水和公共用水（含第三产业及建筑业等用水）、农村生活用水指居民生活用水。公共用水指为城市社会公共生活服务的用水，包括行政事业单位、部队营区和公共设施服务、社会服务业、批发零售贸易业、旅馆饮食业及其他公共服务业等单位用水。居民家庭用水指城市范围内所有居民家庭的日常生活用水，包括城市居民、农民家庭、公共供水站用水。人工生态环境补水仅包括人为措施供给的城镇环境用水和部分河湖、湿地补水，而不包括降水、径流自然满足的水量。因此，在水资源总量平稳的前提下，对水资源的利用过程中，需不断提高利用效率、注意不同水资源利用种类之间的平衡和提升全面节约用水的意识，进而保证我国水资源的可持续利用。

## 三、矿产资源利用现状

矿产资源是一种十分珍贵的自然资源，主要存在于地下或者出露于地表，虽然是一种不可再生的资源，但是矿产资源是一种重要的战略资源，是人类社会发展过程中必不可少的物质基础和来源，也是经济增长的重要前提。随着现代化进程不断推进，矿产资源成为影响我国社会繁荣、国家富强和地区经济增长的重要决定性因素之一。根据矿产资源的用途，矿产资源主要分为能源矿产、金属矿产和非金属矿产。我国幅员辽阔，地质条件多样，矿产资源丰富，有矿产 171 种，已探明储量的有 157 种。其中钨、锑、稀土、钼、钒和钛等的探明储量居世界首位。煤、铁、铅、锌、铜、银、汞、锡、镍、磷灰石、石棉等的储量均居世界前列。我国矿产资源分布的主要特点是地区分布不均匀。这种分布不均匀的状况使一些矿产具有相当的集中，如钨矿，在 19 个省区均有分布，储量主要集中在湘东南、赣南、粤北、闽西和桂东—桂中，虽有利于大规模开采，但也给运输带来了很大压力。为使分布不均的资源在全国范围内有效地调配使用就需要加强交通运输建设。

依据 2020 年自然资源部发布的中国矿产资源报告数据，得到当前我国主要矿产资源有 173 种，其中能源矿产 13 种、金属矿产 59 种、非金属矿产 95 种、水汽矿产 6 种。在勘察新增矿产资源方面，2019 年，石油新增探明地质储量 11.2 亿吨，页岩气新增探明地质储量 7 644.2 亿立方米，煤炭新增 300.1 亿吨，较 2019 年明显下降。主要金属矿产中锰矿、铜矿、铅矿、锌矿、钨矿、钼矿、银矿等新增明显，铁矿、镍矿、锡矿、金矿明显下降，非金属矿产中磷矿、石墨明显增长。

我国能源矿产作为我国矿产资源非常重要的组成部分，主要包括煤炭、石油和天然气，由于矿产资源在能源消费中占有主导地位，因而矿产资源对我国经济和社会的发展有着非常深远的战略意义。我国金属矿产储量十分丰富，目前已探明储量的金属矿产主要包括铁矿、铜矿、锌矿、铝土矿、钨矿等金属矿产。由于不同矿产的地质工作程度不尽相同，其各自的丰富度也不尽相同。例如，铁、铜、锌、铅等，其资源相对丰富，而铬矿等资源就相对匮乏。我国非金属矿产资源种类也很多，目前已探明储量的非金属矿产资源主要包括金刚石、石墨、钾盐、镁盐、磷矿等。在我国非金属矿产储量中，非金属矿产的资源量大，但是基础储量少，其经济可用性差、经济意义未确定的资源储量多，故推断的非金属资源储量多，但探明的资源储量少。我国作为世界上矿产资源开发利用最多的国家之一，一方面矿产资源的利用可促进我国的经济和社会快速发展，另一方面对于矿产资源的不合理利用会导致资源所在地的生态环境遭到严重破坏。虽然当前我国矿产资源储量基本都在增加，但优势矿产的用量大部分不大，而且一些重要的支柱性矿产多数为短缺或者探明储量不足的状态，因此在对矿产资源进行利用时，还面临一些挑战，在对矿产资源进行高效利用的同时，还需注重对其所在区域的环境影响进行分析。

## 四、森林资源利用现状

森林资源是自然界中物种最丰富、生产力最宏大的陆地生态系统，是自然资源生态空间的重要组成成分。森林在陆地生态系统中居于主体地位，是自然界中层次结构最复杂、多样性最丰富、物种最繁多、生产力最宏大的陆地生态系统，也是陆地上面积最大、最重要的生态系统。同时由于森林资源具有涵养水源、保持水土、防风固沙、保护物种、固碳释氧、净化环境等独特功能，成为人类生存不可缺少的生态产品。中国第七次全国森林资源清查结果显示，2008 年中国森林面积 1.95 亿公顷，森林覆盖率达到 20.36%，人工林面积居世界首位。依据 2019 年国家林业局发布的《中国森林资源报告（2014—2018）》数据，得到当前我国的森林覆盖率为 22.96%（表 1-1），森林面积 2.2 亿公顷，其中人工林面积为 7 954 万公顷保持世界首位；森林蓄积 175.6 亿立方米；森林植被总生物量 188.02 亿吨，总碳储量 91.86 亿吨；年涵养水源量 6 289.50 亿立方米，年固土量 87.48 亿吨，年滞尘量 61.58 亿吨，年吸收大气污染物量 0.40 亿吨，年固碳量 4.34 亿吨，年释氧量 10.29 亿吨。

**表 1-1 我国各省森林覆盖率分级**

| 分级 | 省个数 | 森林覆盖率（%） |
| --- | --- | --- |
| ≥60 | 4 | 福建 66.80；江西 61.16；台湾 60.71；广西 60.17 |
| 50～60 | 4 | 浙江 59.43；海南 57.36；云南 55.04；广东 53.52 |
| 40～50 | 7 | 湖南 49.69；黑龙江 43.78；北京 43.77；贵州 43.77；重庆 43.11；陕西 43.06；吉林 41.49 |
| 30～40 | 4 | 湖北 39.61；辽宁 39.24；四川 38.03；澳门 30.00 |
| 20～30 | 6 | 安徽 28.65；河北 26.78；香港 25.05；河南 24.14；内蒙古 22.10；山西 20.50 |
| 10～20 | 7 | 山东 17.51；江苏 15.20；上海 14.04；宁夏 12.63；西藏 12.14；天津 12.07；甘肃 11.33 |
| <10 | 2 | 青海 5.82；新疆 4.87 |

森林资源作为促进我国社会经济发展必不可少的资源之一，具有一方面为市场发展提供必要的基础，另一方面保护环境和生物的多样性的作用。同时森林资源有不同于其他自然资源的特点：①森林资源是可更新资源；②森林资源具有生态、产品、文化和社会等多种功能；③森林资源的利用是瞬时性的，但培育却是长期性的；④在森林资源培育的过程中，易受到土壤、气候和生物引种及自然灾害等因素影响，因此其培育具有制约性和风险性；⑤森林资源具有高度复杂性和生物多样性；⑥森林资源的分布空间广、地域大；⑦森林资源所提供

的生态、环境以及产品效益均具有广泛的社会共享性。因此对于森林资源的利用需考虑其自身的功能和特点，促进林业的可持续发展，推动社会经济的进步。

## 专栏：全球自然资源消耗量首超千亿吨

据 MiningWeekly 援引路透社报道，全球自然资源消耗量首次超过 1 000 亿吨，但是世界原材料重复利用比例下降。来自荷兰阿姆斯特丹的社企循环经济公司（Circle Economy，CE）利用最新数据编写的报告称，全球矿物、金属、化石燃料和生物质消耗量已达到 1 000 亿吨，但只有 8.6％的原材料得到循环利用。

CE 公司首席执行官哈拉德·弗里德尔（Harald Friedl）称，2017 年原材料消耗量为 930 亿吨，而重用率达到 9.1％。弗里德尔认为，世界原材料循环形势正在从"不好"变得"糟糕"。这是今年初的重大新闻，要求只有两个字：行动。为减少废物排放和地球温室气体排放，控制全球变化，各经济体必须大力推广原材料的重用和循环利用。据联合国估计，自从 1970 年以来，世界原材料消耗量增长了两倍，如果不采取措施，到 2050 年，将再翻一番。弗里德尔表示，世界各国主要依赖开采原始材料来推动经济增长，而不是更好地利用现有资源。弗里德尔警告，如果无节制地利用世界资源，全球将面临灾难。他敦促各经济体紧急行动起来，将全球平均气温上升幅度控制在 2015 年巴黎协定规定的范围内。

弗里德尔呼吁，各国政府必须身体力行，加强与企业、绿色和平组织和学术界在循环战略方面的合作，并制定国家路线图。到目前为止，已经有 13 个欧洲国家制定了这样的路线图。2019 年，哥伦比亚成为首个制定类似政策的拉丁美洲国家。为实现循环经济目标，政府、研究者和公司应该共享供应链、排放量和采掘业方面的数据。弗里德尔在瑞士达沃斯参加世界经济论坛接受电话采访时表示，上述措施能够使得有关国家更容易找到机会，实现可持续发展。弗里德尔认为，世界各国应加强在循环经济方面的合作，目前的自愿和零散的努力无法实现向循环经济的快速过渡。世界自然基金会（WWF）国际专家克里斯蒂安·克鲁斯（Cristianne Close）表示，经济和金融体系造成了消耗的不可持续，危害了自然环境。她说，循环经济构建了全球可持续发展框架，能够减少人类活动带来的影响，能够保护生态系统。

资料来源：http://geoglobal.mnr.gov.cn/zx/kydt/kyaqyhb/202001/t20200122_7392236.htm。

# 第三节　自然资源管理学内涵与发展

## 一、自然资源管理学的概念

自然资源的开发利用与管理一直是以公众和工业的需要为转移的，是公共管理的一个重要组成部分。20世纪70年代，随着全球生态环境问题的日趋严峻，人类日益看重人口、资源、环境与发展问题。人类生活在同一个地球村，对未来的憧憬全部依靠现有的自然生态环境。人们对常规自然资源管理措施评判的社会环境发生了比较大的变化，科学发展观应运而生。仅仅依赖于推动经济增长的相关效率指标已不能度量经济社会发展，人类社会的结构与秩序、人类与资源的关系、现实与未来的历史逻辑已为各界所瞩目。资源科学研究的重点问题转向了如何使自然资源永续开发利用与经济社会持续协调发展协同推进。资源生态、资源经济、资源立法与管理成为主要研究领域。人类社会对自然资源的开发利用方式已从原来的"掠夺式"开采转向"永续利用"和"可持续发展"的方式，以资源可持续利用为特征的现代协调发展时代已经到来。若是想要实现自然资源的可持续利用，就必须对各类自然资源进行系统化的管理，要打破信息闭塞、条块分割以及决策失误的管理体系，建立健全一个能够综合调节社会生产、生活和生态功能，信息灵通以及高决策水平的管理体系；把可持续发展思想体现在政策、立法之中，通过宣传、教育和培训，加强持续发展的意识，建立与可持续发展相适应的政策、法规和道德规范，因此任何认真地延缓资源耗竭、生态环境退化的主动行动，都必须从管理开始。随着全球各种各样的生态问题横行，学术界及社会各界对自然资源管理愈加重视，对自然资源产权制度改革的呼声日趋高涨。

自然资源管理是一个历史范畴，是人类经济和社会发展的一种选择，并随着社会进步和人类对人与自然的关系的认识的深化而发展变化。自然资源管理学是一门交叉学科，以自然资源为研究对象，采用行政、经济、法律、科学技术方法，为了协调经济发展与环境保护的关系、防止环境污染和破坏并维持生态平衡，而进行的计划、调整和监督等自然资源开发活动的一门学科，融合地理学、公共管理学、系统科学和信息技术科学的一门交叉学科。

## 二、自然资源管理学的产生与发展

随着社会的发展、人口的增加，自然资源短缺、环境恶化的现象日趋明显，因争夺自然资源而引发的矛盾和冲突也日益增加。如何解决自然资源稀缺和冲突的问题已成为亟待解决的问题及社会的迫切需要，而社会经济发展的需要又是科学发展的根本动力。因此，自然资源学的产生主要取决于社会经济发展的需要、自然资源管理工作对理论和方法的需要以及学者们对它的研究成果情况。

### （一）史前时期的人与自然资源

有史记载以前，人类已经历了 200 万～300 万年的进化历史，虽然这与地球 45 亿～60 亿年的漫长历史相比是非常短暂的，但人类的出现和发展，对于整个自然界的发展却有着十分重要的意义。由于人是有自主意识的，人类的出现"打破"了自然界的演变规律，使几十亿年来一直是"自发"演变的自然界进入一个新的发展阶段。

在人类狩猎社会和原始农业社会，人类还不擅长利用自然资源来满足自身的需要，自然界对于人类而言是如此庞大，人类活动对自然界的影响是如此渺小。这个时期的自然资源对于人类而言仿佛真的是取之不尽，用之不竭的，人类社会的发展也不会受到自然界的约束。这个时期人类对自然资源的消耗是少量的，对自然环境的影响也是很细微的。人类也逐渐积累了一些与自然资源利用的相关经验，但还未进行记载，也没有总结。后期的考古学家们根据考古发现与记录，对这一时期人类在利用自然资源方面的情况进行了近似复原和推断。人类学家也通过对现今某些原始部落的研究，探讨了早期人类社会与自然资源和自然环境的关系。

### （二）自然资源的相关记载

自然资源在人类社会出现以前就已经存在了，但关于自然资源的相关记载是在人类社会出现之后才有的，准确地说是农业社会出现后才开始有对自然资源的相关记载。关于自然资源的分布、开发、利用、人与自然资源的关系等方面的记载，从古埃及、古希腊以及古代中国就已经开始了，随后也产生了一些有关自然资源利用和保护的朴素思想。一些哲学家、政治家、地理学家以及博物学家对自然资源的开发、利用及保护进行了记载和总结。这些零星的记载都是十分宝贵的经验，为后期各有关学科对自然资源进行近代科学研究奠定了一定基础。

我国历史悠久，是世界上最早记载自然资源及其开发利用的国家之一。随着农业社会的出现，人类对自然资源的利用强度也不断增大，尤其是对土地资源的利用强度不断增大，人类在土地上建房屋、利用土地种植粮食和蔬菜等。因此这个时期人类对自然资源的分布、特征、用途、保护以及管理等方面所积累的经验也逐渐增加，并对其进行记载和总结。最早关于可更新资源的记述，例如，物候、生物资源、土地资源以及植物与环境的关系等，可见于春秋时期成书的《管子》，甚至可上溯到商代的甲骨文记述。到战国时代，对各种可更新资源尤其是水、土、物候、生物等利用、治理方面的记述大为增加，如《周礼》《山海经》《淮南子》等，其中《山海经》是迄今所发现的世界上最早的有关矿物资源的记述。随着人类社会的发展与进步，此类记述也越来越丰富，其中一些记载至今仍不失其参考价值，对世界科学发展也有一定影响。例如，明末李时珍的《本草纲目》，不仅是一部药学巨著，也是一部生物资源名著。又如，北魏（公元 6 世纪）贾思勰的《齐民要术》，集前人对黄河中下游地区的农业生产条件、农业资源、农业生产技术之大成，不仅是一本关于该区域农业生产的经典，也是一本关于如何合理利用可更新资源的学术著作，他明确提出了"顺天时，量地利，则用力少而成功多"的资源生态学思想，至今仍有指导意义。又如《水经注》《徐霞客游记》《农政全书》等，都是我国自然资源及其开发利用记述的优秀著作。

**（三）自然资源管理学的萌芽**

工业革命开始后，世界人口数量急剧增加。在 1650—1850 年，世界人口从 5 亿人增加到 10 亿人，人口数量翻了一倍。而在 1850—1930 年，人口数量又翻一倍达 20 亿人，只用了 80 年。在此期间人类的科技水平与生产力水平也有了巨大的进步，同时也促进了科学的发展，一些涉及自然资源研究的学科以及资源利用技术的科学等分别对自然资源进行了各种各样的研究，虽然并未形成一门独立的学科，但却为自然资源管理学的产生创造了条件。

自然资源管理学是在管理学、生态学、经济学、地理学等理论发展的基础上发展起来的，因而，自然资源管理学形成与发展的科学理论背景主要包括生态学背景、经济学背景、地理学背景等。生态学的出现和发展为自然资源学的出现提供了重要的概念基础。通过不断的研究，人们逐渐认识到自然界的任何成分都是相互联系、相互作用、相互制约的，它们共同构成具有一定结构和功能的系统。这一概念对现代自然资源学有重要影响。地理学主要是对人—地关系进行研究，包括人与自然资源关系的研究。巴罗斯极力主张地理学把注意力集中于人类生态的研究上，这对后世研究人类发展与自然资源的关系有重要影响。一些学者认为，自然资源的综合研究是人类生态学的核心（Haggett，2001）。经济学中出现的环境经济学、资源经济学、生态经济学等分支，为自然资源研究提供了经济学理论和方法。一系列经济问题和人类经济活动都与自然资源的稀缺性有关，并且自然资源的稀缺可以通过经济活动得到一定程度的缓解。

19 世纪，学者们开始注意人类利用自然资源给自然界带来的影响。如地理学家马什在《人与自然：人类活动改变了的自然地理》一书中第一个系统地论证了这个问题（Marsh，1864）。恩格斯也在《自然辩证法》中指出："我们不要过分陶醉于我们对自然界的胜利。对于每一次这样的胜利，自然界都报复了我们"（恩格斯，1886）。从 20 世纪初到中华人民共和国成立之前，随着西方先进科学技术的传入，中国学者们对于自然资源研究也开始萌芽，其成果主要有两个方面。

**1. 政府及有关组织对资源科学的调查**

中国早期成立的"中国科学社""中央研究院""国民政府资源委员会"等，对我国的自然条件、自然资源的状况做了一些调查、观测和初步研究。我国的矿业也是在这个时期创办的，人们开始开发矿山，同时对气象、水文、土壤、植被、动物等自然资源也分别做了调查，并收集了大量的标本。尤其是资源委员会，在我国自然资源研究史上具有十分重要的地位，对我国近代工矿企业的发展和抗日战争期间组织工矿转移都起过重要的作用（薛毅，2005）。这一时期，各地方、部门、高等院校有关院系也做了关于自然资源的科学调查，为后来研究我国资源的发展和变化提供了宝贵的资料。

**2. 国外学者对资源科学的调查**

李希霍芬、罗士培对我国西北、华北进行了探险和考察。外国学者调查中国自然资源的目的不尽相同，有出于学术研究目的的，也有为其本国政府掠夺中国资源效力的，甚至还有盗窃文物的。其中日本侵华时期所做的调查较为系统，涉及东北、华北、内蒙古、海南岛等地。俄、英、德、法等国对我国东北、西北、西南、青藏高原等地也做了一些调查。

中华人民共和国成立后，为了促进社会快速发展，我国开始对自然资源进行了科学研究与综合考察。除部分矿产资源和非可更新资源是与资源开发同时进行资源勘探和科学研究外，绝大部分可更新资源是作为大规模开发利用的前期工作。同时，为了满足国家建设的需要，对若干重要的资源如橡胶、热带作物、盐矿等也进行了专门的调查研究。这段时期自然资源研究主要从3个方面进行：一是以中国科学院和国家科学技术委员会为主组织的多学科综合考察及自然区划与地理志的研究工作；二是各个有关产业部门及其所属研究机构进行的单项资源（如森林、作物品种、石油、金矿等）的勘探与调查；三是高等院校为配合教学需要而进行的调查研究。通过这一时期的调查研究，对全国自然条件和自然资源的基本状况有了比较深刻的认识，初步掌握了它们的数量、质量及分布状况，填补了我国自然资源科学资料上的空白，为国家制定国民经济发展规划和区域资源开发利用方案提供了重要科学依据。

虽然国内外各学科已经逐步认识到研究自然资源的必要性，但由于当时人口数量及人类各项生产活动对自然界的破坏尚未达到危机地步，自然资源的供需还没有出现不平衡现象，加之各学者科学认识和方法手段上存在一定的局限性，因此现代概念的自然资源学还处于萌芽阶段。

**（四）自然资源管理学的蓬勃发展**

1945年后，全球人口爆炸性增长，世界人口在近50年的时间内增加了34亿人。物质生活水平和技术水平也不断提高，工业化向全球发展。财富稳步增长，对食物、能源、水源、土地等自然资源的需求日益增加，人类对自然界的破坏也日趋严重，导致自然资源的稀缺和环境危机。因此，合理有效利用和保护自然资源，已成为一个全球关注的社会问题。在这样的背景下，自然资源管理学以崭新的面貌出现在当代科学舞台上。

1945 年后，对自然资源管理学的关注焦点经历了以下几个阶段的变化。在第一阶段，关注焦点大多集中在自然资源使用极限、环境承载的极限和自然资源质量的退化上。在第二阶段，将注意力从原来的自然资源稀缺和环境变化转向与自然资源利用有关的社会、经济和政策方面的考察。在第三阶段，主要关注如何实现自然资源的可持续利用，由于许多自然资源是不可再生的，加之人类不合理的利用自然资源导致自然资源浪费严重，自然资源的稀缺性日趋明显，因此如何保障当代和后代人生存和发展的需要，实现自然资源的可持续利用，是一个亟待解决的问题。

近几十年来，在世界范围内开展了一系列与自然资源的开发利用及管理保护有关的大型合作，不仅为自然资源利用中遇到的问题提出了解决方案，也促进了各国自然资源的状况、人员和研究方法的交流，制定了一批共同遵守的公约和宣言，对自然资源学的发展具有一定的推动作用。

联合国成立不久后就组织了自然环境与自然资源的项目。1945 年联合国粮农组织（FAO）第一次大会就决定对世界森林资源做全面调查。1949 年第二次世界自然资源利用的科学大会，决定开展"干旱区研究"和"湿热地区研究"。1960 年联合国教科文组织（UNESCO）专门成立了自然资源研究与调查处（后改为生态处），负责协调和组织有关自然资源的考察研究工作。此后，也相继成立了国际自然保护联盟（IUCN，1995 年更名为国际自然与自然资源保护联盟），国际发展机构环境委员会（CIDIE），联合国环境协调委员会（ECB），国际环境与发展研究所（IIED，属国际科学协会理事会 ICSU）等一系列与自然资源研究相关的国际组织。在教育界，一些新型的自然资源院校纷纷建立。据不完全统计，国外以自然资源科学命名或与自然资源研究有关的大学、学院和系科已达数百个。

1950 年以后，除各部门自然资源研究有了较大发展外，自然资源的综合研究也取得了重大进展。1956 年成立的中国科学院自然资源综合考察委员会对西藏、新疆、内蒙古、宁夏、甘肃、青海等地的自然资源进行了综合考察并且对若干重要自然资源开展了专题研究工作。1978 年制定了《全国第三次科学技术发展规划》，把农业资源调查与因地制宜、合理利用农业资源的农业区划工作列为全国 108 项重大科技项目的第一项。1979 年，全国农业资源调查与区划工作展开，此项工作遍及全国 2 057 个县，同时开展了气候、土壤、土地、草地、森林、水产、农作物与畜禽品种等单项资源调查及系统整理的工作，取得了显著的成果，农业区划资料已成为区域自然资源研究中最重要的基础资料。1983年中国自然资源学会成立，组织开展了一系列有关自然资源的学术活动。1992年，42卷本的《中国自然资源丛书》开始编撰，1995年开始陆续出版，全面、系统地总结了中国自然资源研究的成果。1994年全国人民代表大会环境与资源保护委员会成立，推进了资源、环境保护及其法制建设。近年来许多高等学校建立了"资源环境学院（系）"或"资源环境研究中心"。这一系列重大事件，促进了中国资源科学研究的发展。土地、生物、气候、水、矿产和能源等专门的自然资源研究都取得了长足发展。特别是在土地资源和能源资源领域，前者已构成较为完整的学科体系；后者无论是能源地理学、能源经济学，还是石油、煤炭、水力等专门能源研究都已相当深入。此外，对冰川、湖泊、沼泽、自然保护区等的专门研究也已有专论，研究领域日益拓展。随着各单项或专门自然资源研究的日益深入，资源科学研究的理论与方法日臻完善，加上资源科学研究的社会价值和科学意义日益扩展，使资源科学研究在20世纪70~80年代开始步入现代科学领域（孙鸿烈，2000）。

我国科学家对自然资源的科学研究所涉及的范围较广，如亚热带山地资源的开发利用，黄土高原的治理，沙漠化的防治，黄河流域、长江流域、东北三江平原的资源利用与规划，干旱半干旱地区生态环境的改善，"三北"防护林体系建设，西部开发及其生态建设等一系列重大资源保护、抚育、更新与合理利用工作。自然资源保护也得到重视，到2003年底，全国建立起不同级别的自然保护区近2 000个，既包括各种典型的生态系统，也包括珍稀动物集中分布区以及自然公园和典型地质剖面（国家环境保护总局自然生态司，2004）。遥感技术（Remote Sensing，RS）、地理信息系统（Geography Information Systems，GIS）、全球定位系统（Global Positioning Systems，GPS）（以下简称"3S技术"）也普遍应用于资源调查、监测和利用规划；自然资源学的理论体系也开始构建出较为独立、完整的框架。

2018年3月第十三届全国人民代表大会第一次会议审议国务院机构改革方案，组建自然资源部，标志着我国自然资源管理迈入新阶段。自然资源部的成立对于强化自然资源开发利用和保护进行监管，建立空间规划体系并监督实施，履行全民所有各类自然资源资产所有者职责，统一调查和确权登记，建立自然资源有偿使用制度，负责测绘和地质勘查行业管理等方面起着重要的作用。同时自然资源管理部门的正式成立，也为自然资源管理学的学科发展奠定了基础。自然资源权属管理、自然资源登记、自然资源价值核算及负债表等，均为自然资源管理学科与管理学、经济学、信息科学等交叉学科的发展奠定基础。我国自然资源学进入了一个崭新的发展阶段。当今的自然资源学，除信息技术、空间技术、系统分析技术、微观分析与实验技术等将广泛应用于自然资源的调查、评价、开发、规划、管理外，自然资源学的理论和方法体系也更深入和完善。

### （五）自然资源管理学的前沿问题

**1. 关于自然资源与生态环境的关系问题**

生态环境指与人类密切相关的，影响人类生活和生产活动的各种自然、力量或作用的总和。生态环境泛指"影响人类生存和发展的各种天然的和经过人工改造的自然因素的总体，包括大气、水、海洋、土地、矿藏、森林、草原、湿地、野生生物、自然遗迹、人文遗迹、自然保护区、风景名胜区、城市和乡村等"，这一定义既反映了生态环境主要的组成要素是各类具有实体功能的自然资源，也反映了自然资源与环境的共生关系，因而生态环境与自然资源是相互依存、相互影响的有机整体，一定条件下还可以相互转化。从功能角度区分，自然资源体现自然的实体功能，反映自然对于人类的直接有用性；生态环境体现自然的受纳功能和服务功能，与人类是客体与主体的关系。也正是由于自然资源和生态环境相互依存、相互转化、相互影响，自然资源和生态环境的监管可能会存在一些交叉。例如，在空间规划体系一构建、国土空间管制规则制定过程中，生态红线的划定、评价和监督；山水林田湖草的整体保护、系统修复和综合治理的分工协作；自然资源和生态环境保护的责任清单和监管边界的界定。如何厘清这些关系是自然资源管理学的前沿问题之一，因而如何将生态红线作为核心内容纳入国土空间规划统一划定，如何创新自然生态空间的统一监管模式，如何将生态红线与保护区面积的划定与保护政策措施相适应等问题亟待回答。

**2. 关于自然资源资产及其管理职责关系问题**

自然资源资产指具有稀缺性和明确的产权，并能在今后和未来给所有者带来经济收益或其他福利的自然资源。自然资源转化为自然资源资产需要具备稀缺性、有用性、产权明确三个基本条件。由此，自然资源资产定义为具有稀缺性、有用性（包括经济效益、社会效益、生态效益）及产权明确的自然资源。完善自然资源资产管理，重点是明确国有自然资源资产主体和权利，建立权责统一的委托代理制度。实际上，政府与企业之间处置权和收益权划定不清，导致各级政府在实际资源处置权与所有者行使处置权之间存在法理逻辑冲突；政府不同机构之间权力边界不明确，实际管理中存在混乱或缺位现象；政府与企业，特别是与国企之间土地使用权的经济利益关系模糊。因而如何建立权责统一的委托代理制度，明确国有自然资源资产主体和权利，如何完善自然资源资产产权制度，确实做到权责一致，对于已处置的自然资源资产如何明晰政府与企业的经济关系，如何划分自然资源部与履行国有资产出资人职责机构的职能边界等问题亟待回答。

### 3. 关于自然资源资产负债表问题

自然资源资产负债表是反映某一特定时期，一个区域内自然资源资产、负债和净资产的核算表。它是某一时点一定区域内自然资源资产实物量及价值量的静态体现，是责任主体保护、开发、利用自然资源状态的一种客观反映。以自然资源资产实物量核算起步，探索编制自然资源资产负债表，编制范围宜界定为相关法律明确的土地、森林、草原、矿产资源、海洋、湿地、水、其他资源资产八大类，构建符合我国国情的自然资源资产核算表式，并逐步发挥自然资源资产负债表在自然资源监管中的作用，实现履行自然资源所有者和监管者职责手段的创新。自然资源资产负债表的基本关系等式可表述为：自然资源净资产＝自然资源资产－自然资源负债。当前，我国自然资源资产负债表编制工作还处于试点探索阶段，核算内容上还不全面，空间上尚未全覆盖，核算范围仅限于土地、林木、水三种主要资源，少数地方试点核算了矿产资源；核算层次仅限于实物量核算，对资源价值量的核算理论、方法等尚在摸索中。当前，国内外实践的难点在于：相关理论基础还不完善；由实物量核算到价值量核算，定价难度大、工作量大、行政成本高，可操作性不强；基础数据在分类标准、时效性、连续性和一致性上仍存在诸多问题，亟待进行探讨。

### 4. 关于自然资源有偿使用研究

在我国，自然资源有偿使用制度是生态文明制度体系的重要内容，也是自然资源部一项重要职责。有偿使用制度是国家行使自然资源资产所有权的体现。界定产权、明晰产权是引入市场机制配置资源、实现有偿使用的前提，自然资源资产市场体系建设需要分类推进。推进建立城乡统一的土地市场，完善陆海统筹的海域使用权市场，完善以采矿权为核心的矿产资源资产市场，建立以用水配额为核心的地方政府间水权交易市场，并加强矿产资源、生物性资源、水资源市场的监管。条件成熟的情况下，将自然资源基于行政权力的交易，转为基于资产权利的交易。在自然资源有偿使用中存在一些问题亟待解决。作为资产所有者权益体现的自然资源有偿使用，如何实现有偿使用全覆盖，如何厘清行政权力的税费关系，如现行的资源税制度中如何体现矿产资源有偿使用等问题是亟待研究的前沿问题。

# 第四节　自然资源管理学的研究对象、方法及内容

## 一、自然资源管理学的研究对象

自然资源学是研究总体自然资源及其开发利用和保护的科学。总体自然资源包括水、生物、土壤、矿产等自然物质，太阳能、地热、引力、水能等自然能量以及伴随着自然物质和能量资源的自然信息。本教材主要以土地、森林、

水以及矿产为研究对象，研究与自然资源密切相关的资源环境问题、资源在经济领域内的价值转换以及自然资源政策、法规等，即以资源为主体的资源—生态—经济—社会系统。自然资源学的研究核心就是自然资源及其在以自然资源为中心的资源—生态—经济—社会系统中的机制和管理。

### （一）土地资源

#### 1. 土地资源的概念

土地资源是指在一定技术条件和一定时间内可为人类利用的土地。土地与土地资源是有区别的，土地属于自然环境的范畴，就目前人类开发利用能力而言，整个地球上凡是能利用的土地都已利用，并为人类带来财富，但有些土地由于某些要素的限制，如水分、温度不适合人类的广泛生产、生活活动，人们目前还不能利用，如沙漠、戈壁等，不能成为资源。土地资源是土地的一部分，属于经济范畴，人类利用后能带来财富。当然随着人类科技的进步，目前难以利用的土地可能被改造利用，这些土地又会成为资源。因此土地资源是一个动态的概念。

#### 2. 土地资源的特点

（1）位置的固定性。土地固定在地球某一特定的经纬度上，它不能从一个地方转移到另一个地方。土地位置的固定性产生了土地区位这一重要概念。它是土地的自然地理位置、经济地理位置和交通地理位置共同作用于地域空间的结果，是各种空间关系的总和。地球上不同区域自然要素及其组合的差异造成土地生产力的空间差异，使土地利用方向与效益也不同。由于城市内部土地区位的优劣，产生了土地的级差生产力与级差地租，并由此产生了特定的城市土地利用空间结构。土地位置的固定性加剧了土地的有限性和稀缺性，因为地球上适合人类居住和生产的肥沃的、优等的土地总是供不应求，而大片未经开发利用的沙漠与寒漠土地，人类并不能将它们移到湿润地区和温带地区，以缓解土地供求矛盾。同样，城市内部的黄金地段也是供不应求的。土地位置的固定性使地产成为不动产，它不能随着土地所有权和使用权的变更而改变其空间位置。同时地产的交易或流通，也不可能是土地实体的空间移动，只能是土地所有权或使用权的转移，地产交易必须有一系列的固定法规来保证，否则就无法实现其流通。

（2）面积的有限性。陆地只占整个地球表面积的29%左右，这个数字是人类无法改变的，除非气候发生重大变化使海平面上升或下降。至于人工填海造陆与整个陆地面积相比，可以忽略不计，因此就全球而言土地面积是有限的。就各种不同土地类型而言，土地面积尤其是可以利用的土地资源是有限的。受气候影响，地球上有1/4的土地因为温度太低不能种农作物，只能用于林业；地球上只有34%的土地有充足的和可靠的雨水供农作物生长，有1%的土地有灌溉用水。只有64%的土地有合适的地形适于作物种植。就某一国家来说，土地面积更是有限。当然随着人类对大自然的改造，土地利用类型和利用结构会发生改变，如林地变为耕地，但总的面积不会发生变化，一种利用类型面积的增加会伴随着另一种利用类型的减少。

（3）土地是自然的产物。土地是自然生成的，是自然的产物，在人类社会出现以前，地球已经有了40多亿年的历史，因此，土地并非是人类的产物。土地的产生是不以人类意志为转移的，而其他生产资料几乎都是由人类创造的。

（4）土地质量差异的普遍性。由于受到地形、水文、气候等自然条件的影响，不同地区的土地质量存在差异。此外，距离城镇的远近、交通便利程度的差别也会导致不同地区土地质量千差万别，质量完全相同的两块土地几乎是没有的，所以对土地的利用要因地制宜。

（5）土地利用的可持续性。土地资源是可更新的资源。在土地资源利用过程中，土壤养分和水分虽在不断被吸收、消耗，但通过人为的施肥、灌溉、耕作等措施，可以不断得到补充和恢复，从而使土壤肥力处于一种动态平衡之中。土地资源若能合理利用，其生产能力不但不会随着时间推移而丧失，相反还会随着科学技术的进步而提高。

**3. 土地资源管理**

土地资源管理是应用土地管理学的原理和方法，研究和阐明一定的社会生产方式下调整土地关系，监督调控土地利用的规律性，以达到平衡土地供求矛盾，取得尽可能大的生态效益、经济效益、社会效益。土地管理的主体是国家，客体是土地以及土地利用中产生的人与人、人与地、地与地之间的关系，土地管理的基本任务是维护在社会中占统治地位的土地所有制、调整土地关系和监督土地利用，综合运用行政、经济、法律、技术等方法管理土地，管理的职能是计划、组织与控制，土地管理的目的和特点受社会环境的制约，主要受社会制度和土地制度的制约。

**（二）森林资源**

**1. 森林资源的概念**

森林资源包括森林、林木、林地以及依托森林、林木、林地生存的野生动物、植物和微生物。狭义的森林资源主要指的是树木资源，尤其是乔木资源。广义的森林资源指林木、林地及其所在空间内的一切森林植物、动物、微生物以及这些生命体赖以生存并对其有重要影响的自然环境条件的总称。按物质结构层次划分：可分为林地资源、林木资源、林区野生动物资源、林区野生植物资源、林区微生物资源和森林环境资源六类。

不同国家、不同国际组织确定的森林资源范围不尽一致。按照中华人民共和国林业部《全国森林资源连续清查主要技术规定》，凡疏密度（单位面积上林木实有木材蓄积量或断面积与当地同树种最大蓄积量或断面积之比）在 0.3 以上的天然林；南方 3 年以上，北方 5 年以上的人工林；南方 5 年以上，北方 7 年以上的飞机播种造林，生长稳定，每亩成活保存株数不低于合理造林株数的 70%，或郁闭度（森林中树冠对林地的覆盖程度）达到 0.4 以上的林分，均构成森林资源。在联合国粮食及农业组织世界森林资源统计中，只包括疏密度在 0.2 以上的郁闭林，不包括疏林地和灌木林。

森林资源是地球上最重要的资源之一，是生物多样化的基础，它不仅能够为生产和生活提供多种宝贵的木材和原材料，能够为人类经济生活提供多种物品，更重要的是森林能够调节气候、保持水土，防止、减轻旱涝、风沙、冰雹等自然灾害；还有净化空气、消除噪音等功能；同时森林还是天然的动植物园，哺育着各种飞禽走兽，生长着多种珍贵林木和药材。森林可以更新，属于再生的自然资源，也是一种无形的环境资源和潜在的"绿色能源"。反映森林资源数量的主要指标是森林面积和森林蓄积量。

**2. 森林资源的特点**

（1）森林资源的可再生性和再生的长期性。在一定条件下森林具有自我更新、自我复制的机制和循环再生的特征，保障了森林资源的长期存在，能够实现森林效益的永续利用。但是，森林资源所具有的可再生性和结构功能的稳定只有在人类对森林资源的利用遵循森林生态系统自身规律，不对森林资源造成不可逆转的破坏的基础上才能实现。因为林木从造林到其成熟的时间间隔很长，天然林的更新需更久的时间，即便是人工速生林也要 10 年左右的时间，这就影响到森林资源的再生性和系统的稳定性。

（2）森林资源功能的不可替代性。森林作为一个生态系统，是地球表面生态系统的主体，在调节气候、涵养水源、保持水土、防风固沙、改善土壤等多方面的生态防护效能上有着重要的作用。并且地球表面生态圈的平衡也要依靠森林维持。

（3）森林资源产品转化的巨差性。森林储量并不意味着高产量。因为木材生产的储量与年生产量之间存在着一个数量差距。以立木生产为例，森林资源储量与年采伐量比最少是 17：1，最多为 50：1 甚至更高，这种高比例会影响许多方面的开支，如护林费用等，从而导致巨额资金的占用。

**3. 林业资源管理**

林业资源管理学以一般和专门经济和管理学为理论基础，一方面从宏观经济角度研究整个林业领域的生产、交换、分配、消费环节的经济问题及其规律表现和正确处理生态、经济与社会三大效益等问题；另一方面从微观经济角度探讨如何合理组织林业生产力及资源配置等问题，探讨我国林业的发展历程与发展战略、森林资源经济评价、林业经营、林业企业管理理论与要素管理、林业企业市场营销、林业经济效益评价和林业项目的可行性研究等。林地经济管理的目的是为林业经济、林业管理类学术研究提供分析和解决林业现实问题的方法论，帮助学生提高应变能力和综合分析能力，培养他们发现问题、分析问题和解决问题的能力。

### （三）水资源

#### 1. 水资源的概念

水是自然资源的重要组成部分，是所有生物的结构组成和生命活动的主要物质基础。从全球范围讲，水是连接所有生态系统的纽带，自然生态系统既能控制水的流动又能不断促使水的净化和循环。因此水在自然环境中，对于生物和人类的生存来说具有决定性的意义。水资源是指可被利用或有可能被利用的水源，这个水源应具有足够的数量和合适的质量，并满足某一地方在一段时间内具体利用的需求。在地球上，人类可直接或间接利用的水，是自然资源的一个重要组成部分。天然水资源包括河川径流、地下水、积雪和冰川、湖泊水、沼泽水、海水。按水质划分为淡水和咸水。随着科学技术的发展，可被人类所利用的水增多，例如海水淡化，人工催化降水，南极大陆冰的利用等。由于气候条件变化，各种水资源的时空分布不均，天然水资源量不等于可利用水量，往往采用修筑水库和地下水库来调蓄水源，或采用回收和处理的办法利用工业和生活污水，扩大水资源的利用。与其他自然资源不同，水资源是可再生的资源，可以重复多次使用；并出现年内和年际量的变化，具有一定的周期和规律；储存形式和运动过程受自然地理因素和人类活动所影响。

#### 2. 水资源的特点

（1）水资源的循环性及分布的不均一性。水是自然界的重要组成物质，是环境中最活跃的要素。它不停地运动且积极参与自然环境中一系列物理的、化学的和生物的过程。水资源与其他固体资源的本质区别在于其具有流动性，它是在水循环中形成的一种动态资源，具有循环性。水循环系统是一个庞大的自然水资源系统，水资源在开采利用后，能够得到大气降水的补给，处在不断地开采、补给和消耗、恢复的循环之中，可以不断地供给人类利用和满足生态平衡的需要。在不断的消耗和补充过程中，在某种意义上水资源具有"取之不尽"的特点，恢复性强。全球的淡水资源仅占全球总水量的 2.5%，且淡水资源的大部分储存在极地冰帽和冰川中，真正能够被人类直接利用的淡水资源仅占全球总水量的 0.796%。从水量动态平衡的观点来看，某一期间的水量消耗量接近于该期间的水量补给量，否则将会破坏水平衡，造成一系列不良的环境问题。

（2）水资源利用的多样性。水资源是被人类在生产和生活活动中广泛利用的资源，不仅广泛应用于农业、工业和生活，还用于发电、水运、水产、旅游和环境改造等。在各种不同的用途中，有的是消耗用水，有的则是非消耗性或消耗很小的用水，而且对水质的要求各不相同。这是使水资源一水多用、充分发展其综合效益的有利条件。此外，水资源与其他矿产资源相比，另一个最大区别是：水资源具有既可造福于人类，又可危害人类生存的两重性。水资源质、量适宜，且时空分布均匀，将为区域经济发展、自然环境的良性循环和人类社会进步做出巨大贡献。水资源开发利用不当，又会制约国民经济发展，破坏人类的生存环境。如水利工程设计不当、管理不善，可造成垮坝事故，也可引起土壤次生盐碱化。水量过多或过少的季节和地区，往往又产生各种各样的自然灾害。水量过多容易造成洪水泛滥，内涝渍水；水量过少容易形成干旱、盐渍化等自然灾害。适量开采地下水，可为国民经济各部门和居民生活提供水源，满足生产、生活的需求。无节制、不合理地抽取地下水，往往引起水位持续下降、水质恶化、水量减少、地面沉降，不仅影响生产发展，而且严重威胁人类生存。正是由于水资源利害的双重性质，在水资源的开发利用过程中尤其强调合理利用、有序开发，以达到兴利除害的目的。

（3）水资源的有限性。海水是咸水，不能直接饮用，所以通常所说的水资源主要是指陆地上的淡水资源，如河流水、淡水湖泊水、地下水和冰川等。陆地上的淡水资源只占地球上水体总量 2.53% 左右，其中近 70% 是固体冰川，即分布在两极地区和中、低纬度地区的高山冰川，还很难加以利用。人类比较容易利用的淡水资源主要是河流水、淡水湖泊水以及浅层地下水，储量约占全球淡水总储量的 0.3%，只占全球总储水量的十万分之七。据研究，从水循环的观点来看，全世界真正能有效利用的淡水资源每年约有 9 000 立方千米。

**3. 水资源管理**

水资源开发利用，是改造自然、利用自然的一个方面，其目的是发展社会经济。最初开发利用目标比较单一，以需定供。随着工农业不断发展，逐渐变为多目的、综合、以供定用、有计划有控制地开发利用。现在各国都强调在开发利用水资源时，必须考虑经济效益、社会效益和环境效益三方面。水资源开发利用的内容很广，诸如农业灌溉、工业用水、生活用水、水能、航运、港口运输、淡水养殖、城市建设、旅游等。防洪、防涝等属于水资源开发利用的另一方面的内容。水资源管理学正是基于人类对水资源开发利用中形成的问题进行管理形成的一门科学，主要涵盖水资源的定量评价、水资源现状分析、水资源的规划计划、水资源的平衡分析、水资源数量分析等内容。

**（四）矿产资源**

**1. 矿产资源的概念**

矿物资源是重要的自然资源，它不是上帝的恩赐，而是经过几百万年，甚至几亿年的地质变化才形成的,它是社会生产发展的重要物质基础,现代社会人们的生产和生活都离不开矿产资源。根据《矿产资源法实施细则》第2条的规定,所谓矿产资源是指由地质作用形成的,具有利用价值的,呈固态、液态、气态的自然资源。

**2. 矿产资源的特点**

(1) 矿产种类多,资源总量丰富。我国幅员辽阔,地质条件复杂,矿藏资源丰富。到目前为止已发现的矿藏已达160余种,世界上已发现的矿种我国基本上都有,我国是世界上矿种比较齐全、配套程度较高,储量也很丰富的少数国家之一。在已发现的160多种矿藏中,已有148种初步探明了储量。

多数一类矿藏富矿少,贫矿多,选矿难度大。我国铁矿石缺口较大,不是因为储量少(我国铁矿探明储量几近500亿吨,居世界前列),主要是因为品位>50%的富矿仅占2.3%,95%以上的储量均为平均品位33%上下的中低品位矿石。我国铜矿的探明储量已达5 900余万吨,亦位居世界前列,但品位>1%的富矿仅占35%,加上伴生组分多,大大增加了选冶的难度和费用。论储量,我国铝土矿也很丰富,但矿床类型主要属一水型的硬铝矿石,二氧化硅含量大,品位低,铝、硅比值>7的富矿仅占27%,<5的贫品位矿石占38%,亦增加了选冶的难度和成本。其他如磷矿、锰矿都有类似特点。在已探明的储量中,贫品位的磷占44%。贫、杂、难选的锰占94%。

(2) 共生矿床多,矿石组分复杂。由于许多成矿元素,如亲铜元素、亲石元素以及介于二者之间的过渡性元素,其地球化学性质均具有近似性,在成矿过程中常常形成共生、伴生矿床,使矿石矿物组分十分复杂。这种由多种成矿元素组合而成的矿床,通常称为综合性矿床,这是自然界矿藏形成的普遍规律,我国也不例外。据统计,我国具有其他矿物组分共生、伴生的铁矿,占全国铁矿保有储量的41%。其组分有铁—钛、钒型,如攀西铁矿;有铁—铌—稀土型,如内蒙古的白云鄂博;有铁—铜—钴—金型和铁—锡—硫型等。至于有色金属矿床,几乎90%以上都属具有综合组分的矿床。如甘肃金川镍铜矿,伴生的组分就有金、银、钴、铂、钯、锇、铱、铑、硒、碲、碘、镓、锗、钼等20余种;湖南柿竹园的钨矿则是一个由钨、锡、铋、钼等组成的综合矿床;云南个旧的锡矿是由锡、铜、铅、锌等多种金属矿伴生。非金属矿藏,包括煤、石油、磷等在内均有多组分的特点,如磷矿常伴有稀土、铀、铁、钒、钛、硫、铝碘等。在不同技术经济条件下,矿床多组分性可以是一个缺点,但也可以形成一种优势。由于组合性矿石选冶流程比较复杂,和单一矿石相比,需要较好的设备,较多的费用。但如果技术先进,则可同时回收多种矿产资源,使一矿变多矿,小矿变大矿,贫矿变富矿,增加矿产总储量和产量,大大提高投资效益。

（3）分布普遍但又相对集中。在我国，许多重要矿藏分布地区很广，如煤炭分布于全国 28 个省区；27 个省区均有铁、铜分布，有 24 个省区有磷分布，19 个省区有钨的分布。但这些矿藏大部分储量却相对集中于少数省区如煤炭 61％的探明储量集中于山西、内蒙古两个省区；三分之二以上探明储量的铁集中于辽、川、冀、晋、皖、鄂、内蒙古、鲁、滇 9 个省区；82％探明储量的铝土矿集中于晋、豫、黔、桂四省区。其他如湘、赣二省集中了全国钨储量的 65％，湘桂二省区则集中了全国锑的 64％。此外贵州汞的探明储量占全国的 71％，内蒙古的稀土储量占全国的 97％，辽宁的菱镁矿占全国的 84％，青海柴达木的钾盐占全国的 96.8％。矿产资源地区分布的极端不均衡性，就要求在开发矿业发展地区经济时，必须加强地区之间的协作，互通有无，余缺互补。此外，我国有相当多的矿藏，矿床规模多以中、小型为主，可与世界著名大型矿床相比的不多，所以在矿藏资源开发利用上，必须大、中、小并举，国家经营与地方经营相结合，充分利用中、小型矿床，大力发展地方产业。

**3. 矿产资源管理**

矿产资源管理是对矿产资源的普查勘探、开发利用及保护的监督与控制，实现和维护国家对矿产资源的所有权。通过对矿产资源的统一规划，实现国家对矿产资源的处分权；以法律形式规定探矿权人、采矿权人必须依法履行登记储量、汇交地质资料义务等，体现国家作为矿产资源所有权人的意志。确保矿产资源可持续利用。通过矿产资源的规划管理，实现矿产资源宏观配置；通过矿产资源政策研究、制定与实施，对矿产资源勘查、开发活动进行宏观调控；通过矿产资源勘查、矿山生产过程中储量报告的审查批准摸清矿产资源家底，为国民经济和社会发展计划规划的制定提供决策依据，保证国民经济和社会的可持续发展对矿产资源的需求。主要管理手段包括登记注册管理、矿产利用规划、采矿评估、矿产资源的储量管理与价值核算、矿产资源综合分析与政策研究制定、地质资料汇交管理等内容。

## 二、自然资源管理的研究方法

虽然自然资源研究的对象十分明确，但是自然资源的研究内容却极其宽泛，因为许多资源的研究内容在其他相应的学科中也有所体现。自然资源学正是接纳了其他学科中任何可视之为资源的研究内容，整合成了以各种自然资源为内容的集合。因此，自然资源学是一门综合性极强的横断科学，在研究这门学科时需要使用的方法也纷繁多样。

### （一）传统的研究方法

对于自然资源研究的对象的探讨，使我们清楚地认识到地理学、生物学、经济学等学科的一些研究方法可以直接应用于自然资源的研究。自然资源学传统的研究方法有地理区划法、经济比较法、数学方法等。

地理区划法，是指按照一定原则对一定的研究区域进行自上而下的划分，可分为自然区划和经济区划。我国学者在经济区划研究方面取得了大量的成果。按照经济区划包括的经济活动范围，经济区划可以分为综合经济区划和部门经济区划两大类。对工业、农业、交通运输业等全部经济活动进行区划的，称综合经济区划；对某一经济部门进行的区划，称部门经济区划。部门经济区划有工业区划、农业区划、林业区划等；流通方面的部门经济区划有货流区划、供销区划等。

数学方法包括数理统计法、线性规划法、动态预测法等。数学方法既能使自然资源研究向定量化趋近，又能够改进资源研究及开发利用。数理统计法是数学的一门分支学科，在概率论的基础上，运用统计学的方法对数据进行分析和研究，导出其概念、规律性，即统计规律。数理统计法主要研究随机现象中局部与整体之间、各有关因素之间相互联系的规律性。它是运用样本的平均数、标准差、标准误、变异系数、均方差、检验推断、相关、回归、聚类分析、判别分析、主成分分析、正交试验、模糊数学和灰色系统理论等有关统计量的计算，对实验所取得的数据和测量、调查所获得的数据进行有关分析研究，得到所需结果的一种科学方法。

投入产出的方法是经济学领域广泛用来定量分析经济系统结构和功能的方法。自然资源本身具有资源与资产的双重熟悉，人类对自然资源利用与保护、破坏与补偿等基本原理均是经济学中相关原理。如投入产出分析法常被用于商品的生产、消费和流通的研究，其目的在于讨论如何实现经济效益的最大化，这种方法同样可用于对自然资源的研究。经济比较法是一种定性的研究方法，通常按照一定的技术经济指标计算各方案的经济效果，从中选择一个最优方案。如将单位面积的投资费用与单位面积的产量或收益进行比较，计算单位产品所需要的工时或成本，以此作为方案评价的依据。由于此方法能够直观地以表格形式反映部门间的技术经济问题，而且数学计算方法比较简单，已成为广泛应用的一种数量经济分析和综合平衡的科学方法。在资源—生态—经济系统中，可以通过建立投入产出表对不同资源与不同产业部门之间的生产消费关系进行综合计量，为自然资源的保护及在产业部门内的合理流通提供科学依据。

## （二）信息技术与 3S 技术研究方法

### 1. 遥感调查与动态监测

利用航空遥感进行资源调查已有较长的历史。1932 年，美国 K.C. 麦克默里首次采用航空摄影相片绘制小区域植被与土地利用图；其后，美国田纳西河流域管理局根据五透镜相机拍摄的航空相片镶嵌图绘制了田纳西河流域土地利用图。20 世纪 50 年代，我国对一部分地区进行了大、中比例尺航空摄影，在此基础上，开展了包括土地利用调查等一系列工作。遥感技术的快速发展是在20世纪60年代，它是指以现代工具（仪器、设备）为技术手段，对目标物进行遥感、遥测的整个过程。它集中反映了物理学、计算机技术、生物学、地球科学等学科的最新成就。遥感技术在获取地面物体信息中具有宏观性、实时性、动态性等特点，使它在资源调查中得到了广泛应用，它也是获取资料的最新手段。

**2. 自然资源数据库**

随着计算机技术的不断提高，数据库技术也迅速发展起来，除了文献型、管理型数据库外，以知识为单位的各种专业数值型数据库也相继问世，并不断地得到发展和完善，它的优越性亦愈来愈明显。自然资源研究是一门新的学科，具有内外联系广、综合性强的特点，这些特点也给数据库的应用提供了前提。数据库技术在自然资源研究中的具体应用是建立资源数据库，即利用计算机储存有关资源不同时空范围内质、量以及社会经济背景资料，以实现对自然资源数据科学和严密的管理。这对于促进自然资源学科的发展和解决国民经济发展中的实践问题均有重要意义和作用。

**（三）大数据与人工智能分析法**

大数据时代是一个将海量数据视为核心资产的时代。长期以来，国土、测绘、海洋等部门积累了丰富的自然资源数据资源，由于数据来源、数据处理能力的限制，这些数据资源的利用频率和效率低下。即使多数数据以空间数据库和关系数据库的形式进行管理，但由于缺乏统一的数据标准，仍然是"碎片化"数据，造成纵然数据量呈爆发性增长却总是感觉数据不足，想用、能用的数据无处可寻的局面，难以满足自然资源统一管理的需求。随着云计算、大数据、人工智能等技术的快速发展，数据作为重要的资产和市场要素备受关注。自然资源数据受业务管理历史特性影响，需要进行有效治理才能充分发挥数据的价值。因此需要结合自然资源管理和信息化发展历程，构建"管、治、用"结合的治理路径，以统一标准规范为管理思想，指导自然资源"一张图"深度治理，有效支撑自然资源管理应用。同时结合人工智能中神经网络模型、支持向量机、贝叶斯网络、随机森林等多种智能算法，对影像进行识别、分析与预警预测，有效地支撑了当前自然资源管理智能决策。

## 三、自然资源管理的任务和内容

从自然资源所赋存的种种特性来看，现代自然资源学研究的对象应当是资源系统。研究的内容是自然资源系统之间、自然资源系统与社会经济资源系统之间、自然资源系统与自然环境系统之间的相互联系、相互制约的关系，其目的就是要通过这样的研究来寻求协调资源—环境—人口—发展之间关系的途径与方法，以达到资源的永续利用、人类社会经济的持续发展之目的。

## （一）自然资源管理的研究任务

概括地说，对自然资源或者说包括社会经济资源在内的广义资源学的研究任务，主要包括如下五个方面的问题。

### 1. 资源调查管理

资源调查管理是获取资源信息的基本手段，主要包括野外调查、信息技术调查和模拟调查等。野外调查主要包括野外考察或室外调查，一般性的路线勘查，典型的剖面调查，重点调查，观察资源动态变化的定位、半定位实验调查等。同时结合航片、卫片的解译，不仅可以了解资源的数量、质量、类型与分布，而且通过同一地区不同时间的航片、卫片分析，还可以了解时间上的动态变化。此外还可以采用模拟调查法，通常是在实际调查的基础上采用抽象、概括、模型的方法，可以获得比较满意的结果，例如人口、环境变化预测，资源需求平衡变化预测等。

### 2. 资源评价管理

资源评价管理是对一个国家或一个地区所拥有的自然资源在数量、质量、种类、组合特征、资源优势、资源开发的有利条件和制约因素等方面进行科学的评估，它是制定资源开发利用规划、采取合理的开发利用方式与措施的科学依据。资源评价是资源学研究的核心内容，是制定资源开发、利用、治理与保护规划的基础研究。一些发达国家，如美国、加拿大和西欧一些国家，从20世纪70年代开始相继制定了宏大的自然资源评价计划，把自然资源评价当作一项重要国策。关于自然资源评价的具体内容与方法，后面另辟专节叙述。

### 3. 开发利用规划管理

研究自然资源的最终目的，就是要让原本无价的自然物质，通过劳动加工，转变成为有使用价值的经济产品（资源）。如何使自然资源得到最合理的开发利用，最大限度地提高它的使用价值；如何在自然资源开发利用的同时，使孕育自然资源的自然生态环境得到保护和改善，使经济—生态协调发展，这都需要制定一个科学的开发利用规划。自然资源的开发，实际上是资源的经济开发，涉及的范围既包括自然资源，也包括社会、经济资源，更包含生态环境的治理和保护。所以，自然资源开发利用规划实质上是国土资源的开发利用规划，是推动国土开发整治工作的中心环节。

鉴于自然资源的赋存具有区域性差异，与自然资源开发密切相关的社会、经济条件同样存在区域性差异，所以资源开发利用规划必须立足于区域资源开发的基础上。区域范围有大、中、小不同层次之分，故资源开发利用规划也是有层次的。就一个国家来说，资源开发利用规划最高层次是国家级的，其次是省、市、地级和县（市）级的。从自然区划的观点看，有全流域的规划，也有小流域的规划。在规划中要处理好各层次规划之间的关系，即整体与局部的关系。下一层次的规划是高一层次规划的依据，但下一层次的规划必须在高一层次规划的总方针、总战略下进行，高层次的规划必须充分照顾和尊重下一层次规划的地区特色。

**4. 资源利用管理**

任何经济活动都离不开管理，尤其像国土资源开发利用这样涉及范围广、综合性强的工作，科学管理是资源得以节约、高效利用的可靠保证，科学管理可以带来巨大的经济效益、生态效益和社会效益。资源管理就是国土资源及其开发、利用、治理和保护所进行的组织、协调、规划、立法、监督等活动的总称。管理的方式有行政管理、法制管理、经济管理、情报管理等。

**（二）自然资源管理的主要研究内容**

自然资源管理学是研究总体自然资源及其开发利用和保护管理的科学。其研究内容既包括总体自然资源本身，也包括与自然资源密切相关的资源环境问题、资源在经济领域内的价值转换以及自然资源政策、法规等，即以资源为主体的资源—生态—经济—社会系统。自然资源管理学的研究核心就是总体自然资源及其在以自然资源为中心的资源—生态—经济—社会系统中的机制和管理。总体自然资源包括水、生物、土壤、矿产等自然物质，太阳能、地热、引力、水能等自然能量以及伴随着自然物质和能量资源的自然信息。以自然资源为中心的资源—生态—经济—社会系统的机制是指资源的开发利用机制和保护机制。前者指自然资源通过人类开发利用后，向生产、生活资料转变，进而产生经济、生态和社会效益的全过程；后者指自然资源开发利用后生态环境发生变化，进而对自然资源本身产生影响的反馈全过程；管理则是指上述两个过程中的规划决策方案、优化论证、具体实施、跟踪调查和研究、方案反馈调整以及相应的政策、法律和组织形式等。因此，自然资源管理学的研究内容包括总体自然资源本身的研究、自然资源开发利用和保护机制的研究以及自然资源管理的研究三个主要部分。具体涵盖自然资源权籍管理、资产管理、规划管理、用途管制管理、保护利用管理等核心内容。

**思考题** ————————————————————————————

1. 请概述自然资源的内涵及特征。
2. 请简述自然资源管理的主要任务和研究内容。

# 第二章  自然资源管理原理

## 第一节  自然资源管理的可持续理论

### 一、可持续发展的要点

#### （一）可持续发展基本概念

可持续发展概念的产生有其深刻的历史背景和迫切的现实需要。在人口问题方面，由于世界人口急剧膨胀，人口与经济发展、人口与资源环境的矛盾相当突出；在资源环境问题方面，人类对资源的需求量越来越大，资源消耗越来越快，尤为严重的是在资源消耗量不断增加的同时，向自然界排放的污染物的数量也越来越大，环境恶化趋势有增无减；在经济方面，一味追求经济的发展，忽略了经济发展与资源、环境的协调，产生了一系列的生态问题。面对当今世界日益严重的人口资源、环境问题，人类不得不重新认识其与自然的关系：是继续坚持传统的发展观念，还是谋求建立人与自然和谐相处、协调发展的新模式。为顺应世界发展的需要，1980 年由国际自然与自然保护联盟等国际组织共同起草的世界自然资源保护大纲，改变了过去把保护与发展对立起来和就保护论保护的做法，提出要把保护与发展很好地结合起来，认为在发展经济满足人类的需要和改善人类生活质量的同时，要合理利用生物圈，使之既要满足当代人的利益，又要保持其潜力以满足后代的需求。这一思想虽不断修改，但却为可持续发展概念的形成奠定了基础。

资源的永续利用是可持续发展的基础，没有资源的永续利用，就不可能有可持续发展。我国早在 2200 多年前的春秋战国时代，先儒就有了保护正在怀孕或产卵期的鸟兽鱼鳖的"永续利用"思想和定期封山育林的法令等，明确对可再生资源持续利用的思想。例如，《孟子·梁惠王上》："不违农时，谷不可胜食也；数罟不入池，鱼鳖不可胜食也；斧斤以时入山林，材木不可胜用也。"《荀子·王篇》："斩伐养长不失其时，故山林不童而百姓有余材也。"《逸周书·大聚解》："春三月，山林不登斧斤以时入册林以成草木之长；夏三月，川泽不入网罟，以成鱼鳖之长。"《吕氏春秋》："竭泽而渔，岂不获得？而明年无鱼；焚薮而田，岂不获得？而明年无兽。"

西方经济学在 19 世纪对林业的研究和 20 世纪对渔业的研究，也提出并分析了可再生资源的"可持续产量"问题。由此可见，虽然那时还没有形成关于国家应如何实施可持续发展的总体思想，但东西方所强调的可再生资源的永续利用已包含了可持续发展的思想萌芽。

本书的讨论中，常常会涉及两个概念：可持续性和可持续发展。从经济学的角度来看，这两个概念实际上是基本相同的，科斯坦萨等人在解释可持续性概念的含义时指出："可持续性的隐含并非是一个静态的经济，更不是一个停滞的经济，但我们必须仔细地区别可持续增长和发展经济增长，在一个有限的星球上，它不可能无限期地持续下去。经济发展意味着生活质量的改善，而并非必然意味着资源消耗量的增加，因而是可以持续的。可持续增长是不可能的事，而可持续发展必须成为我们的最重要的长期政策目标"。换句话说，可持续性本身就隐含着可持续性的发展；而可持续发展，尽管确实如布拉特等学者所理解的，结合了两个基本概念，即发展和可持续性，而且发展也确实是指经济发展；但可持续性的含义并不是他们所说的整个生态或生态学意义上的可持续性，而是科斯坦萨等人所说的人类生存支持系统的可持续性，换句话说，保护生态平衡和可持续性的目的是为了人类自身的生存和发展，可持续发展"指出了一个总目标即福利，和一个总的约束条件即可利用自然资源。"正是因为从经济学的角度来看，可持续性和可持续发展这两个概念基本相同，所以，佩齐在介绍有关可持续性的定义时，是把可持续性和可持续发展作为同一个概念以不同表达方式来介绍的。

### （二）可持续发展基本原则

#### 1. 公平性原则（Fairness）

可持续发展强调："人类需求和欲望的满足是发展的主要目标"。然而，在人类需求方面存在很多不公平因素。所谓的公平是指机会选择的平等性，可持续发展所追求的公平性原则包括三层意思，一是本代人的公平即同代人之间的横向公平性。可持续发展要满足全体人民的基本需求和给全体人民机会以满足他们要求较好生活的愿望。当今世界的现实是一部分人富足，而另一部分人——特别是占世界人口 1/5 的人口处于贫困状态。这种贫富悬殊、两极分化的世界，不可能实现可持续发展。因此，要给世界以公平的分配和公平的发展权，要把消除贫困作为可持续发展进程特别优先的问题来考虑。二是代际间的公平，即世代人之间的纵向公平性。要认识到人类赖以生存的自然资源是有限的，本代人不能因为自己的发展与需求而损害人类世世代代满足需求的条件——自然资源与环境。要给世世代代以公平利用自然资源的权利。三是公平分配有限资源。目前的现实是，占全球人口 26％的发达国家消耗的能源、钢铁和纸张等，都占全球的 80％。美国总统可持续发展理事会（PCSD）在一份报告中也承认："富国在利用地球资源上有优势，这一由来已久的优势取代了发展中国家利用地球资源的合理一部分来达到他们自己经济增长的机会。"联合国环境与发展大会通过的《关于环境与发展里约热内卢宣言》（简称《里约宣言》），已把这一公平原则上升为国家间的主权原则："各国拥有按其本国的环境与发展政策开发本国自然资源的主权，并负有确保在其管辖范围内或在其控制下的活动不致损害其他国家或在各国管辖以外地区的环境的责任"。

以此可见，可持续发展不仅要实现当代人之间的公平，而且要实现当代人与未来各代人之间的公平，向所有的人提供实现美好生活愿望的机会。这是可持续发展与传统发展模式的根本区别之一。公平性在传统发展模式中没有得到足够重视。传统经济理论是为了生产而生产，没有考虑或者很少考虑未来各代人的利益。从伦理上讲，未来各代人应与当代人有同样的权利来提出他们对资源与环境的需求，可持续发展要求当代人在考虑自己的需求与消费的同时，也要对未来各代人的需求与消费负起历史的与道义的责任，因为同后代人相比，当代人在资源开发和利用方面处于一种类似于"垄断"的无竞争的主宰地位。各代人之间的公平要求任何一代都不能处于支配地位，即各代人都应有同样多的选择发展的机会。

**2. 可持续性原则**（Sustainability）

可持续性是指生态系统受到某种干扰时能保持其生产率的能力，资源与环境是人类生存与发展的基础和条件，离开了资源与环境人类的生存与发展就无从谈起。资源的永续利用和生态系统的可持续性的保持是人类持续发展的首要条件。可持续发展要求人们根据可持续性的条件调整自己的生活方式，在生态可能的范围内确定自己的消耗标准。这一原则从某一个侧面也反映了可持续发展的公平性原则。

布伦特兰夫人在论述可持续发展"需求"内涵的同时，还论述了可持续发展的"限制"因素，因为没有限制也就不可能持续。"人类对自然资源的消耗速率应考虑资源的临界性""可持续发展不应损害支持地球生命的自然系统，如大气、水、土壤、生物等"。"发展"一旦破坏了人类生存的物质基础，"发展"本身也就衰退了。可持续性原则的核心指的是人类的经济和社会发展不能超越资源与环境的承载能力。

**3. 共同性原则**（Common）

鉴于世界各国历史、文化和发展水平的差异，可持续发展的具体目标、政策和实施步骤不可能是唯一的。但是，可持续发展作为全球发展的总目标，所体现的公平性和可持续性原则是共同的。并且，实现这一总目标，必须采取全球共同的联合行动。布伦特兰在《我们共同的未来》的报告的前言中写道："今天我们最紧迫的任务也许是要说服各国认识回到多边主义的必要性，进一步发展共同的认识和共同的责任感，这是这个分裂的世界十分需要的"。共同性原则同样反映在《里约宣言》之中："致力于达成既尊重所有各方的利益，又保护全球环境与发展体系的国际协定，认识到我们的家园——地球的整体性和相互依存性。"可见，从广义上说，可持续发展的战略就是要促进人类之间及人类与自然之间的和谐。如果每个人在考虑和安排自己的行动时，都能考虑到这一行动对其他人（包括后代人）及生态环境的影响，并能真诚地按"共同性"原则办事，那么人类内部及人类与自然之间就能保持一种互惠共生的关系，也只有这样，可持续发展才能够实现。

**4. 需求性原则**（Demand）

传统发展模式以传统经济学为支柱，所追求的目标是经济的增长（主要是通过国民生产总值来反映）。它忽视了资源的代际配置，根据市场信息来刺激当代人的生产活动。这种发展模式不仅使世界资源环境承受着前所未有的压力而不断恶化，而且人类的一些基础物质需要仍然不能得到满足。而可持续发展则坚持公平性和长期的可持续性，要满足所有人的基本需求，向所有的人提供实现美好生活愿望的机会。

人类需求是由社会和文化条件所确定的，是主观因素和客观因素相互作用、共同决定的结果，与人的价值观和动机有关。首先，人类需求是一种系统（这里称之为人类需求系统），这一系统是人类的各种需求相互联系、相互作用而形成的一个统一整体；其次，人类需求是一个动态变化过程，在同一时期和不同的发展阶段，需求系统也不相同，随着社会的发展，旧的人类需求系统不断被新的人类需求系统所代替。

可以把人类需求系统分为三个需求子系统（基本需求子系统、环境需求子系统、发展需求子系统），并把基本需求子系统分为两个次子系统（物质需求次子系统和精神需求次子系统）。所谓的基本需求是指维持正常的人类活动所必需的基本物质和生活资料。环境需求是指人们在基本需求得到满足后，为了使自己的身心更健康、生活更和谐所需求的条件。发展需求是指在基本需求得到满足以后，为了使生活更充实和进一步向高层次发展所需要的条件。应该指出的是，人类需求因子常常交织在一起，使得任何关于人类需求的划分都很困难。事实上，现在还没有一个能为大家所共同接受的划分需求的标准，这些概念仍然存在着模糊性和歧义性。另外，如果以人类需求系统作为参照系，那么任何一种需求因子未能得到满足都将意味着一种贫困，所以贫困不仅影响穷国也影响富国，只不过是贫困的内容和范围不同，并有别于传统经济学中的贫困（赵景柱，1994）。

总之，可持续发展概念内涵极其丰富，就其社会观而言，主张公平分配，既满足当代人又满足后代人的基本需求；就其经济观而言，主张建立在保护地球自然系统基础上的持续经济发展；就其自然观而言，主张人类与自然和谐相处。这些观念是对传统发展模式的挑战，并为人类谋求新的发展模式和消费模式从而形成新的发展奠定了基础。

尽管布伦特兰关于可持续发展的定义在众多的定义中被学者们普遍引用，但并不能说这一定义已完美无缺，如有学者批评道：这个定义单纯强调了可持续发展的时间维，忽视了可持续发展的空间维。这种空间维，在水平方向上从全球到区域变化，在垂直方向上从自然圈层到人类活动的各部门变换。此空间既相对独立又相互作用，垂直空间的相互作用是不言自明的。水平空间的相互作用，在区域尺度上表现为全球变化的区域影响，在全球尺度上表现为区域变化的全球影响。

## 二、可持续发展理论的指导意义

在我国，随着社会主义经济建设事业的发展，在自然资源的开发和对江河大地的整治方面取得了显著的成绩。但由于缺乏统一规划指导，以致一些地区在开发建设过程中出现了对资源的破坏、生态恶化、环境污染等一系列问题。随着生产的社会化和现代化，自然资源开发规划已成为从宏观上指导生产建设布局和协调经济发展与人口、资源、环境相互关系的重要手段。资源的开发利用过程，就是生产发展的过程和进行经济建设的过程，也是人类为了满足自身的需要而改变自然环境的过程。因此，资源的开发利用和人口增长、社会经济发展、环境保护之间有着相互制约、不可分割的内在联系。国土规划的核心就是协调它们的相互关系，达到变资源优势为经济优势的目的。确切地讲，就是要以资源开发利用为基础，以生产力布局为核心，发挥各地区的综合优势，促进国民经济持续、稳定、协调地发展，取得最大的社会效益、经济效益和生态效益。

自然资源开发规划具有一定的战略地位。因为国民经济发展的重大问题，诸如发展速度、生产结构和生产力布局等都与资源开发有着密切的联系，自然资源的开发速度、规模等对国民经济发展往往具有全局性和长远的影响。此外，自然资源也具有总体性的特点。因为各种资源不是孤立存在的，而是相互依存，共同组成自然界这个有机的整体。开发利用任何一种资源都会在一定地域范围内引起自然生态平衡的变化。开发利用得合理，可以形成良性循环，长期受益。如只从一时一地的需要出发，违反客观规律，开发利用不当，将会顾此失彼，甚至造成严重恶果，贻害子孙后代。

# 第二节　自然资源管理的生态理论

自然资源从形成、演化到利用都发生在生态系统中，经历着一系列生态过程。理解自然资源生态过程是正确认识和合理利用自然资源的前提，因此自然资源研究应当遵循生态学原则。自然资源学从生态学中汲取的理论主要是相互依存与相互制约规律、物质循环与再生规律、物质与能量输入输出的动态平衡规律、相互适应与补偿的协同进化规律、环境资源的有效极限规律与生态系统平衡理论。

## 一、生态学理论的要点

### （一）相互依存与相互制约规律

生态系统内各生物间是相互依存与相互制约的协调关系，是构成生态系统的基础。生物间的这种协调关系主要分为两类。①普遍的依存与制约，亦称"物物相关"规律。有相同生理、生态特性的生物，占据与之相适宜的小环境，构成生物群落或生态系统。系统中不仅同种生物相互依存、相互制约，异种生物（系统内各部分）间也存在依存与制约的关系，不同群落或系统之间同样存在依存与制约的关系。这种影响有些是直接的，有些是间接的；有些是立即表现出来的，有些需要滞后一段时间才显现出来。②通过物质与能量的传递而相互联系与制约的协调关系。每一种生物在食物链中都占据一定的位置，并具有特定的作用。各生物物种之间相互依赖、彼此制约、协同进化。被食者为捕食者提供生存条件，同时又为捕食者所控制；反过来，捕食者又受制于被食者，彼此相生相克，使整个系统（或群落）成为协调的整体。或者说，系统中各种生物个体都建立在一定数量的基础上，即它们的大小和数量都存在一定的比例关系。生物体间的这种相生相克作用，使生物保持数量上的相对稳定，这是生态平衡的一个重要方面。

### （二）物质循环与再生规律

在生态系统中，植物、动物、微生物和非生物成分，借助能量的流动，一方面不断从自然界摄取物质和能量，合成新的复杂物质；另一方面又随时分解为简单物质，成为生态系统的营养成分，重新被植物所吸收，进行着不停顿的物质循环。在生态系统中流动的能量，沿着食物链转移与运动时，每经过一个营养级，就有大部分能量转化为热量而散失。一级生物的能量物质通常只有 1/10 左右转移到下一级生物体内，能量的利用率仅为 1/10，造成其余 9/10 的能量损失。生态学把这种能量的传递规律取名为"十分之一定律"。人们把食物链和食物网中各级生物的生物量按顺序排列起来，绘制成图，竟然与埃及金字塔的形状相似，因此，人们又把"十分之一定律"称为"能量金字塔定律"。

### （三）物质与能量输入输出的动态平衡规律

能量转化是一个普遍现象，在自然界时时刻刻都在进行能量的转化活动，自然界中各种形式的能量不是孤立的，不同形式的能量会发生相互转化，同时能量也会在不同的物体间相互转移。对于一个稳定的生态系统，物质的输入与输出总是相平衡的，同时能量也是守恒的。过少或过多的输入与输出都会造成对生态系统平衡的破坏，而导致生态系统的变化，如养分的不足和富营养化等。因此在对自然资源的管理过程中，要始终坚持物质与能量输入输出的动态平衡规律，以减少对生态系统的破坏，维护生态系统稳定，实现人与自然和谐共生。

### （四）相互适应与补偿的协同进化规律

生物与环境之间，存在着作用与反作用的过程。生物对环境施加影响，反过来环境也会影响生物的进化与发展。一方面人类在利用自然资源满足自身需要的同时，会给环境带来各种影响，如滥砍滥伐树木造成自然保护屏障破坏，引发山体滑坡、泥石流等自然灾害；不合理的使用化肥、农药等，造成土壤肥力下降，土地资源的利用效率降低等。另一方面在环境的影响下，一种生物群体中会出现少量的基因突变个体，这些基因突变个体所表现出来的新性状，有的适应新的环境，有的不适应新的环境，适应新环境的个体生存下来，不适应新环境的个体被淘汰，经过千百年的自然选择，生物变得越来越适应环境。

### （五）环境资源的有效极限规律

任何生态系统中作为生物赖以生存的各种环境资源，在质量、数量、空间和时间等等方面，都有一定的限度，因而其生物生产力通常都有一个大致的上限。每一个生态系统对任何的外来干扰都有一定的忍耐极限；当外来干扰超过极限时，生态系统就会被损伤、破坏乃至瓦解，如草场的过度放牧、森林的过度采伐和过量捕鱼等。因此在对自然资源进行管理的过程中，要遵守环境资源的有效极限规律，不能使人类对自然资源的利用超过这个最大极限值。

### （六）生态系统平衡理论

所谓生态平衡，就是在一定时间和相对稳定条件下，生态系统各部分的结构和功能处于相互适应与协调的动态平衡之中。只有这样，生态系统的物质循环和能量转换才不会停顿，物质生产才有可能不断增长，生态环境才有可能得到不断改善和发展，工农业生产才有可能取得最高效益。但是，在自然发展的历史长河中，或者受自然节律的制约，或者受人类的干扰，生态平衡不可能是持久的、永恒不变的。从哲学的观点看，所谓平衡，就是对立着的矛盾得到暂时的统一。这种统一，经过一个时期，就必然要被新出现的矛盾打破，平衡就变成不平衡，然后又建立新的平衡。如此周而复始，使整个生态系统不断向前发展。在生态系统的发展过程中，人类亦扮演着重要角色。人类的作用就在于一个生态平衡遭到破坏时，要设法使其建立新的平衡。必须充分认识生态平衡规律，通过人的干预去改善已经开始恶化的生态系统，而不是制造一个大的破坏之后才着手建立新的平衡，否则，所需的时间过长（几十年、几百年），所付出代价太大。

### 二、生态学原理的指导意义

生态学中的相互依存与相互制约、物质循环与再生、物质输入输出的动态平衡、物质与能量输入输出的动态平衡规律、相互适应与补偿的协同进化规律、环境资源的有效极限规律与生态系统平衡等理论，均对自然资源研究与管理具有重要的指导意义。

从生态学的角度看，自然资源中的生物资源是直接由生态过程产生的。生态系统概念的发展和在研究手段上的改进是自然资源学形成与发展的最重要的科学理论背景。生态系统的一些基本理论，特别是它的整体观、综合观以及结构（组成、空间、时间、营养）、功能、动态与演替等方面的理论，对自然资源学的研究具有重要意义。

自然规律是人类无法违抗的，人类必须尊重自然，遵守自然规律，才能实现人与自然的和谐共生。在对自然资源进行管理的过程中也要遵循上述规律，才能实现对自然资源的有效管理。随着人们生活水平的提高，人们的需求也日益增加，人类对自然的索取也在不断增多，这与自然资源的有限性和稀缺性之间产生了冲突，进而引发了一系列的矛盾，导致生态环境遭到破坏。因此，为了合理利用自然资源，解决各类矛盾冲突，保护生态环境就必须在对自然资源管理的过程中应用生态学原理。

# 第三节　自然资源管理的经济学理论

### 一、经济学原理理论要点

自然资源经济学的思想可以追溯到 17 世纪威廉·配第的著名论述"土地是财富之母，劳动是财富之父"。18 世纪到 20 世纪初，亚当·斯密、杰文斯、李嘉图、马歇尔等经济学家从自由市场的"稀缺"层面研究了经济发展与自然资源的关系。20 世纪初期以来，自然资源经济学朝着两个方向发展：一是自然资源学与经济学的结合，把自然资源当作一门经济学科系统来研究；二是继承从纯经济学角度研究自然资源的优化配置。前者的开创者是美国的伊利和莫尔豪斯，他们于 1924 年合作出版的《土地经济学原理》被认为是自然资源经济学科建立的奠基之作。随后，侯太龄于 1931 年出版了《可耗竭资源经济学》，提出了资源耗竭理论，即著名的"侯太龄定律"。20 世纪 70 年代末，随着生态保护主义运动的发展，自然资源经济学研究进入了一个空前辉煌的时期。以 CharlesW. Howe 的《自然资源经济学》为代表作，重点论述了自然资源的经济问题、共享自然资源的管理、自然资源非市场效益的评价、稀缺度量、自然资源最优利用条件、项目经济分析、帕累托效率。20 世纪 80 年代，自然资源经济学已经形成了完整的学科体系，美国阿兰·兰德尔出版了《资源经济学》，他认为，资源经济学是微观经济学的一个分支，是研究自然资源和环境政策的一个分支，是研究自然资源和环境政策的一门应用经济学，它是利用经济学理论和定量分析的方法来揭示、分析、评价和指导制定关于自然资源和环境方面的政策。随着数学分析方法和计算机的发展，数学分析方法在资源经济学中应用得越来越广。近年来，自然资源经济学充分吸收现代西方经济学的研究成果，重点研究资源环境价值计量、制度政策、自然资源的可持续利用等问题。后者，即纯经济学研究自然资源优化配置方面，庇古 1920 年在其所发表的《福利经济学》中提出外部性问题解决的"庇古税"方法，成为政府管制自然资源供求的重要理论基础。随后，许多经济学者普遍地在这个命题上按"外部因素内部化"的经济分析原理，进行具体的理论和应用研究。与"庇古税"相对立，Ronald H. Coase 创立的"科斯市场"理论，主张回归亚当·斯密自由市场经济学的"自然资源配置理论"。随后，不少经济学者相信，明确单一的产权安排已足以矫正外部性方面的市场失灵。在自然资源研究中主要涉及如下经济学原理。

### （一）稀缺性理论

自然资源的稀缺性是现代微观经济学的基本命题。自然资源对人类而言是重要的，也是稀缺的。正因为这种稀缺性，才产生了如何有效配置和合理利用自然资源这个问题。自然资源的配置方式可以分为两种类型。

#### 1. 市场配置

市场配置即以市场为基础的自然资源配置方式。鼓励市场形成价格和自由交易，强调效率和优胜劣汰的竞争机制。市场配置是古典经济学、新古典经济学及公共选择学等学派所推崇的资源配置方式，强调效率优先的原则。

#### 2. 政府配置

政府配置即政府发挥宏观调配的作用对资源进行配置。所采取的手段往往是管制，如许可证、配额、指标、投标等。政府配置在理论界最有影响的系统性理论是凯恩斯针对 1923 年经济危机提出的，主要强调政府干预的合理性和必要性。这一理论后来为越来越多的国家与政府所采用，成为加强宏观调控的有力的理论依据。

制度经济学把自然资源和生态环境看成稀缺的、社会大众共有的自然福利资本，因而要求将自然资源和生态环境纳入社会发展和经济循环过程之中，并参与定价和分配。它要求改变生产的社会成本与私人获利的不对称性，使外部成本内部化，最终实现经济增长、自然资源供给、生态环境的均衡，实现社会福利最大化和社会公平。

## （二）外部性理论

外部性理论是 1910 年由马歇尔提出的，并由庇古于 20 世纪 20 年代加以丰富和发展。外部性是外部经济性（Economic Externality）大于外部不经济性（Diseconomic Externality）的简称，其核心思想是指经济行为的成本或收益向经济行为以外第三方的溢出，即外部性是一个经济人的行为对另一个经济人的福利所产生的影响，或者某一经济人的行为影响了其他经济人的生产函数和成本函数，其他经济人无法控制这种影响。外部性以多种形式存在，有些是积极的（收益外溢），称为正外部性；有些是消极的（成本外溢），称为负外部性。前者是指某个经济人的行为给其他经济人带来了福利，其他经济人可以无偿地享受福利；后者是指某个经济人的行为给其他经济人带来了损害，但却不必为这种损害承担责任。一般研究的重点是后者。外部性存在的结果使得自然资源配置的效率受损，难以实现帕雷托优化配置。自然资源开发，就代际关系而言，既有对当代社会福利的影响，即"代内影响"；也有对将来社会福利的影响，即"代际影响"。其中的外部负效应表现为能源的短缺、自然资源的破坏和浪费、环境污染日趋严重、生态失衡等。这些问题将会导致经济增长和发展走向极限，也会威胁人类自身的生存。但资源开发利用中的外部性"更多地表现为外部不经济"。而且这种外部影响具有不可逆性和延续性，代内的外部负效应一般会引起代际负效应。

## （三）科斯的产权理论

1991 年诺贝尔经济学奖得主罗纳德·科斯是现代产权理论的奠基者和主要代表，他一生致力于研究经济运行的制度基础。他的产权理论发端于对制度含义的界定，通过对产权的定义，对由此产生的成本及收益进行论述，从法律和经济的双重角度阐明了产权理论的基本内涵。能够保证经济高效率的产权应该具有以下的特征。①明确性。它应该是一个包括财产所有者的各种权利及对限制、破坏这些权利时应该受到的处罚的完整制度体系。②专有性。它使所有报酬和损失都直接与责任人相联系。③可转让性。这些权利可以被引到最有价值的用途上去。④可操作性。清晰的产权可以很好地解决外部不经济（指某项活动使得社会成本高于个体成本的情形，即某项事务或活动对周围环境造成不良影响，而行为人并未因此而付出任何补偿）。科斯提出的"确定产权法"认为，在协议成本较小的情况下，无论最初的权利如何界定，都可以通过市场交易达到资源的最佳配置，因而在解决外部侵害问题时可以采用市场交易形式。科斯产权理论的核心是：一切经济交往活动的前提是制度安排，这种制度实质上是人们之间行使一定行为的权力。因此，经济分析的首要任务是界定产权，通过权利的交易达到社会总产品的最大化。

对正统微观经济学和标准福利经济学的这种基本观点，西方部分学者很早就开始了批判性考察，现代产权理论就是在这种批判性考察中形成的。20世纪30年代以来，现代西方产权理论的思考和研究是沿着下述思路展开的：指出资本主义市场机制并非如标准福利经济学和传统微观经济学所描述的那么完美，实际的市场运行是有缺陷的，这一缺陷集中表现在外在性上。而外在性产生的根源在于企业产权界限不清，由此造成交易过程存在摩擦和障碍，这种摩擦和障碍又会严重影响企业行为和企业资源配置的结果。因此，考察市场行为者的利润最大化行为时，必须把产权列入考察范围，而不能简单地作为既定前提排除在分析视野之外。对产权不清晰导致的市场缺陷的研究主要归功于科斯与威廉姆森、G. 斯蒂格勒、G. 布坎南、C. 舒尔茨和张五常等人。

科斯产权理论的形成与发展大致可分为两个阶段。

第一个阶段是20世纪30年代对正统微观经济学进行批判性思考，指出市场机制运行中存在摩擦，克服这种摩擦的关键在于制度创新。其代表作是科斯在1937年发表于伦敦经济学院学报《经济学家》上的著名论文《企业的性质》。

第二个阶段是在20世纪50年代末至60年代中期，科斯正面论述了产权的经济作用，指出产权的经济功能在于克服外在性，降低社会成本，从而在制度上保证资源配置的有效性。其代表作是科斯1960年发表的《社会成本问题》。

从科斯产权理论的形成来看，产权问题的考察从一开始就是与企业制度的分析相联系的。20世纪30年代科斯之所以提出交易成本的概念，其直接目的是论证企业制度存在的必要性：如果没有企业制度，每一个要素所有者都用自己的要素来生产产品并直接参加交易，那么市场交易者的数目将非常巨大，交易摩擦将极为剧烈，从而使交易成本提高，甚至使交易中止。企业作为一种参与交易的组织单位，其经济作用正在于把若干要素所有者组织成一个单位参加市场交易，从而减少市场当事者数目、减轻交易摩擦、降低交易成本。上述分析隐含了一个更深刻的思想，即交易背后的产权界区问题。科斯实际上已经注意到在企业产权界区清晰的条件下，运用价格机制实现企业间联系的摩擦减小，交易成本降低；反之，交易成本增高。正是在这个意义上，交易成本成为现代产权理论的一个基本范畴。20世纪50~60年代，科斯产权思想的一个显著特点是将交易成本概念进一步拓展为社会成本，而社会成本范畴研究的核心又在于外在性问题。恰恰在外在性问题上产权界区不清所造成的混乱和对资源配置有效性的损害表现得最为充分。

所谓外在性，是指某个人效用函数的自变量中包含的别人的行为，即经济当事人之间在利益关系上存在一方对另一方或其他诸方的利益造成的损害或者提供的便利都不能通过市场加以确定，也难以通过市场价格进行补偿或支付。1958年科斯写了一篇名为《联邦通讯协议》（《法学经济学》创刊号）的论文。论文指出，只要产权不明确，由外在性带来的公害是不可避免的：只有明确产权，才能消除或降低这种外在性所带来的伤害。在明确产权的基础上，引入市场价格机制，就能有效地确认相互影响的程度以及相互负担的责任。科斯举了一个著名的案例：当火车驶过一片种有树木和庄稼的土地时，机车排出的烟火经常引起周围的树木、庄稼着火，这是一种外在性；如果这块土地是属于树木、庄稼的农场主，农场主就有权禁止火车排放烟火，火车若要排烟，火车的所有者就必须向土地的主人赔偿一定的费用。反之，如果赋予火车主人具有自由释放烟火而又不负责任的权力，那么农场主若想避免由于火车排放烟火所导致的火灾造成的损害，进而要求火车不放烟火，就必须向火车主人支付一笔费用，以使火车主人愿意并能够不排烟火，甚至停止运行。科斯由此认为，更有效地消除外在性，用市场交易的方式实现赔偿，前提就在于明确产权。两年之后，科斯发表了著名的《论社会成本问题》，将1958年形成的思想进一步理论化。科斯认为，只要交易界区清晰，交易成本就不存在。如果交易成本为零，那么传统微观经济学和标准福利经济学所描述的市场机制就是充分有效的，经济当事人相互间的纠纷便可以通过一般的市场交易得到有效解决，外在性也就根治了。这里隐含着：只要产权界区不清，交易成本不为零，市场机制就会由于外在性的存在而失灵。所以，经济学的任务首先是分析产权，资源配置的有效性取决于产权界区的清晰度。后来，G. 斯蒂格勒将科斯的上述思想概括为科斯定理。

自然资源产权有广义和狭义的理解。广义的理解是指赋予自然资源权利主体的一切保护资源价值特征的权利，包括资源债权和资源物权。资源债权是指资源权利主体处置资源使自己或有债务关系的他人受益（或受损）的权利。资源产权狭义理解就是资源债权。这里的债不单是一般借贷关系，而是泛指通过契约、侵权行为所产生的人与人之间的权利和义务的关系。资源物权是指资源权利主体对资源占有、享用和处置的权利，它又可以分为资源自物权和他物权两类。前者是指资源权利主体对自己所有资源享有的权利，后者是指资源权利主体对他人所有资源享有的权利。债权属于对人权，它的权利和义务主体都是特定的人，它是通过个人选择方式来确立的。物权属于对世权，它的权利主体是特定的人，义务主体不是特定的，包括除权利人以外的一切人，它是通过公共选择方式来确立的。完整的资源产权总是以复数形式出现的，它是一组权利（或一个权利集合）。内容包括：①资源使用权，即在权利允许范围内以各种方式使用资源的权利；②资源收益权，即直接从资源本身或经由与资源有关的契约关系从别人那里获取利益的权利；③资源转让权，即通过出租或出售把与资源有关的权利让渡给他人的权利。上述这些权利还可以进一步细分，比如，一片水域资源具有通航、捕鱼和灌溉等用途，这样它的使用权又可以分为通航权、捕捞权和灌溉权等。资源产权的界定形式有：①私有产权，就是界定给一个特定的人的那些资源产权，它们的权利人可以自由行使那些权利，并排斥他人对该资源行使同样的权利；②社团产权，就是界定给某个社团内每一成员的那些资源产权，社团成员每个人都可以对该资源行使那些权利，并不排斥社团内其他成员行使同样的权利，但它排除了社团外成员对社团内任何成员行使那些权利的干扰；③集体产权，就是界定给一个特定的集体组织的那些资源产权，那些权利需要该集体组织按某种公共选择的方式来决定它们的行使，集体内任何个人不可以擅自行使它们；④国有产权，是一种特殊的集体产权，只不过相应的集体组织是一个国家。同一资源的不同种产权可以用不同形式来界定，比如，中国目前耕地资源的所有权界定为集体产权，而其使用权可以界定为私有产权。资源产权的主要功能在于通过制度的方式，促使将外部性内在化，以约束人们无效率获取和使用资源的行为。产权的确立，首先可以促使人们用合作的而不是对抗的方式来解决他们之间对稀缺资源需求的冲突，减少资源流转中的交易成本，提高资源的配置效率；其次可以提供资源交易合理预期，促使人们谋划长期性经济活动，从事对资源进行投资、保护和节约的活动，保证资源使用的有效性。资源产权是人们对资源的合理使用和保护所引起的相互认可的集体的行为关系。维系这些关系的社会机制主要有支持保护产权的最高政治权力、价值体系或意识形态、习俗或习俗法、国家或其代理人制定的法规。

## 二、经济学理论指导意义

从经济学角度看，自然资源的稀缺能引发一系列经济问题和人类经济活动的反应，并且自然资源的稀缺可以通过经济活动得到一定程度的缓解。经济学中出现的环境经济学、资源经济学、生态经济学等分支，为自然资源研究提供了经济学理论和方法。

自然资源管理从经济学汲取的理论是经济平衡、生产力布局以及微观经济学有关资源配置的一系列理论。微观经济学研究中有关自然资源配置的决策、方案与效益问题，有助于了解在自然资源开发进程中，经济系统、社会系统和生态系统是如何运转的，各系统之间又是如何相互联系、相互影响的，考察某些变量的变化对其他系统会产生怎样的影响并预测其发展趋势。

# 第四节 自然资源科学管理理论

## 一、科学管理的要点

对自然资源进行管理的目的和任务是将有限的资源进行合理配置和利用，组织、协调高度专业化的社会分工，形成有效的社会生产力。我国是一个自然资源相对短缺的国家，由于产业结构等方面的原因，单位产值的资源消耗量较高。2003 年，中国 GDP 不足世界的 4％，但消耗的原油、原煤、铁矿石、钢材、氧化铝和水泥分别约为世界消费量的 7.4％、31％、30％、27％、25％和 40％。每创造 1 美元国民生产总值，消耗掉的煤、电等能源是美国的 4.3 倍、德国的 7.7 倍、日本的 11.5 倍。因此，提高自然资源利用效率是非常必要的。

### （一）系统原理

系统原理包括整体性原理、动态性原理、开放性原理、环境适应性原理、综合性原理等。整体性原理是指系统要素之间的相互关系及要素与系统之间的关系以整体为主进行协调，局部服从整体，使整体效果为最优。动态性原理是指系统作为一个运动着的有机体，其稳定状态是相对的，运动状态则是绝对的，系统不仅作为一个功能实体而存在，而且作为一种运动而存在。开放性原理是指任何有机系统都是耗散结构系统，系统与外界不断交流物质、能量和信息，才能维持其生命。环境适应性原理是指系统要与周围环境发生各种联系。如果系统与环境进行物质、能量和信息的交流，能够保持最佳适应状态，则说明这是一个有活力的理想系统；否则，一个不能适应环境的系统则是无生命力的。综合性原理是指把系统的各部分、各方面和各种因素联系起来，考察其中的共同性和规律性。

### （二）人本原理

人本原理，就是在管理活动中坚持一切以人为核心，以人的权利为根本，强调人的主观能动性，力求实现人的全面、自由发展。其实质就是"充分肯定人在管理活动中的主体地位和作用，使人性得到最完美的发展是现代管理的核心，服务于人是管理的根本目的"等观点。人本管理是一种把"人"作为管理活动的核心，把组织全体成员作为管理的主体，围绕如何充分利用和开发组织的人力资源，服务于组织内外的利益相关者，从而同时实现组织目标和组织成员个人目标的管理理论和管理实践活动的总称。

进行人本管理必须建立激励机制和组织文化建设。①建立激励机制。管理学的激励理论可以划分为三类：内容型激励理论、过程型激励理论、行为改造型激励理论。内容型激励理论包含马斯洛的需要层次论、赫兹伯格的双因素理论、阿尔德佛的 ERG 理论、麦克利兰的成就激励理论。过程型激励理论包括弗罗姆的期望理论、亚当·斯密的公平理论和劳勒的激励过程模式。行为改造型激励理论包括操作条件强化理论、归因论、挫折理论。②组织文化建设。组织文化是指建立组织成员共同的价值观体系，它使组织独具特色，以区别于其他组织。最初的组织文化源于组织创建者的经营理念。员工的甄选过程、组织现任高级管理人员的行动、组织社会化过程都能起到维系组织文化的作用。组织文化以多种形式传递给组成成员，最常用的有故事、模范人物、仪式、物质象征和语言。

以人为本的管理方法是极其丰富且形式多样的，可归纳为目标管理、企业文化建设、工作轮换、工作扩大化和工作丰富化、思想教育工作、权变领导等方面。

目标管理有以下几个突出的特点：①强调个人与事业的共同发展；②体现参与管理；③实行自我管理；④充分授权；⑤注重成效。

企业文化指企业在长期的生产经营过程中所形成的管理思想、管理模式、价值观念、企业精神、企业个性、道德规范、行为准则、规章制度、风俗习惯等。在以人为本的管理中，企业文化的建设有利于在企业中形成一种和谐进取、学习创新、品格高尚、团结协作的环境与氛围，使得员工在这样的环境与氛围中可以充分发挥自己的聪明才智，在完善自我的过程中实现自身的价值，同时也促进企业的不断发展。

工作轮换指员工可以在不同的工作岗位上进行工作，以充分发挥自己的特长。工作扩大化是指扩大工作内容，使员工承担更多的责任。工作丰富化是指把一种更高的挑战性和成就感体现在工作之中。工作轮换、工作扩大化和工作丰富化是能够很好地体现以人为本的思想的管理方法，它可以扩展人的知识和技能，挖掘人的创造潜力，激励员工承担更大的职责，给工提供更多的发展机会和施展才能的空间。

权变领导是指在领导方式上要充分尊重人、关心人，根据成员的个性差异以及相应的环境实行因人制宜的领导，以克服工作任务或职权等方面的不利影响。

### （三）责任原理

责任原理是在合理分工的基础上明确各部门与个人必须完成的工作任务和必须承担的相应责任，从而提高人的潜能的有效办法。责任原理的本质是保证及提高组织的效益和效率，明确每个人的职责，合理设计职位和委授权限，奖惩要分明、公正而及时。在管理过程中，要做好分工合作，明确各部门的职责，将责任落实到人，从而实现更有效的管理。

### （四）效益原理

效益的高低直接影响着组织的生存和发展。管理应确立正确的效益观，把经济效益与社会效益有机结合起来，尽可能客观公正地评价效益。对自然资源的管理要同时满足生态效益、经济效益和社会效益，取得生态效益、经济效益和社会效益的最大化。管理活动要有效益，有了效益才能进一步推动管理。效益原理又可以进一步细分为整体效益原理和规律效益原理。整体效益原理是指管理活动是要取得整体效益的最大化，整体内部各组成部分之间是相互依存、相互作用、相互制约的关系，要通过管理，协调好各部分之间的关系，从而取得比各部分之和大得多的整体效益。规律效益原理是指事物各组成部分之间的作用都是有规律的，要通过管理，把握其中的规律，使各组成部分得到更加合理的配置和使用，进而取得更大的效益。

**（五）伦理原理**

一个组织要想维持足够长的生命力，不仅需要遵守法律，还需要遵守伦理规范或讲究伦理。人类要有自觉的合理开发利用自然资源的伦理意识，摒弃经济活动至上的开发观、放纵占有欲或"人定胜天"的人类中心论、以自我中心的利己主义利用观以及无节制耗费的肆意消费观等，破除自然资源开发利用过程中可以先开发后治理、先经济后环境，认为人类是中心、自我是核心的禁锢思想。防止在实践中为一己之利以征服者的姿态对自然资源无度索取、过度利用。深化公民对于"自然中心观""人地和谐观""生态优先观"和"公益责任观"的基本伦理认知。

## 二、管理学原理的指导意义

管理学中的系统原理、人本原理、责任原理与效益原理均对自然资源研究与管理具有重要的指导意义。从管理学的角度看，自然资源的合理利用需要进行管理。在管理过程中应用系统原理，把整个管理过程当成一个系统，并对其进行管理，可以获得最佳效益。在管理过程中应用人本原理，管理活动本来就是以人为主体，因此在对自然资源的管理过程中，要合理应用人本管理原理，做好人的工作。充分调动人们的积极性、主动性和创造性。在管理过程中应用责任原理，对各项任务进行明确的分工，再将责任落实到每个个体，这样不仅可以提高管理工作的效益，还可以为实行问责制打下基础。管理的最终目标就是取得最佳效益，因此遵循效益原理，才能尽可能取得管理活动的最佳效益。

# 第五节　自然资源管理的"两山"理论

## 一、理论要点

2005 年 8 月 15 日，时任浙江省委书记的习近平同志在湖州市安吉县天荒坪镇余村考察时首次提出"绿水青山就是金山银山"（以下简称"两山"理论）。2017 年 10 月，"必须树立和践行绿水青山就是金山银山的理念"被写进党的十九大报告;"增强绿水青山就是金山银山的意识"被写进新修订的《中国共产党章程》之中。深入理解其科学内涵具有重要的理论和现实意义。

马克思认为,自然界是人类生存与发展的基础,人是自然界的一部分,"人靠自然界生活。这就是说,自然界是人为了不致死亡而必须与之处于持续不断的交互作用过程的、人的身体"。没有适合人类生存的自然界,再多的钱财也无所用处,甚至会化为虚无。从世界历史看,很多地方的人们由于过度破坏环境,造成水土流失,最后导致这些地方变成不毛之地。恩格斯针对美索不达米亚、希腊、小亚细亚等地的变迁发出警示:"我们不要过分陶醉于我们人类对自然界的胜利。对于每一次这样的胜利,自然界都对我们进行报复。"绿水青山就是金山银山的理念蕴含的"生态兴则文明兴,生态衰则文明衰"的思想观点,对于我们正确看待和处理人与自然的关系,具有极强的现实意义。关于"两山理论"的认识,人类社会先后经历了三个阶段。

第一个阶段是用"绿水青山"去换"金山银山"。在这一历史时期,人们开采了大自然所赋予人类的宝藏,沉浸在这种由生态环境到经济发展的转化所带来的享受与喜悦中,却没有意识到这种一味地"转化"实际上是顾此失彼式发展。

第二个阶段是既要"金山银山",但是也要保住"绿水青山"。经济增长带来了各种环境和资源问题,真实地凸显出矛盾双方的对立性。人们开始试图以"先污染后治理"或者"边污染边治理"进行亡羊补牢式发展,但这种发展方式最终将使"绿水青山"与"金山银山"都落空。

第三个阶段是"绿水青山"本身就是"金山银山"。就像矛盾双方存在着对立性,也必然有着内在的统一性。由生态环境到经济发展的转化,绝不仅仅是第一阶段中双方割裂的绝对取舍,而是生态环境作为经济发展的载体,孕育在生态经济共同体中的积极转化。既不顾此失彼,也不亡羊补牢,而是从一开始就坚持和谐共赢式发展。

"两山"理论是将辩证法运用于现实问题的典范,更是对中国发展所处历史方位的深刻把握。"两山"理论的价值指向,回答了经济发展与生态文明如何平衡的历史难题,也回应了人民对美好生活的向往。

绿水青山和金山银山绝不是对立的,关键在人,关键在思路。我国地大物博,各地自然禀赋不同、区位优势不同,所以在发展生产力时要注意结合本地情况,搞出特色。适宜发展生态农业则搞高效生态农业;适宜发展生态工业,则把当地的生态农业产品链条拉长,搞生态加工业;适宜生态旅游,则利用当地的自然资源和文化资源优势,搞好旅游业。总之,保护和利用好良好生态环境这一最公平的公共产品、最普惠的民生福祉,推动形成人与自然和谐发展现代化建设新格局。

(1)"两山"理论是"新系统观"。"两山"理论是一个实践体系,包括坚持统一布局，构建科学优化合理的生态空间体系；坚持转型升级，发展绿色低碳循环的生态经济体系；坚持标本兼治，维护清洁安全稳定的生态环境体系；坚持规划先行，建设优美舒适宜居的生态人居体系；坚持以文化人，培育和谐文明多元的生态文化体系；坚持城乡统筹，健全高效民主完善的生态制度体系。"生态空间、生态经济、生态环境、生态人居、生态文化与生态制度"六大体系相互联系、相互支撑。

（2）"两山"理论是"新矛盾观"。正确处理好生态环境保护和发展的关系，是实现可持续发展的内在要求。绿水青山和金山银山绝不是矛盾的，而是对立统一的。绿水青山可以源源不断地带来金山银山，生态优势变成经济优势，绿水青山本身就是金山银山。让绿水青山充分发挥经济社会效益，这样才能因地制宜发展好产业，切实做到经济效益、社会效益、生态效益同步提升，实现百姓富、生态美的有机统一。"两山"理论揭示了生态环境价值的本来面貌，良好生态环境是人和社会持续发展的根本基础，蓝天白云、青山绿水是长远发展的最大本钱。

（3）"两山"理论是"新生态观"。人类源自于自然、对抗于自然、驾驭于自然，最终必然融合回归于自然。人类与自然之间的关系贯穿人类由"必然王国"走向"自由王国"的全过程，人与自然的关系经历了采猎文明时代使用工具的"操戈抗争"、农耕文明时代定居守业的"守阵抗争"、工业文明前期全面开发生态环境资源的"掠夺抗争"，以及工业文明后期尤其是快速城市化以来，人类不得不在自己建设的家园内，与自己造成的生态破坏与环境污染对抗的"同城抗争"。显然，"同城抗争"不是我们追求的生态环境新秩序，绿水青山才是生态文明的终极福祉，"绿水青山就是金山银山"是人与自然生态价值的双重体现。

（4）"两山"理论是"新发展观"。"两山"理论与科学发展观是一脉相承的理论体系。保护生态环境就是保护生产力，改善生态环境就是发展生产力。"绿水青山"指的是良好的生态环境与自然资源资产，"金山银山"指的是经济发展与物质财富，"两山"理论的本质就是指环境与经济的协调发展。"两山"理论的终极目标就是实现经济与环境的统一协调发展，努力建设资源节约型和环境友好型社会，保护绿水青山，又不失金山银山。同时，对具有绿水青山的欠发达地区，则大力发展主要由生态农业、生态工业和生态旅游业构成的生态经济体系，把这些生态环境优势转化为经济优势，那么绿水青山也就变成了金山银山。

## 二、两山理论的指导意义

从时代进步的格局看，"两山理论"是马克思主义中国化的最新理论成果，是人类为保护和建设美好生态环境而取得的物质成果、精神成果和制度成果的总和。"两山"理论的提出与发展，是中国共产党人以马列主义、毛泽东思想为指导，以历史唯物论全面深入剖析人类发展历史的基本规律。围绕习近平生态文明思想，努力把"绿水青山就是金山银山"的理念，"山水林田湖草是生命共同体"的方针，用最严格制度和最严密法治保护生态环境、保护自然资源的要求，转化落实为自然资源管理的有效工作机制、工作措施。自然资源管理部门认真履行全民所有自然资源资产所有者职责，扎实开展全国国土"三调"，探索建立生态保护补偿制度，研究生态产品价值实现机制，逐步构建自然资源所有者权益管理制度框架；推进国土空间开发保护制度建设，加快建立"多规合一"的国土空间规划体系，加强国土空间生态保护修复，以制度和行动让"绿水青山就是金山银山"理念在中华大地落地生根、开花结果。

### 思考题

1. 请简述"两山"理论要点及其自然资源管理的指导意义。
2. 请概述自然资源管理的主要理论。

# 第三章　自然资源管理的一般程序与过程

## 第一节　自然资源管理目标的设置

### 一、自然资源管理目标的含义和体系

管理是人类有意识、有目的的能动活动，所以，管理具有明显的目标性。目标是目的或宗旨的具体化，是一个组织努力奋斗争取达到所希望的未来的状况。管理的目标是管理的出发点和归宿，因此，管理实质上就是有效地实现管理目标的活动。

**1. 目标在管理活动中的作用表现在以下方面**

（1）方向作用。目标为管理工作指明了方向，使管理具有明确的活动和资源的配置方向。

（2）激励作用。目标明确，能够调动管理人员的积极性，激励其主动精神，增强其责任意识。

（3）凝聚作用。当目标正确，具有吸引力时，能将管理人员的智慧和力量凝聚在一起，焕发出奉献精神和创造力。

（4）考核作用。目标是考核管理人员绩效的客观标准。

**2. 管理的目标具有以下基本属性**

（1）目标的共同性。管理的目标通常是特定组织和群体的共同目标，而不是管理者个人的目标。

（2）目标的层次性。从组织结构的角度看，目标是分层次的，在上级组织的总目标下，还存在不同层次下级组织的分目标。

（3）目标的时间性。目标是有时间跨度的。根据其跨度的大小，可区分为近期目标，中期目标和长期目标。

（4）目标的考核性。目标必须明确，便于考核。通常，目标有定性目标和定量目标。定量目标具有明显的可考核性，例如，5年内已退耕还林的面积等。定性目标要做到便于考核，必须给出明确的、可考核的指标。

**3. 自然资源管理目标体系**

在一定时期内自然资源管理活动预期达到的目的，就是自然资源管理的目标，正确确定自然资源管理目标，是对自然资源实现有效管理的重要环节。

自然资源管理目标按管理层次的不同，可分为宏观自然资源管理目标、中观自然资源管理目标和微观自然资源管理目标。

宏观自然资源管理目标指全国的自然资源管理总目标，它带有全局性、战略性的特点。宏观自然资源管理目标的制定，要以国家社会经济发展宏观目标为依据，并与之相协调。

中观自然资源管理目标指地区的自然资源管理目标。中观自然资源管理目标的制定，既要与全国自然资源管理总目标相衔接，为其实现提供保证，又要结合本地区特点，提出具有本地区特色、切实可行的目标。例如，我国东部沿海地区应注重已利用土地的再开发和土地污染的防治，提高土地利用的集约程度，优化土地利用结构。在开放土地一级市场的同时，有计划有步骤地开放土地二级市场。我国西部地区应侧重于已利用土地和未利用土地的开发利用，兴建各种土地利用工程，治理土地侵蚀、土地沙化、盐碱化等。结合能源和矿产资源的开发，有计划、有步骤地开放土地一级市场。我国中部地区在加强已利用土地的再开发，优化土地利用结构的同时，要注重丘陵山区土地的合理利用和整治，特别是土地复垦工作。有计划、有步骤地进行土地制度改革，完善土地关系。

微观自然资源管理目标指县级自然资源管理目标。微观自然资源管理目标比较具体，全县自然资源管理目标可以分解为县内各部门（农业部门、水利部门、林业部门、地质矿产部门）和各土地利用单位的土地管理分目标。分目标要与县自然资源管理目标密切结合，各项目标应尽可能数量化，便于考核。自然资源管理目标应具有先进性和实现的可能性。

自然资源管理目标按实现时间的幅度，又可分为长期目标、中期目标和年度目标。通常达成长期目标的时间在 10 年以上，中期目标为 5 年左右，年度目标为 1 年。

宏观、中观、微观自然资源管理目标，或长期、中期、年度自然资源管理目标，它们互相联系、互相制约，构成一个完整的目标体系。宏观自然资源管理目标是全国范围内较长时期自然资源管理所要达到的预期结果。而中观自然资源管理目标，是用来指导地区自然资源管理工作向实现总目标迈进。微观自然资源管理目标则是中观目标，在基层的具体实施工作。这些工作在质和量上应是可度量的，它们完成的状态是实现中观目标，乃至总目标的基础。同样，自然资源管理长期目标是制定中期和年度目标的依据，自然资源管理中期目标和年度目标则是长期目标分期和按年度的落实。在实现目标的过程中，要注意综合运用法律、经济、技术、行政手段，调节各种自然资源关系和利用活动，以协调不同层次、不同时期目标之间的关系，并使各种目标保持一定的弹性，使之对环境变化具有应变能力，必要时根据环境的变化对目标做出某种修正。

## 二、我国自然资源管理目标设置

### （一）宏观目标

我国自然资源管理的宏观目标是首先推动生态文明建设，确保自然资源可持续利用，切实保护土地、水域、森林、矿产等多种资源，不断提升自然资源所带来的生态、经济、社会效益，通过有限的资源来持续不断地满足人们日益增长的需求，提高人们的幸福感和满足度，最终保持自然资源总体数量稳定；另外，协调好自然资源保护和经济社会发展的矛盾也是关键目标之一。这都是由我国经济社会发展目标、生态环境问题以及自然资源承载力所决定的。

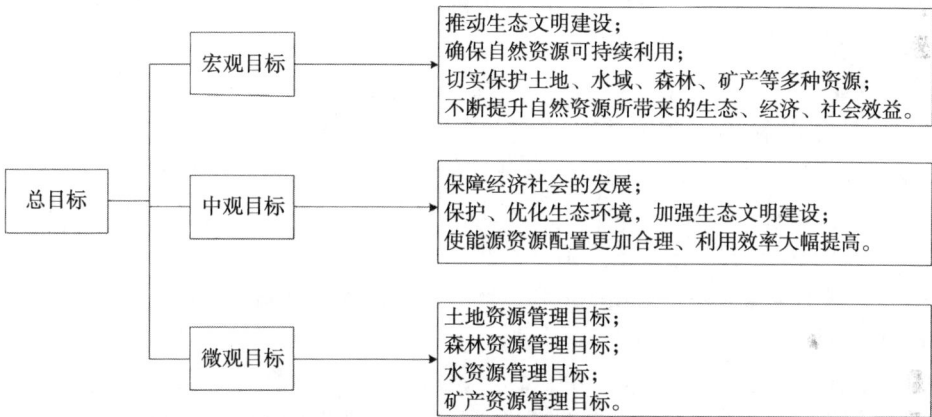

图 3-1　自然资源管理目标任务

中共十九届五中全会提出，经济发展取得新成效，在质量效益明显提升的基础上实现经济持续健康发展，增长潜力充分发挥，国内市场更加强大，经济结构更加优化；要推动绿色发展，促进人与自然和谐共生。坚持绿水青山就是金山银山理念，坚持尊重自然、顺应自然、保护自然，坚持节约优先、保护优先、自然恢复为主，守住自然生态安全边界。深入实施可持续发展战略，完善生态文明领域统筹协调机制，构建生态文明体系，促进经济社会发展全面绿色转型，建设人与自然和谐共生的现代化。要加快推动绿色低碳发展，持续改善环境质量，提升生态系统质量和稳定性，全面提高资源利用效率。自然资源管理的宏观目标应该与全国发展战略相衔接，在保障自然资源可持续利用的前提下，为了不断提高我国经济发展水平，形成绿色生活生产方式，人们生活质量稳步提高，确保自然资源总量平衡与自然资源的合理利用。

由于经济社会发展，自然资源被过度开发利用，发生了一系列的生态环境问题，生态平衡遭到破坏，导致生态系统的结构和功能严重失调，从而威胁人类的生存和发展的。生态环境问题表现比较突出的有水土流失、土地荒漠化、森林和草地资源减少、矿产资源减少、水体污染等。

随着工业化、城镇化进程的加速推进，不同的生产部门所需要的自然资源数量将逐渐增多，并且在利用这些资源的过程中，各种各样的生态环境问题随之产生，要解决好这些生态问题，促进自然资源的可持续利用，是一项极其艰难的任务。这也是实现宏观自然资源管理目标的严峻现实。

任何时候人类的生存和发展都离不开自然资源提供的基础。发展与资源环境有着非常密切的依赖关系，这种实际存在的关系并不像目前流行的知识经济所设想的那样，可以通过开发技术从根本上加以改变。可持续发展不是不消耗资源，不是使发展完全摆脱对资源环境的影响和依赖，而是要将发展保持在资源环境可承载能力的限度以内，又不能使发展处于停滞状态。从全国范围来看，伴随着人口和经济的快速增长，我国的生态赤字区不断扩大，生态盈余区不断缩小。1980年，我国有19个省处于生态赤字区，没有一个省处于严重生态赤字区，12个省处于生态盈余区或持平区，1990年生态赤字区扩大到了24个省，2000年又扩大到了26个省。目前我国的水资源总量能够保证基本的供需平衡，无论是城乡居民的生活用水、工业用水、农业用水，还是水环境自净用水，都在我国水资源承载能力和水环境承载能力范围内；我国土地的人口承载力略有剩余，保持长期稳定的温饱具有自然资源保障基础；我国能源矿产结构性矛盾十分突出，石油矿产长期短缺已成定局，石油能源承载能力明显不足；总体上我国人口和经济发展还没有超出自然资源的承载力限度，但部分地区和部分自然资源严重超载。因此，对于目前我国资源环境的总体状况，我们既不能过分乐观也不能过分悲观地估计，总体上我国人口和经济规模还没有超越自然资源所能承载的限度。

## （二）中观目标

我国自然资源管理的中观目标是保障经济社会发展，保护、优化生态环境，使能源资源配置更加合理、利用效率大幅提高。

保障经济社会的发展，首先要保障自然资源的数量。作为国民经济和社会发展的重要物质基础和能量来源，自然资源是国家综合国力的重要组成部分。随着中国经济进入新常态，发展方式和发展理念出现重大转变，自然资源不仅是物质或能量来源，还是重要的生态系统服务提供者和关键环境要素。近年来，中国资源需求增速放缓，但需求总量仍维持高位。受客观条件及社会经济因素制约，中国资源供需矛盾日益突出，资源进口大幅增加。2017年中国石油和铁矿石的对外依存度分别高达67.3％和68.1％。随着国内经济转好和

"矿业超级"周期到来，满足现代化强国的矿产资源需求仍将扩张，战略性新兴矿产资源需求将迅速增加，锂、铍、锆等紧缺型矿产需进口。而国际环境复杂多变将加大保障资源安全的地缘政治经济风险。

保护、优化生态环境，目的是形成绿色生产生活方式，使生态安全屏障更加牢固。生态文明建设是推动绿色发展新理念的重要任务，党中央和国家多次强调要加快构建自然资源利用上线、生态功能保障基线、环境质量安全底线"（三条红线）。国家发展与改革委员会和国土资源部等印发了《关于加强资源环境生态红线管控的指导意见》对全国和各地区资源消耗、环境质量和生态保护实行严格的红线管控制度。在此基础上，应严格落实并不断修订完善相关法规制度，守住影响全局的资源消耗"天花板"。

使能源资源配置更加合理、利用效率大幅提高，最重要的是要立足国内促进循利用，加强资源领域的国际合作。中国是一个人口、资源、经济大国，保障资源供给安全，必须立足国内。一方面，可充分挖掘国内资源勘查和开发的潜力，增强自主保障能力；另一方面，树立节约集约与循环利用的资源观，推动资源利用方式根本转变。加强开发、生产、消费全过程节约管理，倡导简约适度的绿色消费模式，反对奢侈浪费和攀比消费；加强再生资源回收利用，促进生产和生活系统的循环链接，缓解原生资源供给压力、减少资源开发利用对生态环境的污染。从国际上看，可以结合"一带一路"倡议的实施，扩大国际资源供给渠道。以拓宽海外资源供给能力、降低进口风险为目标，加强资源开发利用的国际合作。通过多种方式充分利用境外资源，改善资源性企业走出去和在境外投资办厂的有利环境，拓展配套服务，满足中国资源性企业过剩产能向国际转移和资源加工制造业外迁对当地的资源需求。

### （三）微观目标

微观管理目标是由县级管理部门，根据本区域中观自然资源管理目标，结合实际情况设定，本书将以土地资源、森林资源、水资源以及矿产资源为例，阐述各管理部门的微观管理目标。

#### 1. 土地资源管理目标

微观土地管理目标由县级土地管理部门，依据本区域中观土地管理目标，结合本县域情况设定。

（1）年度用地指标，特别是建设用地供给指标。根据本省和本县土地利用总体规划，制定本县年度各项用地指标，重点是建设用地供给指标，并按照土地利用总体规划划定的"三界四区"，将城镇建设用地管制边界和管制区域落实到位，防止城镇建设无序蔓延扩张。

（2）土地整治项目，高标准基本农田指标。确定和组织实施土地整治项目，如农田和村庄土地整治，损毁土地复垦和宜耕后备土地开发，工矿废弃地复垦、调整利用，旧城镇、旧厂矿改造和城市土地二次开发等。

建设高标准基本农田。在土地整治建设基础上，对形成布局合理，有一定规模，生态环境良好的农田，进一步建设高标准基本农田，以增加有效耕地面积和提高耕地质量等级，增加粮食产能。

已确定的基本农田要落实到地，划定边界，设定标志，统一编号，落实到户。编制基本农田保护相关图件和表册，逐片落实数量、质量等级和保护责任信息，建立基本农田数据库。

（3）节约集约用地制度建设。实行建设用地总量控制，以人均建设用地为基本标准，控制城镇工矿用地规模和农村建设用地规模、布局和结构。实现节约、集约用地鼓励政策，鼓励地上地下空间开发利用，城市改造中低效利用土地"二次开发"。实行城乡建设用地节约集约利用评价考核制度，出台促进节约集约用地的供地政策和地价政策，开展节约集约用地试点、创新。

（4）耕地质量建设与管理。耕地质量保护与建设和耕地数量保护同是落实最严格的耕地保护制度的重要内容。将优质耕地纳入基本农田，实行永久保护。严控建设占用耕地，特别是高等级耕地；依据规划、鼓励和引导工业，城乡用地向低丘缓坡荒滩等未利用地、劣质农用地等区域发展。实行耕地占补平衡、先补后占政策，实现补充耕地与占用耕地数量和质量双平衡。实行建设占用耕地表土剥离和再利用，剥离的耕作层可重点用于新开垦耕地和劣质耕地改良、被污染耕地治理、矿区土地复垦及城市绿化等。建立耕地质量等级监测机制等。

（5）保护林地、草地、湿地、水域等用地，改善生态环境。禁止毁林开荒，制定植树造林规划，提高森林覆盖率。禁止滥垦草原，实行以草定畜，草畜平衡制度。保护湿地，防治污染等。

（6）依法保护土地产权。对在工业化、城镇化、农业现代化进程中出现的土地流转、产权变化，如农民集体土地转变为国有土地，农民承包地转变为农业合作社用地，土堆整治后的地权调整等，应及时确权、登记、发证。

**2. 水资源管理目标**

（1）加快确定河流生态流量目标。河湖生态流量是指为了维系河流、湖泊等水生态系统的结构和功能，需要保留在河湖内符合水质要求的流量（水量、水位）及其过程。保障河湖生态流量，事关江河湖泊健康，事关生态文明建设，事关高质量发展。

制定河流生态流量目标要做好以下几方面。

①明确生态流量目标确定事权。依据水资源管理权限，分级组织开展河湖生态流量确定工作。跨省（自治区、直辖市）江、河、湖泊生态流量目标，由流域管理机构商相关部门拟定并报水利部审定。其他跨行政区的河湖生态流量

目标，由共同的上一级水行政主管部门商相关地方人民政府有关部门拟定，报共同的上一级人民政府或其授权的部门审定，并报省级水行政主管部门和流域管理机构备案。

②明确河湖生态保护对象。确定生态流量应以保障河湖生态保护对象用水需求为出发点。生态保护对象主要包括河湖基本形态、基本栖息地、基本自净能力等基本生态保护对象，以及保护要求明确的重要生态敏感区、水生生物多样性、输沙、河口压咸等特殊生态保护对象。

③确定河湖生态流量控制断面。根据河湖生态保护对象，选择跨行政区断面、把口断面（入海、入干流、入尾闾）、重要生态敏感区控制断面、主要控制性水工程断面等作为河湖生态流量控制断面。控制断面的确定，应与相关水利规划、相关生态环境规划、水量分配方案确定的断面相衔接，宜选择有水文监测资料的断面。

④合理确定河湖生态流量目标。应按照河湖水资源条件和生态保护需求，选择合适的方法计算并进行水量平衡和可达性分析，综合确定河湖生态流量目标。一般河流应确定生态基流；具有特殊生态保护对象的河流，还应确定敏感期生态流量；天然季节性的河流，以维系河流廊道功能确定有水期的生态水量为目标；水资源过度开发的河流，可结合流域区域水资源调配工程实施情况及水源条件，合理确定分阶段生态流量目标；平原河网、湖泊以维持基本生态功能为原则，确定平原河网、湖泊生态水位（水量）目标。

⑤做好已建水工程生态流量复核。对已确定生态流量目标的水库、水电站、航电枢纽等水工程，建设项目批复文件、取水许可审批文件、环评审批文件等规定生态流量目标一致的，按照相关审批文件执行；对于规定不一致的，根据河湖水资源演变和开发利用状况，由水行政主管部门商同级生态环境主管部门，重新核定生态流量目标。对需要确定生态流量目标，但建设年代较早且下泄水量明显不能满足生态需求的水工程，由有管辖权的水行政主管部门商同级生态环境主管部门，合理确定生态流量目标。

2020年6月《水利部关于做好河湖生态流量确定和保障工作的指导意见》中提出了河湖生态流量确定和保障工作的主要目标：一是到2020年底，重要河湖生态流量目标基本确定，生态流量监管体系初步建立，推进过度开发的重要河湖分阶段生态流量目标研究确定工作；二是到2025年，生态流量管理措施全面落实，长江、黄河、珠江、东南诸河及西南诸河干流及主要支流生态流量得到有力保障，淮河、松花江干流及主要支流生态流量保障程度显著提升，海河、辽河、西北内陆河被挤占的河湖生态用水逐步得到退还，重要湖泊生态水位得到有效维持。

（2）加快推进跨市县江河流域水量分配。"合理分水"是水资源管理工作的主要内容，是明确省、市、县三级行政区域可用水量的基础，也是"管住用水"的前提。2020年5月召开的水资源管理工作座谈会指出，对已完成水量分配的跨省江河，相关省区要抓紧将国家分配给本省区的水量份额分解到相关市、县；对非跨省的江河流域，要加快水量分配工作，2022年底前原则上都要做到应分尽分。

要将跨地市江河流域水量分配工作纳入最严格水资源管理制度考核范围，引导各省（自治区、直辖市）加快推进跨市、县级行政区域的水量分配工作，充分发挥水资源的刚性约束作用，促进江河流域和相关行政区域的高质量发展。

（3）加快确定地下水管控指标。为深入贯彻落实习近平生态文明思想和习近平总书记关于治水工作的重要论述，加强地下水监督管理，按照《中华人民共和国水法》《国务院关于实行最严格水资源管理制度的意见》有关要求，水利部2020年2月印发了《关于开展地下水管控指标确定工作的通知》（以下简称《通知》）。

《通知》明确确定地下水管控指标是地下水监督管理特别是地下水超采治理的重要抓手，也是水利行业强监管的重要内容。要求各级水行政主管部门切实提高政治站位，从经济社会发展全局、大局出发，科学确定地下水取用水量控制指标、水位控制指标和管理指标，推动实现地下水合理开发和可持续利用，维护区域生态安全。

《通知》分别就地下水取用水量、区域性地下水水位、局部重点防护区地下水水位等3项控制指标及地下水管理指标确定工作提出了明确的技术要求。要求省级水行政主管部门按照《地下水管控指标确定技术要求（试行）》，确定辖区内地下水管控指标，经流域管理机构复核、水利水电规划设计总院审查后，报省级人民政府或其授权的部门批准实施。

《通知》要求各省级水行政主管部门、各流域管理机构建立工作机制，抓好责任落实，确保工作落地。要注重发挥好相关部门的作用，形成工作合力。水利水电规划设计总院作为技术总牵头，将会同各流域管理机构及有关单位，加强对地下水管控指标确定工作的技术指导和跟踪。

（4）建立水资源刚性约束制度。我国北方大部分地区水资源形势长期严峻，以南水北调工程为主的跨流域调水工程有效改善了我国水资源时空分布不均衡的局面，为受水区加快发展创造了有利的条件，同时也对节水用水提出了更高的标准。只有着眼长远、统揽全局，建立水资源刚性约束制度，才能更好适应我国水资源现实禀赋，有力提升工程综合效益，实现高质量发展。

做好"水资源刚性约束"这篇大文章，要提升生态治污的力度，以强力的环保行动改善水环境、水生态，尤其要不断完善流域水环境治理的联动机制和长效机制，从根本上解决"九龙治水"的难题，确保一泓清水永续北上；要坚持精确、精准调水的原则，全面规划、科学论证，统筹兼顾调出和调入流域的生产、生活、生态用水需要，保持空间均衡，坚决避免敞口用水、过度调水；要强化节水优先的要求，把节水作为受水区的根本出路，综合运用法律、行政、经济、技术、宣传等多种手段，加强各项节水制度和措施的落实，特别是要加快发展方式的转型，优化产业结构，坚决淘汰和限制高耗水、高污染产业，不断提高用水效率和效益。

（5）强化水生态保护治理。做好水资源承载能力评价，对水资源超载地区暂停新增取水许可，加快超载问题治理。开展新一轮地下水超采区划定，用好地下水水位变化通报机制，强化地下水保护监管，推进重点区域地下水超采问题治理。严格落实生态环境保护责任清单，扎实做好饮用水水源保护。

为有效推进水环境治理和生态保护，打好污染治理"突围战"、环境保护"持久战"，提升城乡人居环境，改善群众生产生活条件，不断满足人民群众日益增长的优美生态环境需要，抓好生态环境治理和保护工作，要做到以下几点：①强力保护水生态环境，②竭力加强水源保护，③是夯实水利基础设施。

（6）森林资源管理目标。严格林地用途管制，继续开展森林督查，完成全市森林资源管理"一张图"年度更新工作，编制完成全市天然林保护修复市级中长期规划和县级实施方案，摸清全市草原资源底数。全力开展松材线虫病防控攻坚，完成市政府确定的三年防控目标任务。加快推进森林草原火灾预防基础设施建设，加强野生动植物保护。

深化改革，发挥林改标杆示范作用；巩固生态优势，统筹推进城乡绿化美化；合理整合优化，加快自然保护地体系建设；维护生态安全，加强防灾减灾能力建设；强化行业监管，严格落实发展目标责任制；坚持创新驱动，推动林业产业高质量发展；夯实发展基础，不断提升支撑保障水平；加强队伍建设，落实全面从严治党主体责任。

科学推进国土绿化要做到"五个坚持"，即坚持数量与质量并重，在大力造林绿化的同时，更加注重森林经营和质量提升，突出质量效益；坚持建设与保护并重，巩固国土绿化成果，保护好每一寸绿色；坚持城乡绿化一体化，突出人居环境改善和乡村绿化美化；坚持区域绿化协调发展，突出抓好西部旱区造林绿化；坚持生态效益、经济效益、社会效益并举，更加突出生态效益，努力提供丰富优质的生态产品。

积极推进城乡绿化一体化，着力实施乡村绿化美化工程。认真贯彻落实乡村振兴战略，针对我国城乡绿化发展不平衡的问题，坚持以"改善农村人居环境、促进农民增收致富"为核心，以建设"村边森林化、村内园林化、道路林荫化、庭院花果化"生态田园风光为目标，以创建森林乡村为载体，以乡村绿化美化工程为抓手，坚持保护优先、统筹规划、分区施策、量力而行、有序推进、社会参与。

**3. 矿产资源管理目标**

（1）公益性地质调查评价与商业性矿产资源勘查工作分制运行，加强公益性调查评价，鼓励商业性勘查，重要矿产的储采比有比较明显的改善，国内矿产资源的可供性有所提高。

（2）矿产资源开采总量的增长与经济总量增长相适应，能源、原材料矿产供应安全得到保障。国内石油产量在保持稳定的基础上略有增长，天然气产量有较大幅度的增长，煤炭开采总量得到有效控制，能源矿产结构得到改善。大宗支柱性矿产的国内供应能力得到巩固。地下水资源的状况与潜力基本查明，并得到适度、合理的开发利用。

（3）充分利用"两种资源，两个市场"。固体矿产资源勘查、开发领域对外开放的局面开始形成。出口优势矿产的开采、冶炼加工和出口总量得到有效控制，在国际市场的优势地位得以巩固和提高。实施战略矿产储备，"十五"启动石油战略储备。

（4）矿产资源勘查、开发利用结构和布局得到调整、优化。大、中、小型开采规模结构进一步优化。勘查、采矿、选矿、冶炼、加工结构严重失调的状况得到初步改善，优质矿产品、高技术含量、高附加值的矿产品比例进一步提高。进出口结构得到改善。全国矿产资源勘查、开发利用的总体布局更趋合理。

（5）矿产资源开发利用方式初步实现由粗放向集约转变，利用效率明显提高。石油、天然气矿产采收率有所提高，固体矿产采选综合回收率比现状提高3％～5％，伴生、共生矿产综合利用水平有较大幅度的提高。

（6）矿山生态环境状况得到初步改善。矿山环境监督管理得到加强；不再新建对生态环境具有不可恢复利用的破坏性影响的开采项目；矿山"三废"治理率基本达到国家要求，矿山土地复垦面积新增100万公顷，矿山生态环境恢复治理率达到25％以上，矿山次生地质灾害发生率明显下降。

（7）集中统一、精干高效、依法行政、具有权威的矿产资源管理体制，以规划、政策为主要手段的宏观调控体系和以矿业权市场、矿业资本市场为核心的矿业生产要素市场体系初步建立，矿业在国内外市场上的整体竞争力有所提高。

# 第二节　自然资源管理的组织设计

## 一、组织的含义和特点

### (一) 组织的含义

管理学认为组织是特定的群体，为了共同的目标，按照特定的规则组成的权责结构。构成组织的基本因素是人，其中，包括管理者和被管理者。组织，可划分为不同的类型。根据目标的区别，可将组织划分为公共组织和非公共组织。公共组织是以实现公共利益为目标的组织。政府是典型的公共组织，此外，提高公共服务的非营利性的非政府组织也属于公共组织。根据组织形成的特点，可将组织划分为正式组织和非正式组织。正式组织的形成，一般是为了有效地实现组织目标，经过人为的筹划和设计，具有明确的规则和制度的组织。非正式组织是自发和自然形成的团体。

### (二) 组织的特点

组织通常具有以下特点。

**1. 目标的一致性**

组织是特定社会群体为了实现共同目标而组建起来的结合体，因此，共同的目标是组织的基础。组织目标的一致性，具体表现为：

（1）目标价值取向的一致性。当同一组织具有多种目标价值取向时，应服从于其主导价值取向，并与其保持一致。

（2）层级目标的一致性。按照层级的不同，组织目标可划分为组织的整体目标，不同组织层次的目标，组织中个人的目标。其中，组织的整体目标居于支配地位，其他层级的目标都要与它保持一致。

（3）阶段目标的一致性。组织的整体目标是分阶段（中期、近期）实现的，各个阶段的目标与整体目标都应保持一致。

**2. 原则的同一性**

组织是按照一定的原则组合起来的，这些原则是组织活动的价值规范、组织的构建原则、组织活动和运动原则等，这些原则之间具有本质上的一致性。

**3. 资源的有机结合性**

为了实现组织的目标，必须动员和组织相应的组织资源，这些资源是人、财、物、权利、信息、价值、信息、规范等。实现资源有机结合的纽带是组织的职位，所以，根据目标要求，正确地设置职位，才能使组织资源在职位上形成有机结合和合理分布，从而协同实现组织的目标。

**4. 活动的协作性**

组织中职位角色的明确规定和相互协调，组织成员在实际管理活动中的合作和配合，增强了组织的整体功能，是组织活动协作性的结果。

**5. 结构的系统性**

组织是以特定的结构形式存在和活动的。组织的结构由若干系统构成，如职位系统、运行系统、文化系统、关系系统等，从而组成组织结构的总体系统。组织结构的系统具有确定的边界，并具有系统的功能。组织内部各系统之间也有确定的边界。

## 二、组织设计和组织结构

### （一）组织设计

**1. 组织设计的含义**

一般认为组织设计是管理者为实现组织目标而对组织活动和组织结构进行设计的活动。

**2. 组织设计的内容**

组织设计的主要内容是：管理幅度和管理层次设计、组织职能设计、组织部门设计、组织职位设计、组织职权设计、组织人员配备等。

管理幅度是指一位管理者直接管辖的部门或次级组织的数量，也就是直接有效地管理和控制下属人员的数量。设计管理幅度时，一般应考虑管理者的素质和工作能力、工作内容及复杂变化程度、工作基础和条件、组织环境和组织状况等因素。

管理层次是指组织纵向结构的等级。设计管理层次时，要考虑管理幅度、组织的纵向职能和组织效率等因素。一般情况下，管理幅度与管理层次呈反比关系。管理幅度越大，管理层次就越少，则组织呈扁平结构形态；反之，管理幅度小，管理层次多，则呈锥形组织结构形态。组织职能设计的主要任务是分析和确定组织的职能结构：①进行职能分析，根据组织性质和目标战略，把握组织的总体职能；②对总体职能内含的职能分门别类地进行分解；③赋予分解的职能具体的任务和职责；④对各种职能的关系和特性进行分析和分类；⑤将组织的职能按照一定的联系方式进行配置，从而构成组织的职能结构。

组织部门设计是从横向的角度（或多层次）将组织的具体任务和职责配置给特定的组织单位（组织部门），从而确定组织的不同部门，并规定这些部门的相互关系。

组织职位设计是指按照组织职能、具体任务和职责要求，对组织中具体岗位的设计。组织职权设计是根据组织职权的特点，将组织职权合理地配置到组织的不同层次、部门和职位上，以利于实现组织目标的过程。组织职权是组织各部门、各职位在职责范围内决定事务、支配和影响他人或集体行为的权力。组织职权设计通常按以下原则进行：

（1）确保命令统一的原则。组织中各层次、各部门、各职位要按照统一的意志活动，同时，组织中一个下级只能服从一个上级，以实现组织的有序运行。

（2）连续分级原则。根据按级服从命令的要求，从组织的最高层职位到最底层职位形成一条明确的连续等级链。

（3）权职对等原则。特定的职位须配置相应的权力，做到职权与职位的对等。

（4）合理集权与分权原则

### （二）组织结构

### 1. 组织结构的基本形式

组织结构是组织设计的结果和具体体现，是描述组织的框架体系，正如人类是由骨骼确定体形一样，组织是由结构来确定它的形状的。常见的组织结构形式有直线制组织结构（图 3-2）、职能制组织结构（图 3-3）、矩阵制组织结构（图 3-4）等。

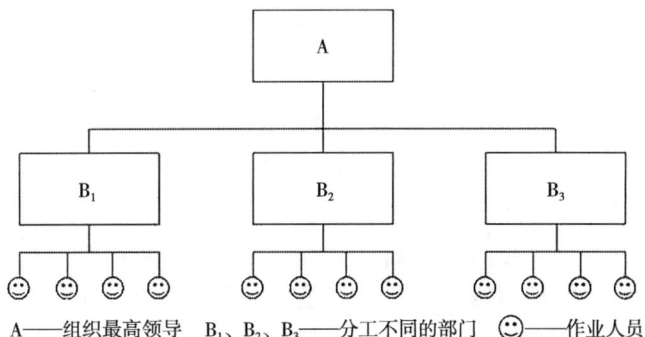

A——组织最高领导　$B_1$、$B_2$、$B_3$——分工不同的部门　☺——作业人员

图 3-2　直线制组织结构[①]

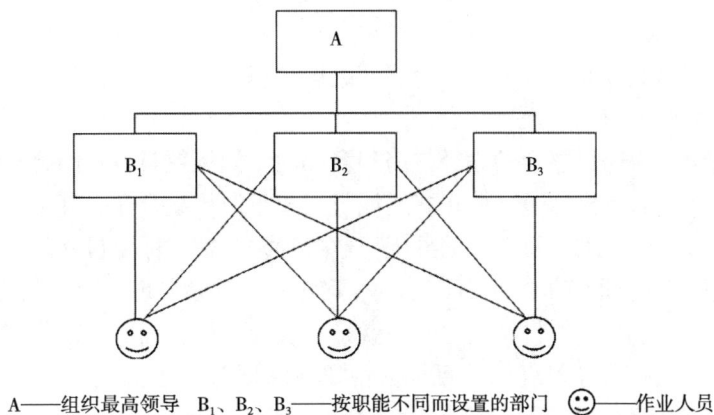

A——组织最高领导　$B_1$、$B_2$、$B_3$——按职能不同而设置的部门　☺——作业人员

图 3-3　职能制组织结构[②]

---

[①②]　朱立言，再论领导与管理的差异 ［J］. 中国行政管理，2000（10）：3.

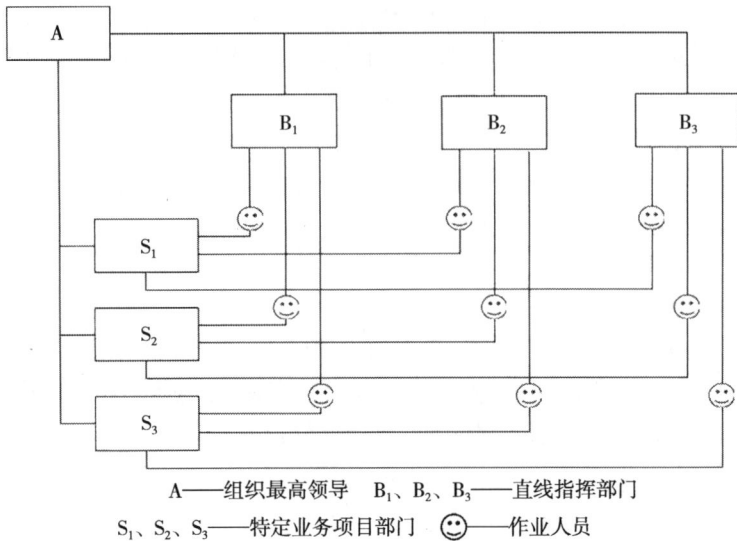

A——组织最高领导　　$B_1$、$B_2$、$B_3$——直线指挥部门
$S_1$、$S_2$、$S_3$——特定业务项目部门　　☺——作业人员

图 3-4　矩阵制组织结构①

信息沟通和传递渠道只有条直线渠道。一个下级只接受一个上级管理者的命令的组织结构形式中，按组织职能分解组织活动，设不同的部门，作业人员同时接受多个职能部门的领导和指挥。图 3-4 表示由两套组织部门联合构成的双重组织结构、一套是组织业务部门，另一套是特定业务项目部门，这两套部门在组织中以纵横两个方向设置，构成了矩阵状态，它们都由组织的最高领导指挥。作业人员则受这两套部门的双重领导和指挥。

**2. 组织结构的整合**

在组织运行过程中，会发生各种冲突，如对资金、设备、人员的竞争、责任不明确，报酬分配不公平等。为了使组织各组成部分和各种资源组成有机整体，就必须对组织结构进行整合。

对组织结构进行整合的途径是多种多样的，如集权与分权的合理配置、直线管理和参谋的有机结合、非正式组织与正式组织相配合等。其中，最核心的问题是对责、权、利进行合理的分配。通过责的分配，保证目标的实现；通过利的分配，产生对人的激励，使人致力于组织目标的实现；通过权力的分配，影响组织内的集成、协作和沟通。也就是通过责、权、利的合理分配，来协调组织的活动，从而实现组织的目标。例如，深圳市为了解决部门间的职能重叠，影响工作效率的现象，于 1992 年合并规划、国土、房地产及市场四项职能，成立深圳市规划国土局。原建设局主要负责建筑行业及建筑市场、建筑施

---

① 朱立言，再论领导与管理的差异［J］．中国行政管理，2000（10）：3．

工、施工质量、安全及施工队伍管理。原房管局更名为住宅局，主要负责住房制度改革，政府微利房、福利房的建设及分配。为了使土地管理机构卓有成效地运作，深圳市还成立了国土领导管理小组，作为土地管理的决策权力机构。领导小组成员由市长、常务副市长、主管副市长、规划国土局局长、计划局局长5人组成，并由主管副市长分管规划国土局、建设局、住宅局、环保局，从而避免了部门之间的职能冲突和相互推诿。

非正式组织与正式组织的配合，是组织结构整合的一条有效途径。例如深圳市房地产两大行业协会——深圳市房地产协会和深圳市房地产中介服务业协会，承担着规范本行业经营行为和促进公平竞争的职责，在配合土地管理部门方面，发挥了很大作用。随着组织内部和外部（社会）环境的变化，组织结构在不断地革新。组织的冲突和组织低效运转是组织结构变革的内部动力，社会、经济、制度、政策的变化是组织结构变革的外部动力。因此，组织必须不断地革新和完善，才能适应变化了的情况，并提高组织运作效率。

### （三）自然资源管理组织机构

自然资源的管理大致经历了由被动的、后发性的、解决纠纷式的管理，到主动的、先导性的和理性的科学与法制管理。尽管各国存在着经济社会发展、制度选择的差异，但对自然资源的管理都是相当重视的，都设有专门部门、机构管理一类或几类自然资源。

自然资源管理机构的设置，一般有三种模式：集中管理模式、分散管理模式、流域一体化管理模式。集中管理模式是将土地、矿产、海洋、森林等自然资源由中央政府的一个部门统一协调管理。分散管理是土地、矿产、海洋、森林、水等主要自然资源分别由中央政府的多个部门管理。流域一体化管理是自然资源管理的主要模式之一。虽然一体化的流域管理更多的是基于自然单元来实施的管理，但它同样是基于对经济、社会和环境的一体化管理的原理来对流域内所涉及的社区发展、产业规划所涉及的自然资源决策进行管理。所以一体化的流域管理是自然资源管理的重要组成部分，需要与自然资源管理框架体系联系起来。

从1949年到2018年，国务院共进行了八次规模较大的政府机构改革，每次改革都涉及自然资源管理体制的调整。

### 1. 中华人民共和国成立初期到1956年

按照《中华人民共和国中央人民政府组织法》，对国家机关做出了调整。在35个部门中，与自然资源管理有关的部门主要有以下几个。

（1）内务部。内设地政司，主管全国土地资源管理工作，主要负责地籍测量与管理、城市房地产管理、土地征用、房地产交易管理、土地租税、城市建设等。

（2）财政经济委员会。设中国地质工作计划指导委员会，对地质工作进行计划指导。

（3）燃料工业部。主管煤炭、石油、天然气等能源资源。

（4）重工业部。主管金属、非金属等工业原料。

另外还有农业部、林垦部、水利部也对土地资源、水资源进行部分管理。1952 年，政务院机构进行部分调整，从重工业部分设出地质部，撤销中国地质工作计划指导委员会，所有的人员和业务并入地质部；城市营建及规划移交新成立的建筑工程部。1956 年，根据一些部门管理的产业过多、业务过重、难以全面兼顾的现实，又调整增设了一批部委和直属机构，形成了中华人民共和国成立以来政府机构数量的第一次高峰。燃料工业部分为煤炭部、石油部、电力部，重工业部分为冶金部、化工部、建筑材料部，从林业部分设出森林工业部。土地改革已经完成，由于农业合作化的发展与农村地籍的变化，撤销了地政司，内务部仅保留土地遗留问题处理和部分征地划拨等工作。在农业部设土地利用总局，主管全国的土壤调查与改良、荒地的勘测调查、农家肥与化肥的使用技术指导、水土保持、土地利用规划试点实验与技术推广以及与林业、水利部门搞好协作。后又在农业部土地利用总局的基础上成立农垦部，专门负责荒地的开垦和国有农场的发展建设工作。城市房地产移交城市服务部。至此，与自然资源管理有关的部门主要有国家计委、内务部、地质部、农业部、林业部、水利部、煤炭部、石油部、电力部、冶金部、化工部、建筑材料部、森林工业部、农垦部、城市服务部等。

**2. 1956—1959 年**

1956 年下半年，中共中央提出了《关于改进国家行政管理体制的决议（草案）》，从而开始了较大规模的政府机构改革。1958 年，对中央国家机关进行了调整，这次机构改革以下放权力、扩大地方自主权为主要内容。通过精简和调整，到 1959 年国务院下设的部委减少到 39 个，加上 21 个直属机构和办事机构，机构总数为 60 个。与自然资源管理有关的部门主要有国家计划委员会、国家经济委员会、国家基本建设委员会、冶金工业部、化学工业部、煤炭工业部、石油工业部、地质部、农业部、林业部、农垦部、水利电力部等。

**3. 1960—1981 年**

1960 年，中央再次强调集中统一，下放的权力又重新集中起来，到 1965 年底，国务院工作部门增至 79 个。其后，1970 年将地质部改为国家计划革命委员会地质局，1975 年又决定增设国家地质总局。1979 年第五届全国人民代表大会常务委员会第十一次会议建议将地质总局改为地质部。到 1981 年，国务院的工作部门增到 100 个。与自然资源管理有关的部门主要有国家计划委员会、国家经济委员会、国家基本建设委员会、农业部、农垦部、林业部、水产部、冶金工业部、化学工业部、煤炭工业部、石油工业部、水利电力部、地质部、粮食部、国家海洋局、国家房产管理局等。

**4. 1982—1987 年**

十一届三中全会以后，中国进入了一个新的发展时期，开始了经济体制改革的新探索。根据重叠机构撤销、业务相近机构合并的原则，1982 年开始撤委并部，大大缩减直属机构，将国务院所属部委、直属机构和办公机构由 100 个减少到 60 个。设立农牧渔业部，并内设土地管理局，行使国务院授权归口管理全国土地资源的职能。1982 年第五届全国人民代表大会常务委员会第二十三次会议决定将地质部改名为地质矿产部。地质矿产部作为政府主管部门，实现了从单纯找矿向矿产资源管理的跨越。1986 年 3 月，决定成立国家土地管理局，加强对全国土地资源的统一管理。与自然资源管理有关的部门主要有国家计划委员会、国家经济委员会、农牧渔业部、林业部、水利电力部、城乡建设环境保护部、地质矿产部、冶金工业部、核工业部、煤炭工业部、石油工业部、化学工业部、国家土地管理局、国家海洋局等。

**5. 1988—1992 年**

1988 年的改革以强调转变职能为特征。这次机构改革撤销国家计委和国家经委，组建新的国家计委；撤销煤炭工业部、石油工业部、核工业部，组建能源部；撤销城乡建设环境保护部，建立建设部；撤销水利电力部，设立水利部。明确国家海洋局为国务院直属机构，并赋予"组织拟定我国海洋基本法及有关条例，报国务院或人大常委会审批后监督实施""负责建设和管理中国海舰队伍，依照法律和国务院规定巡航监视、监督管理"等海洋综合管理职责。与自然资源管理有关的机构主要有国家计划委员会、地质矿产部、冶金工业部、化学工业部、农业部、林业部、水利部、能源部、国家土地管理局、国家海洋局等。

**6. 1993—1997 年**

1993 年的机构改革把适应社会主义市场经济发展的要求作为目标。其中将专业经济部门的改革分为三类：一类是改为经济实体，不承担政府行政管理职能；一类是改为行业总会，作为国务院的直属事业单位，保留行业管理职能；一类是保留或新设的行政部门，主要职能是规划、协调、服务、监督。与自然资源管理有关的部门主要有国家计划委员会、地质矿产部、煤炭工业部、冶金工业部、化学工业部、水利部、农业部、林业部、国家土地管理局、国家海洋局等。

**7. 1998—2018 年**

1998 年 3 月 10 日，第九届全国人民代表大会一次会议第三次全体会议表决通过关于国务院机构改革方案的决定。由地质矿产部、国家土地管理局、国家海洋局和国家测绘局共同组建国土资源部。保留国家海洋局和国家测绘局（后更名为"国家测绘地理信息局"）作为国土资源部的部管国家局。国土资源部主要旨在是承担保护与合理利用土地资源、矿产资源、海洋资源等自然资源的责任。①承担规范国土资源管理秩序的责任；②承担优化配置国土资源的责任，负责规范国土资源权属管理；③承担全国耕地保护的责任，确保规划确定的耕地保有量和基本农田面积不减少；④承担及时准确提供全国土地利用各种数据的责任；承担节约集约利用土地资源的责任；⑤承担规范国土资源市场秩序的责任；⑥负责矿产资源开发的管理，依法管理矿业权的审批登记发证和转让审批登记，负责国家规划矿区、对国民经济具有重要价值的矿区的管理，承担保护性开采的特定矿种、优势矿产的开采总量控制及相关管理工作，组织编制实施矿业权设置方案；⑦负责管理地质勘查行业和矿产资源储量，组织实施全国地质调查评价、矿产资源勘查，管理中央级地质勘查项目，组织实施国家重大地质勘查专项，管理地质勘查资质、地质资料、地质勘查成果，统一管理中央公益性地质调查和战略性矿产勘查工作；⑧承担地质环境保护的责任；承担地质灾害预防和治理的责任；依法征收资源收益，规范、监督资金使用，拟订土地、矿产资源参与经济调控的政策措施等。

**8. 2018 年至今**

2018 年 3 月，中华人民共和国第十三届全国人民代表大会第一次会议表决通过了关于国务院机构改革方案的决定，批准成立中华人民共和国自然资源部。本次自然资源管理结构调整目的是统一行使全民所有自然资源资产所有者职责，统一行使所有国土空间用途管制和生态保护修复职责，着力解决自然资源所有者不到位、空间规划重叠等问题，提出山、水、林、田、湖、草整体保护、系统修复、综合治理方案，将国土资源部的职责，国家发展和改革委员会的组织编制主体功能区规划职责，住房和城乡建设部的城乡规划管理职责，水利部的水资源调查和确权登记管理职责，农业部的草原资源调查和确权登记管理职责，国家林业局的森林、湿地等资源调查和确权登记管理职责，国家海洋局的职责，国家测绘地理信息局的职责整合，组建自然资源部。作为国务院组成部门，自然资源部对外保留国家海洋局牌子。

2018 年的改革，着眼于转变政府职能，坚决破除制约市场在资源配置中起决定性作用、更好发挥政府作用的体制机制弊端，围绕推动高质量发展，建设现代化经济体系，加强和完善政府经济调节、市场监管、社会管理、公共服务、生态环境保护职能，结合新的时代条件和实践要求，着力推进重点领域和关键环节的机构职能优化和调整，构建起职责明确、依法行政的政府治理体系，提高政府执行力，建设人民满意的服务型政府。具体到自然资源管理机构改革，规定赋予自然资源部 21 项职责，其中一项重要职责就是"职能转变"，要求自然资源部强化顶层设计，发挥国土空间规划的管控作用，为保护和合理开发利用自然资源提供科学指引。同时，进一步精简下放有关行政审批事项、强化监管力度，充分发挥市场对资源配置的决定性作用，更好发挥政府作用，强化自然资源管理规则、标准、制度的约束性作用，推进自然资源确权登记和评估的便民高效。

我国自然资源管理在科学发展观的大背景下，必须树立资源与生态安全、循环经济等理念，更新管理手段与管理方式。因此，自然资源管理应该遵循综合管理、资源管理与生态保护协调发展、资源管理与资源产业管理理性耦合的原则。

自然资源综合管理，就是以自然资源整体为管理对象，以不同种类的自然资源的共性及相互关系为基础，利用一种综合的运行机制将不同门类的资源统一管理。自然资源的综合管理不仅仅是管理机构的简单合并，而是各管理机构之间的相互协调与相互支持。综合管理的效果集中体现在制度效率的提高和交易成本的降低。不同种类的自然资源具有内在的经济与法律关系（比如矿业权与土地使用权的关系问题），把那些彼此具有一定内在经济和法律关系的自然资源放在一起进行综合管理，这也是当前国际自然资源管理体制的发展趋势之一。自然资源具有多用性和竞争性的特点，因此，综合管理是自然资源管理的主要途径之一。

自然资源综合管理的效果受三个因素的影响：综合管理的自然资源种类、集中程度与经济发展水平；自然资源综合调查的水平；技术发展水平（包括自然资源调查的技术水平和自然资源开发的技术水平）。

自然资源管理要与生态保护协调发展。生态系统保护需要把各种自然资源看成相互联系的整体，将建立健康的、具有多样性的生态系统以及健康的人类社会作为终极目标。通过生态灾害的预防、控制以及受损生态系统的修复，保障生态系统的良性循环和健康发展，实现保障国家资源、生态安全与经济持续发展的目标。随着社会从"狭义的资源观"到"资源的生态观"的变化，自然资源的管理也经历了一个从数量管理到质量管理、到顺序开发、再到生态管理的发展趋势，开始注重协调资源开发与生态保护之间的关系。自然资源管理在生态上的日趋耦合，首先体现在资源管理观念和理念的转变，从可持续发展到科学发展，再到生态安全战略，这种循环经济理念体现了社会的进步和发展。在自然资源质量管理和生态管理这两个阶段之间，经历了一个多门类资源顺序开发管理的阶段，即在对自然资源进行综合调查和评价的基础上，合理界定不同门类的资源开发与保护的"相对"价值，从而确定不同门类的资源的合理开发顺序，从单种资源管理走向生态系统水平的多种资源综合保护。

资源管理要与资源产业管理理性耦合。产业管理的主要内容包括两个方面，即宏观的法律、制度、政策、规划管理和微观的产权、市场、价值管理，自然资源管理在纵向上适当延伸，可以走一种自然资源管理与资源产业管理理性结合的道路。随着我国经济的快速发展和科学发展观的落实，实现自然资源管理与资源产业管理的理性耦合，必将是我国自然资源管理的合理选择。从世界范围看，各国在处理自然资源管理与产业管理的关系上也有不同模式。第一种是狭义的自然资源管理与资源产业管理分开，如英国的皇家土地登记局、法国的国家地产管理局等。第二种是广义的资源管理与资源产业指导性管理相结合，与经营性管理分开，政府不直接介入资源产业的运行、发展。如澳大利亚的联邦环境部、法国的环境部以及俄罗斯的联邦自然资源部与联邦地籍局等，这些机构既负责资源管理，同时还对资源产业的发展通过立法、自然资源开发许可证管理、规划、权属登记、资源补贴、鼓励投资和税收等手段进行引导。第三种是广义的资源管理与资源产业的指导性管理和经营性管理相结合。如日本的国土交通省、经济产业省和农林水产省，不仅负责相应的资源管理职能，同时也直接介入资源产业的经营。我国的水资源管理也类似这种模式。当然，这种分类并不是绝对的，许多国家大都以指导性产业管理手段为主，同时也采取了直接介入方式。如加拿大政府规定，若矿山经营效益不好，收益低于15％时，如果是因为经营之外的原因造成，政府就要介入帮助该企业。

# 第三节　自然资源管理职能

## 一、以权籍为基础，完善自然资源市场体系

在不断完善产权制度、合理界定权属界线、加速确权登记的基础上，应合理发挥全民所有自然资源所有权权能，大力推动建立自然资源市场体系，发挥市场在资源配置中的决定性作用。首先定义各类自然资源的产权关系，稳定产权期限，明确各类产权的权利、责任和利益范围；其次开展全域自然资源调查确权，全面完成所有权、使用权、经营权等各类产权确权颁证，摸清各类自然资源的自然底数和权属底数；进而开展自然资源资产价值核算，构建资产价值动态评估和定期评估体系，全面显化自然资源资产价值，明晰各类自然资源的经济底数；在明确自然、权属和经济底数的基础上，构建完善自然资源市场配置制度，制定自然资源市场配置规则，扩大自然资源有偿使用制度范围，规范自然资源资产流转方式；尤为重视建立健全自然资源市场配套运营体系，强化产权交易机制和争议调解处理机制，完善流转服务、价格管理、信息交换等中介服务体系，推进自然资源成熟市场体系的加速构建；最后是完善自然资源市

场监管制度，运用税收调节、权益补贴、打击违法等手段，纠正市场失灵、营造良好的市场交易环境。

## 二、以规划为龙头，构建国土空间规划体系

充分发挥规划的龙头作用，应着力构建"1+X"的国土空间规划体系，"1"即国土空间规划，作为其他规划的宪法性基本规划，以专统筹；"X"指土地利用、城乡建设、基础设施建设和功能分区等各资源领域的专项规划，强化国土空间规划在编制、执行与修改上对各专项规划的指导和约束作用。具体而言，横向上推动建立"基础性规划—总体性规划—专项性规划—控制性规划"4层规划体系，明确各项规划所应遵守的价值理念、布局导向与调控原则与关键指标，统一现行各类规划的规划年限、用地分类、数据标准和技术平台，化解各项规划之间的潜在恶性冲突，但是允许专项规划之间出现一定程度的制约实现"相互制衡"，倒逼空间规划的政策协调和政府治理功能。其中，基础性规划即是空间规划，确定国土空间格局，统领各类自然资源利用，突出基础性、约束性和指导性；总体性规划包括单项自然资源利用总体战略、目标和引导，突出战略性、纲领性和功能性；专项性规划落实统筹性规划制定的战略、目标和格局；控制性规划体现落地性和管控性，突出自然资源用途和全域管控。纵向上，建立"国家—省—市—县—乡—村"6级规划，从完善各项规划管理、执行、凝聚各项规划手段的角度，制定相应的管理配套机制，发挥多规合力，优化政府治理机制，在国家层面突出规划的政策属性、战略性和引导性，地方层面统筹兼顾规划弹性和刚性，形成简洁高效的空间规划治理体系。

## 三、以"三线"为底线，推进全域国土空间用途管制

牢牢树立底线意识，科学划定并严格遵守生态保护红线、永久基本农田、城镇开发边界三条控制线，推进国土空间用途管制"全域覆盖、刚弹结合、统筹协调"。首先，明确底线，把握管制关键核心。明确设定空间规划的"三条"底线，推进生态用地和基本农田保护，倒逼城镇建设用地实现节约集约，提升空间利用效率和可持续性；此外，可将底线管控成效纳入地方政府政绩考核并与地方政府建设指标相挂钩，建立空间底线资源负债表，对领导干部实行底线资源离任审计。其次，将用途管制覆盖全域，突出管制系统性。整合分散在国土资源、林业、农业、水利、城乡建设等各部门的自然资源用途管制职责，遵循自然资源的整体性、系统性及其内在规律，实现空间、领域、机制全覆盖。再次，优化国土空间用途管制的引导功能与差别化管理机制，不断提升稀缺性资源管制刚性，加强未来不确定性应对的管制弹

性，实现管制手段刚柔并济、严肃活泼。最后，加强区域之间、要素之间、主体之间、客体之间自然资源用途管制的互动沟通和统筹协调，促进实现责任协商、利益共享和风险共担。

## 四、以整治为抓手，推进"山水林田湖草"生命共同体综合治理

以"自然资源综合整治"为抓手，将所有自然资源纳入整治治理范畴，调和趋于失调的人地关系、整合现有分散的自然资源治理手段，推进"山水林田湖草"生命共同体综合治理。具体而言，首先，改变传统单一治理手段导致的"种树的只管种树、治水的只管治水、护田的只管护田"割裂模式，将经济、社会、生态、文化、治理等各个方面需求统一纳入国土综合整治的内涵中，通过"田水路林村镇"综合整治以优化生产生活空间，通过"山水林田湖草"综合整治以改善生态空间。特别要以生态、景观服务及休闲游憩功能为重点，提升环境污染治理能力，加强"山水林田湖草"生命共同体的整体修复，构建以"山为骨、水为脉、林为表、田为魂、湖为心、草为皮"的自然资源生态安全体系。其次，要点、线、面结合，聚焦粮食主产区、快速城镇化地区、重要生态功能区、矿产资源开发集中区以及海岛区5大面状区域，重视海岸带、重要水体流域、重要线性工程三大线状区域，在"面"或"线"中选择具有典型示范或核心带动作用的点，塑造"全空间延拓"的自然资源整治格局。此外，应开展流程再造，细化并明确自然资源综合整治谋划、实施和管控等环节在规划与施工、权责与机制、资金与利益分配等各方面的主要目标任务，建立健全源头保护和末端修复治理机制，实现自然资源综合整治"全生命周期"的有效运转。

## 五、以法制为保障，构建自然资源管理法律体系

要处理好开发利用和保护的关系，就必须依法监管、依法保护、依法修复，确保开发科学有效可持续。首先，在现有法律法规的基础上，应当构建"1＋N＋X"的自然资源管理法律体系，"1"指《自然资源法》，作为法律体系主体；"N"指各门类自然资源单行法和管理法，包括《土地法》《矿产资源法》《森林法》《草原法》《水法》《水土保持法》《海域使用管理法》《海岛保护法》《规划法》《测绘法》等；"X"指各项行政法规规章，作为法律体系配套，健全自然资源管理的法制保障。其次，要查漏补缺，稳步推进单项自然资源立法完善及修改，扭转当前相关法律制度权威不足、缺位缺失和内容陈旧等现状，特别是对于自然资源相关基础性制度也应予以立法明确，如产权制度、规划制度和市场制度。值得注意的是，立法的过程并非一蹴而就，而是长期的实践总结和理论凝练，在此过程中，应当将试点先行和整体

协调推进相结合，充分发挥中央和地方的积极性，建立健全公众参与机制，最终审慎推进自然资源管理法律体系的建设和单项资源或制度立法的修改完善。

### 思考题

1. 请概述自然资源管理的主要目标。
2. 请概述自然资源管理的主要职能。

# 第四章　自然资源权属管理

## 第一节　自然资源产权内涵与体系

产权制度是社会主义市场经济的基石，自然资源与我们每一个人密切相关。实践和研究表明，自然资源产权制度是加强生态保护、促进生态文明建设的重要基础性制度，对完善社会主义市场经济体制、维护社会稳定和公平正义、建设美丽中国具有重要意义。

### 一、自然资源产权的概念及内涵

产权一般是指财产的所有权，以及由其所派生出来的占有、使用、收益、处置等权利。产权也被认为是所有权、使用权、收益权、处置权等构成的一束权利或者是一组权利。产权界定一般是指对某一标的物的权利主体、权利边界、权能等进行划分确定。基于不同的假设前提和分析角度，不同学者对产权的解释也各有差异，但在以下三点取得了共识：①产权是一种排他性的权利，这种权利必须是可以平等交易的法权，而不是不能进入市场的特权；②产权是规定人们相互行为关系的一种规则，并且是社会基础性的规则；③产权是一种权利束，它可以分解为多重权利并统一呈现为一种结构状态。

自然资源产权目前还没有形成大家公认的概念，但可以参考产权的定义，概括自然资源产权的概念：自然资源产权是自然资源所有权，以及由其所派生出来的占有、使用、收益、处置等权利。自然资源产权是自然资源所有权及其派生出来的使用权、处置权、收益权、租赁权、特许经营权等组成的权利束。自然资源产权的确定，关系国家、集体、个人、企业等之间关于自然资源权利行使边界、权能及其收益的分配。厘清自然资源产权有利于保护权利人的利益，有利于利用产权调动产权人保护自然资源的积极性。

### 二、我国自然资源产权体制演进过程

第一阶段（1949—1978 年），即自然资源产权管理理念缺失阶段。从中华人民共和国成立伊始，我国就确立了自然资源的公有产权制度。但这一时期尚

未出现资源产权管理理念，资源配置靠行政划拨，资源无偿使用。1954 年《中华人民共和国宪法》规定"矿藏、水流、有法律规定为国有的森林、荒地和其他资源，都属于全民所有"。这一时期注重自然资源的经济价值，对自然资源的非经济价值特别是自然资源本身的再生产功能则没有引起足够重视，甚至认为自然资源可以按照人的意志改变或生产出来（例如，"人有多大胆地有多大产"），自然资源被作为一般的物质生产资料对待。与当时对自然资源的认识水平和当时的经济运行体制相对应，这一时期自然资源的配置依靠行政手段划拨，实行无偿使用。这一时期对自然资源的认识水平和实行的管理体制直接导致无数宝贵自然资源的浪费，也导致大量生态环境的破坏，直接影响自然资源的后续生产力。

第二阶段（1978—1990 年），即自然资源产权制度萌芽阶段。改革开放后，我国的资源管理制度开始驶入快车道。到 20 世纪 80 年代末，我国的自然资源法律法规几乎覆盖了所有的主要自然资源。在此期间，建立了自然资源开发的准入制度和有偿使用规则。1979 年通过的《中华人民共和国环境保护法（试行）》，标志着中国新时期环境资源立法工作进入一个新阶段；1982 年《中华人民共和国宪法》明确了我国自然资源公有制，奠定了我国自然资源所有制的根本基础；1986 年颁布的《中华人民共和国民法通则》，为自然资源"公有私用"的基本格局奠定了基础，从制度上提出了所有权、使用权分离，提出了有偿使用制度；1988 年通过的《中华人民共和国宪法修正案》，第二条规定"土地使用权可以依照法律的规定转让"，为我国的土地市场法律制度奠定了基础。与此同时，各门类的单项资源法律也相继出台，主要包括 1984 年《中华人民共和国森林法》、1985 年《中华人民共和国草原法》和《中华人民共和国渔业法》、1986 年《中华人民共和国土地管理法》和《中华人民共和国矿产资源法》、1989 年《中华人民共和国水法》等。通过这一时期的立法，相对综合性的单项自然资源立法陆续出台，自然资源管理工作基本有法可依。尽管国家从法律上提出了所有权、使用权分离，提出了有偿使用制度，但由于各种客观条件限制，在实践过程中实施效果并不理想。

第三阶段（1990—2011 年），即自然资源产权制度完善阶段。随着经济发展和经济体制改革的推进，特别是中国共产党第十四次全国代表大会明确提出建立社会主义市场经济的目标后，随着市场化改革探索的深入，与社会主义市场经济相适应的资源管理制度与规范也逐步建立。资源有偿使用制度得以全面推进，要素市场建设步伐加快，由于不同资源资产化步伐不一，因此体制呈现分类分级、相对集中、混合管理态势，促使我国的自然资源保护管理制度迈上了新的台阶。各项自然资源单行法律相继进行了修改，一系列新的法律法规陆续出台。在土地资源管理领域，1998年《土地管理法》修改确定了土地用途管制基本制度，奠定了土地管理的基础。1994年《中华人民共和国城市房地产管理法》出台，对城市土地有偿使用制度进行了较为全面的规定。2002年颁布了《中华人民共和国农村土地承包法》，为稳定农村承包法律关系提供了有力保障。1996年《矿产资源法》则改变了"采矿权不得买卖、出租，不得用作抵押"的规定。在森林资源领域，1998年修改的《森林法》也确立了森林、林木有偿使用制度。以2007年《中华人民共和国物权法》的颁布为标志，以自然资源所有权为基础，自然资源用益物权和担保物权为两翼的自然资源产权体系基本形成。

第四阶段（2012年至今），属于自然资源产权制度全面深化阶段。中国共产党十八届三中全会决定提出要"健全国家自然资源资产管理体制，统一行使全民所有自然资源资产所有者职责"，对我国自然资源管理体制改革提出了新要求。自然资源保护与利用被全面纳入生态文明建设。2013年，党的十八届三中全会审议通过了《关于全面深化改革若干重大问题的决定》，指出了生态文明建设工作重点。2015年4月，国务院出台的《关于加快生态文明建设的指导意见》与2015年9月中共中央政治局审议通过的《生态文明体制改革总体方案》为自然资源管理改革指明了方向。同时，自然资源统一确权登记、全民所有自然资源资产有偿使用制度改革、集体林权改革等各项改革也稳步推进，为完善自然资源法律体系提供了实践基础。2017年，党的十九大报告对生态文明建设做出了全面部署，随着"大气十条""水十条""土十条"等措施逐步推进实施，自然资源环境治理力度向纵深发展，不断加强。2019年，中央办公厅、国务院办公厅印发《关于统筹推进自然资源资产产权制度改革的指导意见》，提出以完善自然资源资产产权体系为重点，加快构建系统完备、科学规范、运行高效的中国特色自然资源资产产权制度体系，标志着我国自然资源资产产权制度改革全面推开。

## 三、我国现行自然资源的产权体系

根据《物权法》，物权可分为自物权（所有权）和他物权。自物权，指所有权人对自己的不动产或者动产，依法享有占有、使用、收益和处分的权利。所有权人有权在自己的不动产或者动产上设立用益物权和担保物权。自然资源有一定的使用价值，可被人类开发利用，因此，自然资源可纳入物权范围，具有法定性和排他性等物权特征。按照以上思路，将自然资源物权也分为自物权和他物权。其中，自物权可包括土地所有权、矿产资源所有权以及水流、海域等其他自然资源的所有权。而他物权中的用益物权可包括土地承包经营权、宅基地使用权、地役权、海域使用权等，其担保物权主要体现为抵押权。

**1. 所有权**

在我国公有制背景下，自然资源所有权分为国家所有权和集体所有权。我国《宪法》第十条规定，"城市的土地属于国家所有。农村和城市郊区的土地，除由法律规定属于国家所有的以外，属于集体所有；宅基地和自留地、自留山，也属于集体所有。"《物权法》第四十六条至第五十条中比较详尽地规定了自然资源国家所有权的范围，包括矿藏、水流、海域、土地、森林、山岭、草原、荒地、滩涂、滩涂、野生动植物等。此外第五十八条规定了集体所有的自然资源包括土地和森林、山岭、草原、荒地、滩涂。综上可知，矿产资源、水资源所有权全部为全民所有权；除此之外，土地资源、森林资源、草原资源、海洋资源（包括海域和海岛）为部分全民所有，所有权包括全民所有权和集体所有权。

**2. 用益物权**

针对不同的自然资源管理需求，还可对自然资源的产权体系进行丰富和拓展。土地资源除所有权之外，还包括建设用地使用权、土地承包经营权、地役权。矿产资源主要为矿业权，即探矿权和采矿权。森林资源的产权为林权，指森林、林木和林地的所有权和使用权。水资源的使用权主要为水资源集体使用权、取水权、捕捞权、养殖权。海洋资源的使用权主要为海域使用权、捕捞权、养殖权与无居民海岛使用权。草原资源主要为承包经营权和国有草原的使用权。

**3. 担保物权**

根据《物权法》第一百八十条规定，"债务人或者第三人有权处分的下列财产可以抵押：①建筑物和其他土地附着物；②建设用地使用权；③以招标、拍卖、公开协商等方式取得的荒地等土地承包经营权……"第一百八十四条规定，土地所有权不得抵押。从《物权法》的规定中不难看出可以抵押的财产有建设用地使用权、土地承包经营权（招拍挂方式取得）；各类自然资源单行法中也明确了部分自然资源的使用权或经营权可进行抵押。近年来，随着国家对自然资源资产产权制度的深化改革，自然资源产权体系得到进一步健全和优化。土地资源方面，落实承包土地所有权、承包权、经营权"三权分置"，开展经营权入股、抵押。矿产资源方面，探索研究油气探采合一权利制度，依法明确采矿权抵押权能。海洋资源方面，探索海域使用权立体分层设权，加快完善海域使用权出让、转让、抵押、出租作价出资（入股）等权能，构建无居民海岛产权体系，试点探索无居民海岛使用权转让、出租等权能。水资源方面，完善水域滩涂养殖权利体系，依法明确权能，允许流转和抵押（表4-1）。

**表 4-1 各类自然资源产权体系**

| 资源类型 | 所有权 | 用益物权 | 担保物权 |
|---|---|---|---|
| 土地资源 | 全民所有权、集体所有权 | 土地使用权、地下空间建设用地使用权、建设用地使用权、农户土地承包权、土地经营权、宅基地使用权、农户资格权、地役权 | 城市建设用地使用权抵押、集体经营性建设用地使用权抵押、农户土地承包权抵押、承包土地经营权抵押、农民住房财产权抵押 |
| 森林资源 | 全民所有权、集体所有权、个人林木所有权 | 林地使用权、林地承包权、林地经营权、森林或林木使用权 | 森林资源资产抵押权 |
| 矿产资源 | 全民所有权 | 探矿权、采矿权、探采合一权利 | 矿业权抵押权 |
| 水资源 | 全民所有权 | 集体使用权、取水权、捕捞权、养殖权、水能资源开发使用权 | 养殖权抵押 |
| 草原资源 | 全民所有权、集体所有权 | 国有草原的使用权、承包经营权 | 草原承包经营权抵押 |
| 海洋资源 | 全民所有权 | 海域使用权、捕捞权、养殖权、无居民海岛使用权 | 海域使用权抵押、养殖权抵押 |

## 四、国外自然资源产权结构介绍

本节以土地资源为例，对国外自然资源资源产权结构进行介绍。

### 1. 美国的土地产权结构

美国土地有三种所有权形式：私人土地、联邦土地、州政土地。美国的公民和社会组织可以依法取得国有土地使用权。统计显示，美国国土面积中私人所有的土地占 58%，主要分布在东部；联邦政府所有的土地占 32%，主要分布在西部；州及地方政府所有的土地占 10%。土地以私有制为主，国有土地只占其中一小部分。

美国法律保护私有土地所有权不受侵犯，各种所有制形式之间的土地可以自由买卖和出租，价格由市场供求关系决定。联邦政府所有土地主要包括联邦政府机关及派驻各州、县、市机构的土地和军事用地等。州、县、市政府也各自拥有自己的土地。联邦、州、县、市在土地的所有权、使用权和受益权上各自独立，不存在任意占用或平调，确实需要时要依法通过买卖、租赁等有偿方式取得。

美国拥有非常自由的土地产权制度，土地所有权分为地下权（包括地下资源开采权）、地面权和地上空间权（包括建筑物大小、形状等）这三部分权益可以分别转让。政府无权任意征用与拆迁。

在征地方面，美国是按征用时市场上的公平价值补偿，这种市场价值，不仅包括征用时的使用价值，而且包括被征用财产的最佳使用价值，即财产因其开发潜力所具有的"开发价值"，体现了对私有财产利益的保护。美国征用土地主要分两种形式。第一种是警察权，指政府为了保护公众健康、安全、伦理以及福利而无偿对所有人的财产施以限制乃至剥夺的行为。警察权包括土地区划、建筑和健康法规、让移要求、土地分割、污染以及出租管制等。警察权准许政府规划私人土地而不需要支付补偿。这种征用的方式适用的场合非常有限，并受相关法律严格制约。第二种是有偿征用，指政府依法有偿取得财产所有人的财产的行为。美国联邦宪法第五条修正案规定了关于有偿征用的三个要件：正当的法律程序、公平补偿以及公共使用。在有偿征用中，同样有相当严格的步骤需要遵守。

美国地产市场十分发达，制度健全，所有的土地都实行有偿使用，在政策规定许可的范围内，土地可以自由买卖、出租和抵押。政府对私人土地的管理主要是通过登记收费和规划引导。私有土地买卖完全是私人之间的事，手续十分简单，在双方自愿签订协议之后，只需向政府缴足规定的税金，进行注册登记即可。土地买卖价格，则由买卖双方根据当时土地的市场价值进行估计，完全由买卖双方协商，也可由私人估价公司帮助双方达成协议，并完成交易。

**2. 英国的土地产权结构**

英国的土地制度历史悠久，体系完整。在英国、英联邦国家和地区，全部的土地从法律上都归英王或国家所有。也就是说英王是唯一的绝对的土地所有人，个人、企业和各种机构团体仅拥有土地的使用权。英国、英联邦国家和地区的土地虽然在法律上都属于英王所有，但拥有永久业权的土地持有人实际上就是该土地的拥有者。因此，英国是一个土地私有制国家，绝大部分土地为私人或法人所有，政府和公共部门所有的土地仅占很小的一部分。

在法律中，土地保有权的拥有者称为土地持有人或租借人。土地持有人所保有的土地权利的总和，叫作地产权。地产权有两种形式：一种是自由保有的地产权，即为永久业权，主要有三类，即无限制的单纯地产权、限制继承的地产权和终身地产权；另一种是租用保有地产权，也称为租业权，它是有一定期限的地产权，大部分依协议而产生。租用保有权有 125 年、40 年、20 年、10 年等，并通过合同或协议确定土地权利和内容。而且在租赁期内，确定的土地权利和内容不能随意更改。自由保有权人不能随意干涉。最重要的租借地产权是有期限的地产权和定期地产权。

虽然英国实行土地私有制，但因公共利益需要，如基础设施建设，可通过行使强制购买权来征用土地。享有这项权力的有政府和其他机构，包括中央政府各部、地方政府、高速公路局、城市发展公司，以及自来水和电力公司等。而何种用地功能属于公共利益范畴则由议会决定，并以法律形式确定下来。征地机构在取得强制征用权后须经过一系列严格的步骤并对被征地人做出最合理的补偿。被征地人如对公开质询的结果仍有异议，还可向最高法院上诉，对于收入在一定范围内的被征地人，还可在法律费用方面获得经济资助。

在英国土地权利受法律保护且可以自由交易，然而，土地所有者并不能随意对土地进行开发，这一限制通过土地用途管制来实现。1947 年《城乡规划法》规定一切土地的发展权，即变更土地用途的权利归国家所有。这项法律实质上实行"土地发展权国有化"。任何土地所有人或其他人如欲变更土地用途，必须申请规划许可。

**3. 日本的土地产权结构**

1945 年后，为了改变半封建的土地制度，在美国操纵下，日本进行了资本主义各国中最为彻底的土地改革。以 1946 年实施的农地制度改革为起点，日本至今的农地制度改革大致可划分为两个主要阶段。

第一阶段从 1946 年 10 月《农地调整法修正案》及《自耕农创设特别法》的通过到 1970 年 5 月第二次修改《农地法》为止。日本农地政策和法律在这一阶段的重点是保护耕作者的利益，保证土地由农民所有，目的就是铲除农村中封建主义的经济关系，实现"耕者有其田"，为发展资本主义生产关系创造条件。法律规定，不住在农村的地主的出租地和住在农村但超过三町步的土地必须全部出售。为了防止产生新的地主，法律规定农户拥有土地的数量最高限额不得超过三町步。1947—1950 年，先后有 191 万町步的土地转卖给农户，转卖的土地相当于租佃土地的 80％，在全国 617.6 万户中，自耕农民已占到 61.8％，佃农、半佃农占 37.5％，其中纯佃农从 1947 年占 28.7％减少到只占 5％，此外尚有其他农户 5％。日本现代的农村土地产权制度主要由所有权与使用权构成。所有权的产权主体主要有三种，即国家、公共团体、个人和法人。国家和公共团体所有的土地多为不能用于农业和建筑业的林地、原野、河川、海滨等，占农村土地主体部分的农地及宅基地属于私人所有。日本《民法》规定，土地所有权是对土地直接的、全面的支配性权利，是一种重要的物权。私有土地可以自由买卖、交换、租佃，但必须到法务省的不动产登记所进行登记，否则得不到法律的承认和保护。

第二阶段从 1970 年《农地法》第二次修改至今。日本经历了战后经济的高速增长。工业化、城市化一方面占有了大量的农业用地，使农地总面积不断减少。1960 年全国有耕地面积 607.1 万公顷，到 1970 年耕地减少到

579.6 万公顷，1992 年只有 494.9 万公顷。37 年间共减少耕地 112.2 万公顷，减少了 17%。另一方面也创造了大量的非农就业机会，农民兼业化现象十分普遍，甚至兼业收入占农民收入 50% 以上。在此背景下，农业生产者高龄化，农业劳动力短缺，农地抛荒现象严重。农地法律和政策的重点发生了变化，突破了土地占有和使用方面的限额，以土地使用权转移为中心内容，鼓励土地的租借和流转，其目的在于促使土地向真正愿意从事农业生产且有能力的农民手中集中，扩大农户经营规模，改善农地的规模结构和经营结构，提高农地的使用效率。围绕这一目的，日本制定了一系列法律和政策。1970 年 5 月通过的修改后的《农地法》取消了对取得农地上限的限制，废除了对地租最高额的规定，使农地的租赁、借贷在法律上获得承认，从而为大规模借地农的形成提供了法律依据。1975 年《农业振兴区域整备法》的修改，旨在促进农业发展和农地的有效利用，用法律确保农民安心贷出土地，促进农地流动。从 1970 年至今的 50 多年间，日本农地制度和法律一直是以农地集中和规模扩大为中心而展开的。但总体来说，这一政策目标的实现进展十分缓慢，到目前为止，分散农地的集中和规模经营仍是政府农地工作的重点。

# 第二节　自然资源权属管理内容与任务

## 一、自然资源产权管理内容

### （一）土地资源产权管理

土地资源产权管理是指对土地所有权及与其相联系的或相对独立的其他各项权利的管理，主要是对土地所有权和使用权的管理。其基本任务是确定和维护与社会主义生产方式相适应的土地所有制和土地使用制。现阶段土地产权管理的主要任务是：巩固、维护和不断完善社会主义土地公有制，实施土地分配和再分配制度，深化土地使用制度改革，调动土地使用者合理开发、利用土地和不断改善土地使用条件的积极性，保护土地所有者和土地使用者的合法权益。土地资源产权管理的主要内容包括：产权的确立、变更和产权的监督管理；土地征收和划拨；土地出让、转让、出租和抵押等的管理。

（1）产权的确立。是指国家依法对土地所有权、使用权和他项权利的确认、确定，即每宗土地的权属要通过土地申报、权属调查、地籍勘察、审核批准、登记注册、发放证书等法律程序，确认土地权属的性质和来源的合法性和准确性。

（2）产权的变更。主要是由土地所有权变更、土地使用权变更、他项权利变更及土地主要用途变更引起的。产权变更要向县级以上人民政府土地管理部门申报变更登记或过户登记方可具有法律效力。

（3）产权监督。是指对乱占、滥用和越权审批等违法侵权行为的处治，还包括对土地权属纠纷的调处，即对两个或两个以上土地权属单位和个人之间，为了取得同一块土地的权属而发生争执的调解和处理。

（4）产权的征收、划拨，以及土地的出让、转让、出租和抵押等产权管理内容将在本章第三节详细论述。

**（二）森林资源产权管理**

森林资源产权又叫林权，是指法定主体对森林资源资产（主要指森林、林木、林地）经济权益的总称，包括归属权（所有和占有）、使用权、收益权和处分权等。林权是影响林业发展的关键性问题之一。只有依法保护林权，维护森林、林木、林地的所有者和使用者的合法权益，才能调动其发展、兴办林业的积极性。因此，林权管理的任务是稳定森林、林木、林地的权属，保护森林、林木、林地的所有者和使用者的合法权益，促进我国林业的快速发展。其主要内容包括：林地征用与占用审核审批、林权纠纷调解、林业督察、林权登记发证等方面。

（1）林地征占用审核审批。2020年7月1日新修订的《森林法》发布实施，明确了各项建设征用、占用林地的审核审批权限，对征用、占用林地过程中的申请条件、各级林业主管部门的职责、审核的原则、审查的重点、临时占地的审批权限等都作了具体的规定。

（2）林权争议调处。早在2000年国家林业局成立了林权争议处理领导小组及办公室。2018年国家机构改革后，由自然资源部门统筹林权争议调处办工作，主要包括林权争议的确认、调查、调解；处理疑难林权纠纷案件和研究林权纠纷化解工作中的重大问题；建立林权纠纷积案台账，制定调处方案，对纠纷案件出具处理意见书或代当地人民政府拟定行政决定书等职能。

（3）林业督察。林业督察的主要目的是严格控制林地向非林地的转化。依据《森林法》《森林法实施条例》等法律法规，我国严格实施林地用途管制，严格审核报批，依法规范林地行为，严格查处违法占用林地行为。

（4）林权登记发证。林权证书是森林、林木和林地的所有权或使用权的法律凭证。《森林法》第15条规定："林地和林地上的森林、林木的所有权、使用权，由不动产登记机构统一登记造册，核发证书。国务院确定的国家重点林区（以下简称重点林区）的森林、林木和林地，由国务院自然资源主管部门负责登记。"因此，林权证的发证机关是县级以上地方人民政府和国务院授权的国务院自然资源主管部门。

### （三）矿产资源产权管理

矿产资源的产权管理，实质上是政府以矿产资源所有者的身份对矿产资源所有权及由其派生的其他权能进行的监督管理，是矿产资源管理的核心。其管理范围是矿产资源中可经济开采的并投入运营的那部分资源性资产，最终目的是使这部分资源性资产保值、增值，使矿产资源所有权及其派生的其他各项权能在经济上得以实现。因此，从严格意义上讲，矿产资源的产权管理只是一种经济管理，属于资产化管理范畴，而不具备社会管理的性质。

（1）矿产资源的产权界定和登记。通过法律、法规形式，界定矿产资源的产权关系，使矿产资源所有权及其派生的其他各项权能的法律关系得以明晰，并规定矿产资源国家所有权的具体实现形式，按照社会主义市场经济条件下矿产资源所有权和经营使用权适当分离的原则，设立矿业权制度，把矿产资源的使用权分解为探矿权和采矿权，国家可以通过有偿出让或行政授予等方式授予法人探矿权或采矿权。

（2）矿产资源的产权流转与评估。根据现行法律、法规的规定，国家实行矿业权有偿取得制度，依法获得的矿业权可以依法转让，国家出让矿业权和转让国家出资形成的矿业权时，必须要进行矿业权评估，国家依据评估结果，获得矿业权出让收益和相应的矿业权价款。

（3）矿产资源收益管理。依法没定矿产资源收益种类及性质，规定各项收益的征收方式、方法、额度和使用管理，负责征收矿产资源补偿费、矿业权使用费和国家出资形成的矿业权价款等。

### （四）水资源产权管理

水资源产权管理又叫水权管理，是指作为国有水资源产权代表的各级政府的水行政主管部门，运用法律的、行政的、经济的手段，对水权持有者在水权的取得和使用以及履行义务等方面所进行的监督管理行为或活动。加强水权管理的目的在于使水资源得到公平合理的开发利用和保护，最大限度地满足全社会对水的需求，从而取得最大的社会效益、经济效益和环境效益。水权管理的主要内容有合法授予水权、制定和实施有关水权的政策法规、对水权进行监督管理、调解水权纠纷、水权调整等。

（1）合法授予水权。在水资源属于国家所有的国家，一般通过水权登记或实施取水许可制度，使申请者取得水权。《中华人民共和国水法》规定，实施取水许可制度。单位和个人持有的水权是通过申请，经水行政主管部门依照法律规定、按照法定程序批准后取得的。水权只属于依法持有人，水权可依法取得，也可依法注销，但不得转让。

（2）制定和实施有关水权的政策法规。在用水的优先顺序、取水许可的实施范围和办法、水权的调整、水权持有者的义务等方面制定相应的政策和法规，并加以贯彻实施。

（3）对水权持有者行使权利和履行义务的行为进行监督管理。行使的权利主要有：依取水许可而取得额定水资源的使用权；额定水资源而兴建水工程的修建权；对生产商品水而获得收益权等。水权持有者应尽的义务主要有：严格贯彻执行取水许可制度；缴纳水资源费；接受水行政执法监督，服从防治水害、防洪的需要；自觉主动防治水污染等。当法定水权遭到侵害时，可向水行政主管部门提出行政保护申请，也可向法院提出司法保护申请，以排除对其合法权益的侵害。

（4）调解水权纠纷。在发生水事纠纷时必须按照《中华人民共和国水法》的规定，妥善调处。

（5）水权调整。根据国家建设的需要，或遇严重干旱年份，各级政府及其水行政主管部门，有权对水权进行调整。

### （五）草原资源产权管理

草原资源产权管理的主要内容有：在草场承载能力范围内对草地资源的可持续利用；对草原物种和生态系统的保护；对草原具有社会价值的文化遗产的保护。随着我国土地制度和草原产权制度改革的不断深化，国内草原管理经历了以家畜为重向以草原生态为重转变。

1958—1978 年，我国草原地区的草原产权从部落、寺院、封建贵族所有收归为国家和集体所有。草原被认为是类同土地的生产资料，实行全民所有和农牧业集体经济组织集体所有。各牧区的草场、牧场实行"自由政策"的政策，在其区域内一切农牧人可以放牧自由。

从 20 世纪 80 年代初开始，承包责任制在草原地区逐步实施。农牧民家庭开始逐步拥有草原的使用权、收益权和转让权。1984 年，草原地区开始逐步推行"草场公有、承包经营、牲畜作价、户有户养"的"草畜双承包"责任制。

1996 年，"草畜双承包"责任制进一步发展为"两权一制"，即要把草场彻底承包到户，并坚持 30 年不变，落实草原的所有权、使用权，实施草牧场有偿使用家庭联产承包责任制。

1999—2001 年，连续三年的严重旱灾使草场严重退化。在这一背景下，国家开始在一些牧区实施"退牧还草""围封转移""禁牧休牧"等一系列政策措施，缓解草原压力，靠大自然的自我修复功能，改善生态环境。一些牧区政策的重点开始由以经济目标为主，逐步转到"生态、经济目标并重，生态优先"。

2002 年，修订后的《草原法》建立了草原行政主管部门，并在其下专设监督管理机构的草原监管体系。该法规定国务院草原行政主管部门主管全国草原监督管理工作。国务院草原行政主管部门和草原面积较大的省、自治区的县级以上地方人民政府草原行政主管部门设立草原监督管理机构，负责草原法律、法规执行情况的监督检查，对违反草原法律法规的行为进行查处。

### （六）海洋资源产权管理

海洋资源资产化管理，即遵循海洋资源资产的自然规律和经济规律，在海洋资源资产的开发利用和再生产过程中，进行产权管理，建立起以产权约束为基础的管理体制，最终形成以资源养资源的良性循环。海洋资源资产管理的基本内容是由海洋资源资产管理的目的和任务所决定的，主要包括基础管理、用海管理、措施管理。

（1）基础管理。基础管理是海洋资源管理的基础，其任务是认识海洋资源的属性，摸清海区内海洋资源的数量和质量状况，制定管理的基本规范，为海洋资源管理各项工作提供基础资料。

（2）用海管理。用海管理是海洋资源管理的核心，其根本任务是对海洋资源开发利用实现宏观控制和微观计划管理，保证海洋资源在开发利用过程发挥最大生产力，主要包括海洋功能区划的编制、实施和管理，海域使用论证、使用权流转和监督检查、海洋资源利用与可持续利用，以及海洋生态保护与修复等监督和调控活动。

（3）措施管理。措施管理是管理实现的手段，包括海洋资源利用过程中的一系列法律的、行政的、经济的和生态的手段和措施。这三部分是相互联系、不可分割的总体，构成了海洋资源产权管理完整的科学体系。

## 二、自然资源产权管理问题

中华人民共和国成立以来，我国自然资源资产产权制度经历了不断发展的历程，形成了自然资源国家所有和集体所有的二元所有格局，初步形成了一个"以公有制为基础，所有权使用权分离，囊括地权、房权、海权、林权、草权、水权、矿权、渔业权、空间权等诸多权利，横跨陆海空"的自然资源产权制度。该制度在保护自然资源财产权益、维护自然资源市场交易秩序、推动经济发展和改善民生、保护自然资源和生态环境、促进社会和谐稳定等方面发挥了极其重要的作用。特别是党的十八大以来，我国加快了自然资源产权制度建设步伐，以不动产登记为基础的自然资源权利登记制度逐步确立。然而，因为部门分散管理、立法滞后等因素的影响，各类自然资源的产权制度尚有诸多不完善的地方有待提升。

### 1. 自然资源资产市场交易机制不成熟

由于自然资源产权交易市场发育程度较低，而我国的自然资源产权市场起步较晚，所以资源配置仍然主要靠行政手段实现。鉴于交易规则、竞争规则、准入规则不完善，产权的交易主体不够丰富，令人尴尬的是，目前我国资源产权配置以及资源资产管理由于市场参与力度不够，依旧过度依赖政府部门。除此之外，仅仅依靠行政定价，往往会造成自然资源价格偏低，资源的稀缺程度不能得到有效反馈，市场价值也脱轨，自然资源枯竭后的退出成本以及环境污染的治理成本也没有得到有效的解决。

**2. 我国自然资源资产产权法律不健全**

目前我国针对自然自有资产产权制度，并没有专门的法律进行规定。在政府文件中曾提出，并不断进行理论上的完善，但在法律中尚未进行规定。

**3. 自然资源资产产权具体主体虚位**

（1）所有者界定不清。自然资源资产产权的主体是谁？我国法律规定了国有的自然资源所有权由国务院代理，集体自然资源由集体组织代理。但具体现实的自然资源，其自然特点和分布状况决定了自然资源必须有确定级别的政府和确定级别的部门来进行管理。但这些法律都未做明确规定。

（2）管理者职能不明。目前我国政府对自然资源资产的管理上的问题主要表现在两个方面，一是"缺位"，即管理者对其负责的自然资源资产的管理上没有做到有效的管理；二是"越位"，即由于自身利益的倾向性和自然资源管理分工划分的不明确性，自然资源的管理者可能存在超出其部门职能权限的管理。出现这两个问题的主要原因还是没有对自然资源资产产权进行确定的主体界定，导致各部门之间出现利益争执，从而出现责任推诿。

（3）使用者开发无度。由于国有自然资源所有权得不到贯彻，使得类似的"公地悲剧""公湖悲剧""公山悲剧"一再上演。这种利用方式造成了很严重的后果，那么反思人类，为什么会这样呢？因为使用者在追求自身利益最大化的时候，根本不考虑环境和自然资源的可持续利用，而自然资源的管理者或者所有者也没有对这些使用者进行限制。这些限制包括税收、保险等各种经济杠杆政策，以对使用者的决策造成增加成本的影响。

**4. 自然资源资产产权制度监督保护机制不完善**

我国自然资源资产产权制度的监督保护中主要存在以下问题：一是对自然资源资产的监管存在缺位和越位现象，因为自然资源具有经济价值属性，而自然资源资产产权的管理者同时兼任监督者，其职能之间存在相互交叉，不能形成对自然资源资产产权的有效监督和保护；二是在自然资源开发利用过程中的外在的监督机制较少，人们对自然资源开发利用的监督方式较少，只能在问题发生后，通过一些片面的报道和传闻进行了解，无法形成有效的群众监督。

**专栏：自然资源产权管理的"九龙治水"现象**

自然资源部组建之前，土地、矿产、水、林、草等自然资源资产的管理分散在国土、水利、林业和农业等部门，虽然建立了土地市场动态监测与监管系统、水权交易平台等信息化的资产管理载体，但各系统建设具有相对独立性，数据之间缺少共享，自然资源资产的分类标准不统一，资产"家底"不清。例如，陕西省延安市林业部门提供的林地面积比国土部门提供的数据多 39%，内蒙古自治区草地和林地重叠面积高达 3.6 亿亩。由于认定标准不统一，加之部门利益驱使，分头确权发证，出现"一地两证"的现象，造成农牧民同时领取草原奖补和公益林补助，也给土地的确权登记带来了困扰。

思考：面对自然资源产权管理的"九龙治水"现象，如何破解自然资源资产分散管理的矛盾？

### 三、自然资源产权改革任务

针对我国自然资源权属管理存在的诸多现实问题，党的十八届三中全会的《决定》提出，要健全自然资源资产产权制度。中央印发的《生态文明体制改革总体方案》把健全自然资源资产产权制度列为生态文明体制改革八项任务之首。2019 年 4 月，中央办公厅、国务院办公厅印发《关于统筹推进自然资源资产产权制度改革的指导意见》，更是明确了当前自然资源产权管理改革的九项具体任务。

**1. 健全自然资源资产产权体系**

要构建分类科学、内容完善的自然资源资产产权体系，积极推动自然资源资产所有权与使用权分离；推进承包土地、宅基地"三权分置"；推进建设用地地上、地表、地下分设使用权，提高空间利用效率；强化矿业权出让登记管理；完善水域滩涂养殖权利体系；健全水权管理体系。

**2. 明确自然资源资产产权主体**

落实全民所有自然资源资产所有权委托代理机制，选取部分省辖市开展试点；完善全民所有自然资源资产收益管理制度，加大生态保护修复支持力度；落实农村集体所有自然资源资产所有权，增强农村集体所有自然资源资产管理和经营能力；保障自然资源资产市场主体合法权益。

**3. 开展自然资源统一调查监测评价**

完善自然资源分类标准和调查监测评价制度；组织实施自然资源调查，建立各类全民所有自然资源资产数据库，掌握重要自然资源的数量、质量、分布、权属、保护和开发利用状况；探索建立全民所有自然资源资产核算评价制度；开展动态遥感监测，精准掌握重点区域各类自然资源变化情况。

### 4. 加快自然资源统一确权登记

完成重点区域自然资源统一确权登记，实现全省自然资源确权登记全覆盖。建立全省自然资源确权登记数据库。

### 5. 强化自然资源整体保护

加强国土空间规划与资源保护衔接，选择部分地方开展全民所有自然资源资产保护和使用规划试点；加强自然生态空间用途管制，强化山、水、林、田、湖、草、沙整体保护；加强自然保护地产权管理；探索生态产品价值实现和多元生态保护补偿机制。

### 6. 促进自然资源资产集约开发利用

推进全民所有自然资源资产有偿使用制度改革；探索建立自然资源资产分等定级价格评估制度；完善自然资源资产开发利用标准体系和产业准入政策，大力推行工业用地"标准地"出让。

### 7. 推动自然生态空间系统修复和合理补偿

推动自然生态空间系统修复和合理补偿，完成省级国土空间生态修复总体规划编制；探索建立生态空间占用补偿机制；落实生态环境损害赔偿制度；激励社会投资主体从事生态保护修复。

### 8. 健全自然资源资产监管体系

实现对自然资源资产开发利用和保护的全程动态有效监管；建立国有自然资源资产报告工作机制；探索建立自然资源资产管理考核评价体系。

### 9. 完善自然资源资产产权法律体系

加强自然资源法治建设，依法处理各类自然资源资产产权案件。

# 第三节　自然资源权属流转

## 一、自然资源产权流转的相关概念

自然资源产权流转是指在市场经济条件下，自然资源他项权利按照价值规律的作用在市场上流动和转移，充分发挥市场机制的基础性作用，实现自然资源在各市场主体间的优化配置。我国的自然资源流转中不包括自然资源所有权的流转，这是由我国的自然资源所有权国家垄断的现状决定的，因此，这里所讲的主要是自然资源他物权尤其是使用权的流转制度。

自然资源使用权的流转是发生在自然资源使用权主体间的出让、转让、租赁、承包和抵押的行为。自然资源使用权的流转体现在两个层面，一是自然资源使用权人初始取得使用权的流转。是指国家和集体作为自然资源的所有权主体将自然资源使用权转于使用权人，这是一个从无到有的过程，这一层次的流转称作自然资源"一级市场流转"。二是自然资源使用权的再流转。是指使用权人从国家或集体那里取得自然资源使用权后，将它依法转于其他的个人、单位等私法主体的过程。这一过程叫作自然资源"二级市场流转"。

## 二、自然资源产权一级市场流转

自然资源产权一级市场又叫自然资源使用权的出让市场，即国家通过其指定的政府部门将一定年期的自然资源使用权出让给使用者的市场。由此可知，自然资源产权一级市场流转，即国家作为自然资源所有者将所有权中的使用权让渡于开发利用的主体的过程，这是开发利用自然资源的主体初始获得使用权的过程，即使用权的初始设立。自然资源使用权的初始设立有两种形式：即划拨和出让。由于自然资源的划拨与出让主要发生在土地资源领域，因此下面以土地使用权为例进行介绍。

### 1. 自然资源划拨

划拨是自然资源使用权原始取得的一种形式，除建设用地可以通过划拨方式取得外，其他的自然资源的使用必须以有偿方式取得使用权。土地使用权划拨，是指县级以上人民政府依法批准，将符合《划拨用地目录》的项目用地，在土地使用者缴纳补偿、安置等费用后将该幅土地交付其使用，或者将国有土地使用权无偿交付给土地使用者使用的行为。以划拨方式取得的土地使用权，除法律、行政法规另有规定外，没有使用期限的限制，土地使用权不能进行转让。

我国社会主义公有制有两种形式，土地归属性质也包括全民所有土地与集体所有土地两种。划拨国有土地使用权的具体方式有直接划拨国有土地和征用集体所有的土地后划拨两种方式。

（1）直接划拨国有土地。国有土地包括国家机关、企事业单位、部队、人民团体、居民等已在使用的国有土地和尚未拨给具体单位使用的大片荒山、荒地、草原、水面等储备用地以及其他法律规定的国有土地。直接划拨国有土地方式指政府将原国有土地，根据需要直接转拨给另一个建设单位无偿使用。使用者在支付给原单位或居民一定补偿安置费用、支付审批费用并办理完相关申请手续后即可得到国有土地使用权。

（2）征收集体所有的土地后划拨。集体土地指的是属于农村集体经济组织所有的土地，主要是农业用地和农村宅基地、自留地、自留山，属于农村适用范围以内的小片荒山、荒地、草原和水面等土地和乡镇企事业单位用地及农民建房用地等。征收集体所有的土地后划拨指政府将集体所有的土地经支付一定的补偿费用并安置完该片土地上的农民后，将土地转变为国家所有，再将土地划拨给用地申请单位。征地后用地者也要办理相关手续并支付审批费用。

**2. 自然资源出让**

出让是国家将自然资源使用权在一定时期内出让给自然资源使用者，由自然资源使用者向国家支付自然资源使用权出让金的行为。以国有建设用地为例，土地出让的方式包括协议、招标、拍卖、挂牌 4 种方式。根据《招标拍卖挂牌出让国有建设用地使用权规定》（中华人民共和国国土资源部令第 39 号），商业、旅游、娱乐和商品住宅等各类经营性用地，必须以招标、拍卖或者挂牌方式出让，并且应当遵循公开、公平、公正和诚实信用的原则。

（1）招标。招标出让国有土地使用权是指市、县人民政府土地行政主管部门发布招标公告，邀请特定或者不特定的公民、法人和其他组织参加国有土地使用权投标，根据投标结果确定土地使用者的行为。

国有建设用地使用权招标出让活动一般包括招标、投标、开标、评标、定标、发出《中标通知书》等环节。

招标是一种不完全的竞争方式，它在体现土地市场价值的基础上，严格界定了出让地块的有关开发条件，激发了投标者对用地方案的积极研究，同时也给出让方留有选择余地。实际工作中，在确定土地使用权的中标者时，既要考虑投标价，还要考虑投标规划设计方案和企业的资信情况，经过招标小组的综合评价，最后择优选定中标者。所以，招标出让通常适用于一些大规模或关键性的发展计划和投资项目用地。除以获取较高出让金为主要目标外，还可以平衡其他综合目标和特定的社会、公益建设条件。招标还适用于用途有特别限制的土地。

（2）拍卖。拍卖出让国有土地使用权是指市、县人民政府土地行政主管部门发布拍卖公告。由竞买人在指定时间、地点进行公开竞价，根据出价结果确定土地使用者的行为。

拍卖活动实施一般包括拍卖主持人依程序拍卖、拍卖终止、拍卖成交、签订成交确认书等环节。

拍卖是一种完全的竞争方式。拍卖方式引进了竞争机制，实行现场集中报价，排除了任何主观因素，并使土地出让价格较好地反映了当时该地块的市场供求关系，政府也可获得较高收益，较大幅度增加财政收入。适用于区域条件合适、地理位置好、高赢利、竞争性强的房地产业、金融业、商业、旅游业等用地，以获取较高出让金为主要目标，对土地建设条件和土地用途没有特别限制。实际工作中。多数为政府储备的地块。拍卖方式出让土地充分发挥了市场优化配置土地资源的基础性作用。是推动主动供地的重要形式。

（3）挂牌。挂牌出让国有土地使用权是指市、县人民政府土地行政主管部门发布挂牌公告，按公告规定的期限将拟出让宗地的交易条件在指定的土地交易场所挂牌公布，接受竞买人的报价申请并更新挂牌价格，根据挂牌期限截止时的出价结果确定土地使用者的行为。

挂牌活动的一般程序包括公布挂牌信息、竞买人报价、挂牌主持人确认报价并接受新的报价、挂牌截止。

挂牌出让报价时间较长，给予了投资者更加充分的理性思考的空间，避免了不理性竞争带来的炒作地价的现象，有利于投资者理性投资和公平竞争。挂牌出让适用于不具备招标拍卖出让条件的地块。

（4）协议出让。协议出让国有土地使用权是指国家以协议方式将国有土地使用权在一定年限内出让给土地使用者，由土地使用者向国家支付土地使用权出让金的行为。

协议出让的程序一般包括开发企业提出用地申请、开发企业提交建设方案确认使用地块、土地管理部门答复、土地管理部门与开发企业协商达成一致意见、签订土地出让合同。

《协议出让国有土地使用权规定》指出，同一地块只有一个意向用地者的，市、县人民政府国土资源行政主管部门方可按照本规定采取协议方式出让；但商业、旅游、娱乐和商品住宅等经营性用地除外。

以协议方式出让国有土地使用权的出让金不得低于按国家规定所确定的最低价。协议出让最低价不得低于新增建设用地的土地有偿使用费、征地（拆迁）补偿费用以及按照国家规定应当缴纳的有关税费之和。有基准地价的地区，协议出让最低价不得低于出让地块所在级别地区基准地价的70%。

**3. 出让与划拨的区别**

（1）适用范围不同。从立法要求看，划拨制度在适用范围上受到严格限制，根据《土地管理法》第五十四条，建设单位使用国有土地，应当以出让等有偿使用方式取得；但是，下列建设用地，经县级以上人民政府依法批准，可以以划拨方式取得：①国家机关用地和军事用地；②城市基础设施用地和公益事业用地；③国家重点扶持的能源、交通、水利等基础设施用地；④法律、行政法规规定的其他用地。出让制度则没有限制，一般情况下，经营性用地基本选用出让方式，非经营性用地则采取划拨方式。

（2）性质不同。划拨的土地使用权实质上是国家赋予用地者行使占用使用土地的权利，而未将土地使用权作为一项独立权利或财产从土地所有权中真正分离出来让渡给用地者，加之用地者多为国家机关或社会公益部门的一部分，由此体现出国家所有与使用的合二为一，因此不能进入市场。出让的土地使用权是国家作为土地所有者把土地使用权从土地所有权中完全分离出来，形成存在于国家土地之上的一种他物权，具有独立性、商品性，可以在市场上流通。

（3）法律属性和实现方式不同。划拨行为通过行政程序来完成，基本体现了政府意志，应属行政行为，但是出让行为则并不完全体现政府意志，它通过契约化的形式来实现，需由当事人双方签订书面合同，具有较强的民事性质。

### 三、自然资源二级市场流转

自然资源二级市场流转是对自然资源使用权的再一次配置过程，相较一级市场而言更具活力，是自然资源的核心市场。目前可进入二级市场流转的自然资源主要有：国有土地使用权、农村土地承包经营权、草原承包经营权、探矿权、采矿权和林木权。与一级市场相比，自然资源二级市场中供需主体最为多样化，国家的垄断力量相对减弱，市场的交易行为主要还是通过市场机制和竞争机制来调节。在相对宽松的政策和管理制度下，自然资源二级市场交易十分活跃，交易形式也多种多样，如转让、入股、合营、出租、抵押、交换、赠予等。

**1. 自然资源使用权的转让**

指权利人转让勘探、开采、使用自然资源权利的行为。以国有建设用地为例，土地使用权的转让是指土地使用者将土地的使用权再转移的行为，包括出售、交换、赠予和继承。又如《森林法》第 16 条规定，林业经营者依法取得的国有林地和林地上的森林、林木的使用权，经批准可以转让、出租、作价出资等。

**2. 自然资源使用权出租**

指在约定的期间内，出租人将自然资源使用权让与承租人以获取租金的行为。虽然自然资源使用权出租与转让都是使用权的让渡，但它与自然资源转让仍有明显区别。首先，自然资源使用权的转让是权利的让渡，使用权一旦转让，原使用权人即丧失权利。而出租与此不同，在出租行为中，自然资源使用权具有恒定性。在租期内，自然资源使用权人虽然不直接占有、使用自然资源，但其仍是合法的使用权拥有者；在租期届满后，出租人仍然拥有完整的使用权。其次，自然资源使用权的转让使得原有的出让合同的主体发生改变，即原有的自然资源使用权出让合同中的权利义务关系消灭，形成新的权利义务关系。而出租是在原有出让合同关系不变的条件下，又新增了出租人与承租人之间的关系，且承租人必须遵守原有的出让合同规定的禁止性条款。

**3. 自然资源使用权的入股与合营**

指自然资源的所有者或者使用者依法以自然资源使用权作价入股，或者作为投资、合作、联营的条件，与其他单位或个人共同举办企业或其他营利性组织的行为。从广义上讲，入股与合营是自然资源使用权转让的一种形式，但它与狭义上土地使用权转让又有区别：联营条件下，自然资源使用权仍归原使用权人拥有，转让以后的自然资源使用权却归新的受让人拥有，原使用权人失去使用权。

### 4. 自然资源使用权抵押

指自然资源使用者将其依法取得的自然资源使用权作为清偿债务的担保的法律行为。自然资源使用权抵押不具普遍性，在现行的自然资源单行法律法规中只有《国有土地使用权出让和转让暂行条例》有所规定，其他自然资源法律并未明确规定。长期以来，我国法律对自然资源使用权抵押规定得过严过死，这无疑不利于资源的优化配置，容易造成资源浪费。因此，健全自然资源抵押制度是自然资源产权制度改革的重要内容。

### 5. 自然资源使用权交换

指当事人双方约定互相转移自然资源使用权或一方转移使用权，另一方转移金钱以外标的物的法律行为。

### 6. 自然资源使用权赠予

指赠予人自愿将自己的自然资源使用权无偿转移给受赠人，受赠人表示接受的法律行为。通过这些多元化的市场交易行为使自然资源得到了更加合理有效的配置。

# 第四节　自然资源征收与补偿

## 一、自然资源征收的概念与特征

### 1. 自然资源征收的概念

自然资源征收作为一种基本的法律制度，普遍存在于各国的法律之中。例如，美国的"最高土地权的行使"，英国的"强制收买"，法国的"土地征收"等，日本的"土地收买"。综观各国法律，自然资源征收制度的内容基本是一致的，即国家或政府为了公共利益的需要，依法采取强制的方式向行政相对人取得自然资源资产所有权及其他物权，并给予其相应补偿的一种法律制度。从当前的实践来看，自然资源征收主要包括对土地、草原、林地等自然资源的征收。

在我国，与自然资源"征收"相关的还有"征用"的概念，曾经在法律、学术和实践中长期没有区分，将二者混同使用。例如我国《宪法》和《土地管理法》2004年修正或修改前，没有区分上述两种不同的情形，统称"征用"。为了理顺市场经济条件下因征收、征用而发生的不同的财产关系，2004年国家立法机关对《宪法》做了修正，紧接着又对《土地管理法》进行了修改，除个别条文外，《土地管理法》中的"征用"全部修改为"征收"。

征收和征用这两个概念具有一定的联系。两者都属于通过运用国家强制力而对行政相对人的产权进行限制的行为，都是为了公共利益需要，都要经过法定程序，都要依法给予补偿。但这两个概念具有明显的区别，①二者的法律效果不同。自然资源征收是所有权的改变，自然资源征用则是土地使用权的改变。这是两者最主要、最本质的区别。②二者的补偿不同。在自然资源征用的情况下，如果标的物没有毁损灭失，就应当返还原物；而在自然资源征收的情况下，不存在返还的问题。由于自然资源征收是所有权的转移，对其作出的补偿也相对更高一些。③二者的使用条件不同。自然资源征用一般适用于临时性的紧急状态，也适用于临时性的公共用途。而即使不存在紧急状态，为了共同利益的需要也可以实施自然资源征收。④二者适用的程序不同。由于自然资源征收要发生所有权的转移，所以自然资源征收的程序比自然资源征用更为严格。

**2. 自然资源征收的特征**

自然资源征收作为一种具体行政行为主要具有以下特征。

（1）法制性。自然资源征收是国家意志的具体体现。行政征收的权力来自法律、法规的规定。征收直接指向的是行政相对人的经济利益，为了确保行政相对人的合法权益不受违法行政征收行为的侵害，必须将行政征收的整个过程纳入法律调整的范围，使具体的行政征收行为包括行政征收项目、行政征收主体、行政征收对象、行政征收程序等都有法律上的明确依据，并受法律约束。

（2）强制性。自然资源征收是国家行使征收权，确保国家财政收入的重要手段。行政主体依法实施自然资源征收行为，不仅不需要征得行政相对人的同意，而且可以凭借各种强制方式迫使行政相对人履行相关义务，从而实现行政征收任务，保障国家机器的正常运转。

（3）公益性。自然资源征收制度的核心在于，无须财产所有人同意而强制取得财产。因此，设定自然资源征收权的法律规则与公民私有财产权受法律保护的规则之间便不可避免地发生冲突。自然资源征收强制力的价值合理性在于其结果将符合社会整体利益，所以自然资源征收的公益性，使该项征收权的合宪性得以成立。

（4）补偿性。当国家牺牲无责任特定人的合法权益以满足其他社会成员的利益需求，从而破坏原有利益分布格局时，就必须对受损害的特定成员以公平合理的补偿，以体现公平、正义原则，因此"补偿性"是自然资源征收制度的重要属性。

## 二、自然资源征收的法律依据

当前自然资源征收主要集中在土地资源、森林资源、草原资源和海域资源领域，极少涉及其他自然资源，因此这里主要介绍上述四种自然资源的法律依据。

**1. 土地征收**

《土地管理法》第2条第4款规定："国家为了公共利益的需要，可以依法对土地实行征收或者征用并给予补偿。"

第57条规定："建设项目施工和地质勘查需要临时使用国有土地或者农民集体所有的土地的，由县级以上人民政府自然资源主管部门批准。其中，在城市规划区内的临时用地，在报批前，应当先经有关城市规划行政主管部门同意。土地使用者应当根据土地权属，与有关自然资源主管部门或者农村集体经济组织、村民委员会签订临时使用土地合同，并按照合同的约定支付临时使用土地补偿费。临时使用土地的使用者应当按照临时使用土地合同约定的用途使用土地，并不得修建永久性建筑物。临时使用土地期限一般不超过二年。"

**2. 林地征收**

《森林法》第21条规定："为了生态保护、基础设施建设等公共利益的需要，确需征收、征用林地、林木的，应当依照《中华人民共和国土地管理法》等法律、行政法规的规定办理审批手续，并给予公平、合理的补偿。"

**3. 草原征收**

《草原法》第38条规定："进行矿藏开采和工程建设，应当不占或者少占草原；确需征收、征用或者使用草原的，必须经省级以上人民政府草原行政主管部门审核同意后，依照有关土地管理的法律、行政法规办理建设用地审批手续。"

第39条规定："因建设征收、征用集体所有的草原的，应当依照《中华人民共和国土地管理法》的规定给予补偿；因建设使用国家所有的草原的，应当依照国务院有关规定对草原承包经营者给予补偿。因建设征收、征用或者使用草原的，应当交纳草原植被恢复费。草原植被恢复费专款专用，由草原行政主管部门按照规定用于恢复草原植被，任何单位和个人不得截留、挪用。草原植被恢复费的征收、使用和管理办法，由国务院价格主管部门和国务院财政部门会同国务院草原行政主管部门制定。"

第40条规定："需要临时占用草原的，应当经县级以上地方人民政府草原行政主管部门审核同意。临时占用草原的期限不得超过两年，并不得在临时占用的草原上修建永久性建筑物、构筑物；占用期满，用地单位必须恢复草原植被并及时退还。"

**4. 海域资源征收**

《海域法》第30条规定"因公共利益或者国家安全的需要，原批准用海的人民政府可以依法收回海域使用权。依照前款规定在海域使用权期满前提前收回海域使用权的，对海域使用权人应当给予相应的补偿。"

### 三、自然资源征收程序

鉴于自然资源征收较多发生在土地领域，且草原、林地征收程序也参考土地征收程序。因此，这里以土地征收为例，梳理自然资源征收大致流程。

**1. 预公告**

征收土地预公告应当包括征收范围、征收目的、开展土地现状调查的安排等内容。征收土地预公告应当采用有利于社会公众知晓的方式，在拟征收土地所在的乡（镇）和村、村民小组范围内发布，预公告时间不少于十个工作日。

**2. 开展土地现状调查**

开展拟征收土地现状调查，应当查明土地的位置、权属、地类、面积，以及农村村民住宅、其他地上附着物和青苗等的权属、种类、数量等情况。

**3. 开展社会稳定风险评估**

开展社会稳定风险评估，应当对征收土地的社会稳定风险状况进行综合研判，确定风险点，提出风险防范措施和处置预案。社会稳定风险评估应当有被征地的农村集体经济组织及其成员、村民委员会和其他利害关系人参加，评估结果是申请征收土地的重要依据。

**4. 拟定征地补偿安置方案**

县级以上地方人民政府应当依据社会稳定风险评估结果，结合土地现状调查情况，组织自然资源、财政、农业农村、人力资源和社会保障等有关部门拟定征地补偿安置方案。征地补偿安置方案应当包括征收范围、土地现状、征收目的、补偿方式和标准、安置对象、安置方式、社会保障等内容。

**5. 公告**

征地补偿安置方案拟定后，县级以上地方人民政府应当在拟征收土地所在的乡（镇）和村、村民小组范围内公告，公告时间不少于 30 日。征地补偿安置公告应当同时载明办理补偿登记的方式和期限、异议反馈渠道等内容。自征收土地预公告发布之日起，任何单位和个人不得在拟征收范围内抢栽抢建；违反规定抢栽抢建的，对抢栽抢建部分不予补偿。

**6. 听证**

多数被征地的农村集体经济组织成员认为拟定的征地补偿安置方案不符合法律、法规规定的，县级以上地方人民政府应当组织听证，并根据法律、法规的规定和听证会情况修改方案。

**7. 登记**

拟征收土地的所有权人、使用权人应当在公告规定期限内，持不动产权属证明材料办理补偿登记。

### 8. 签订协议

县级以上地方人民政府根据法律、法规规定和听证会等情况确定征地补偿安置方案后，应当组织有关部门与拟征收土地的所有权人、使用权人签订征地补偿安置协议。征地补偿安置协议示范文本由省、自治区、直辖市人民政府制定。对个别确实难以达成征地补偿安置协议的，县级以上地方人民政府应当在申请征收土地时如实说明。

### 9. 申请征收

县级以上地方人民政府完成规定的征地前期工作后，方可提出征收土地申请，依照《土地管理法》第四十六条的规定报有批准权的人民政府批准。有批准权的人民政府应当对征收土地的必要性、合理性、是否符合《土地管理法》第四十五条规定的为了公共利益确需征收土地的情形以及是否符合法定程序进行审查。

### 10. 发布征收公告

征收土地申请经依法批准后，县级以上地方人民政府应当自收到批准文件之日起 15 个工作日内在拟征收土地所在的乡（镇）和村、村民小组范围内发布征收土地公告，公布征收范围、征收时间等具体工作安排，对个别未达成征地补偿安置协议的应当做出征地补偿安置决定，并依法组织实施。

### 11. 组织实施征收

行政征收主体在保证征收补偿经费足额到位前提下，依法组织实施征收。

## 专栏：自然资源征收中心

目前，为统筹开展自然资源征收工作，我国部分地区成立了自然资源储备中心或自然资源征收中心。该中心一般隶属于当地自然资源主管部门。以浙江为例，在地方自然资源主管部门下设自然资源征收中心，具体承担以下职责。

（1）承担本级行政区范围内自然资源征收、征用的辅助工作。开展山、水、林、田、湖、草自然资源征收征用的补偿安置、政策研究、实施评价等工作。

（2）承担本级行政区范围内国家、省、市、区重大建设项目的土地征收征用补偿、林业使用补偿、涉矿补偿等工作。

（3）承担本级行政区范围内土地征收组件报批等工作。

（4）参与本级行政区范围内被征地农民基本生活保障工作。

（5）完成本级自然资源主管部门交办的其他任务。

## 四、自然资源征收补偿

### (一) 自然资源征收补偿原则

从国际惯例来看，自然资源征收补偿大体遵循 3 个原则：完全补偿原则，不完全补偿原则，相当补偿原则。征收补偿原则不同，补偿内容也会存在较大的差距。尽管各个国家征地制度设计千差万别，但征地补偿原则呈现出由完全补偿到不完全补偿，再到相当补偿原则的发展趋势，而且补偿内容处于不断扩展中。

**1. 完全补偿原则**

完全补偿也称为全额补偿原则。该原则从所有权神圣不可侵犯出发，认为损失补偿的目的就是要使自然资源权益各方利益状态恢复均衡。由于自然资源征收是对所有权的侵犯，故该原则主张给予受损者完全的补偿。具体而言，完全补偿以被征收人完全恢复到征收前同一生活状态所需要的最低价为补偿标准，补偿范围不仅包括直接损失，还包括由此造成的间接损失。其中，直接损失包括土地及土地改良本身的损失，而间接损失包括期待利益的损失、残余土地价值的损失，工农业停止生产或规模缩小造成的损失，失业引致的损失，以及与客体有直接或间接关联的、甚至是由此延伸出的一切经济上和非经济上的损失。

**2. 不完全补偿原则**

不完全补偿原则从所有权的社会义务性观念出发，强调对被征收财产价值的公平、公正补偿，而对于其他类型的损失个人有忍受的义务。不完全补偿原则以受损者损失物是否属于特别牺牲为判定标准将征收补偿的内容划分为两个方面：其一，对于由征收行为导致的被征收财产价值属于特别牺牲，对此应当给予公平公正的补偿；其二，对于难以量化的被征收者的精神上的损失、生活权利的损失等个人主观价值方面的损失属于为社会制约所造成的一般牺牲，对此个人有忍受的义务，政府不应当给予补偿。至于那些可以量化的财产上的损失，如迁移损失以及各种必要费用等具有客观价值而又能举证的具体损失，则应当给予适当的补偿。

**3. 相当补偿原则**

相当补偿原则是介于完全补偿和不完全补偿原则之间的一种补偿形式。该原则主张区别对待，一般情况下采用完全补偿原则，特殊情况可采用不完全补偿原则。相当补偿原则认为公正的补偿并不一定就是全额的补偿，只要遵循补偿时社会的一般观念，核算出相当的、合理的补偿值即可。相当补偿原则并不排斥对被征收者的损失给予完全补偿。经过利益的权衡，如果认定被征收者遭受的损失超过了其必须承担的特别牺牲的限度，政府应当结合具体的情况对其进行完全补偿。实际上，相当补偿说在某种程度上是综合了完全补偿与不完全补偿的观点。多数国家执行的相当补偿原则事实上就是完全补偿为原则，只是限于社会改革立法等例外存在合理理由时，才认为较低数额的相当补偿就足够了。

### （二）自然资源征收补偿的范围

自然资源征收补偿的范围从大的方面讲包括财产补偿和非财产补偿两大内容。其中，财产补偿指国家对公民为了公共利益需要而遭受的财产损失进行的补偿。非财产补偿主要指精神补偿，即国家对公民作出的精神方面的特别牺牲而进行的补偿，如被征地农民为了国家工程建设需要放弃世代耕种的土地，搬离原来居住的农房，对某些公民而言，离开故土且永远不可能再回到原来生产生活的地方是一种莫大的痛苦，这种精神上的牺牲也应是行政补偿范围要考虑的问题。在我国，现行法律并没有规定精神方面的补偿，本书从理论与实践结合的角度，也主要讨论与财产相关的补偿范围问题。

#### 1. 所有权损失的补偿

公民因公共利益的原因而遭受财产所有权损失时，国家应该对其所遭受的损失进行的补偿。所有权损失补偿以行政征收过程中出现的补偿最为典型。例如，国家征收农村集体土地或国有土地上的房屋时，对土地或房屋所有权损失进行的补偿。

#### 2. 使用权损失的补偿

有些情形下，公民因公共利益的需要，会遭受财产使用权的损失，即在特定的时间段丧失其财产的使用权，国家对公民因此而遭受的损失应进行补偿，如政府因公共工程建设而在一定期间内使用农民的土地，因此对被征收者进行的补偿。由于使用权与所有权是可分的，若国家的某一行为使某一主体丧失了特定财产的所有权，同时又使另一主体丧失了该财产的使用权，则在进行补偿时应该进行综合的考虑。

#### 3. 信赖利益的补偿

当国家机关为了公共利益的需要，改变了原先作出的行政行为，从而导致了公民的权利损害，国家应作出补偿。如行政机关依法许可某企业开采煤矿，企业为此投入了相应资金，但为保护环境的需要，行政机关决定撤销原先颁发的许可证，因此而引起的公民的损失，国家应予以补偿。

#### 4. 财产限制的补偿

在现代社会中，国家为了公共利益的需要，有时会对公民的财产及其使用作出一定的限制，如果这种财产限制严重到构成公民的特别牺牲时，国家对此应该予以补偿。例如，为了让耕地休养生息，让生态得到治理修复，国家要求一些地区农民停止耕作原有耕地，实行休耕，此时对土地使用权的限制已经超越了土地本身所承担的社会义务，形成了该地区农民的特别牺牲，因此国家应对其作出补偿。

**5. 其他损失的补偿**

在上述主要的财产损失之外，有时候，公民因公共利益的需要还会遭受其他的特别牺牲。对于这些特别牺牲，国家也应该进行补偿。例如，公民因国家征收土地产生了搬迁费，此种损失应该得到国家的补偿。

实践中，我国自然资源征收补偿涉及的范围主要包括财产所有权损失的补偿和使用权损失的补偿，以及其他权利损失的补偿，但一般不涉及财产限制的补偿和信赖利益的补偿。

**（三）自然资源征收补偿内容**

鉴于现行政策规定，森林、草原资源的征收参考《土地管理法》的规定执行，且在实践中，森林、草原资源的征收补偿标准通常按当地征地区片综合地价的一定比例予以补偿。如宁夏回族自治区人民政府在《征收农用地区片综合地价的通知》（宁政规发〔2020〕8 号）中规定，"征地区片综合地价，征收人工牧草地按不低于所在区片综合地价 0.5 倍标准执行，征收天然牧草地、灌木林地按不低于所在区片综合地价 0.1 倍标准执行"。因此，本书以土地征收补偿为例阐述自然资源征收补偿内容。实际上，搞清了土地征收补偿的具体内容，也就掌握了自然资源征收补偿的内容。

《土地管理法》第 48 条第 2 款中规定："征收土地应当依法及时足额支付土地补偿费、安置补助费以及农村村民住宅、其他地上附着物和青苗等的补偿费用，并安排被征地农民的社会保障费用。"据此可知，土地征收补偿费用包括五个部分：一是土地补偿费，二是安置补助费，三是农村村民住宅拆迁补偿，四是地上附着物和青苗的补偿费，五是被征地农民的社会保障费用。

**1. 土地补偿费**

土地补偿费是国家建设需要征用农民集体所有的土地时，用地单位依法向被征地单位支付的款项。其实质是国家对农民集体在被征用的土地上长期投工、投资的补偿。2019 年以前，征收耕地的土地补偿费，为该耕地被征收前 3 年平均年产值的 6～10 倍。2019 年修订的《土地管理法》规定，"征收农用地的土地补偿费、安置补助费标准由省、自治区、直辖市通过制定公布区片综合地价确定。制定区片综合地价应当综合考虑土地原用途、土地资源条件、土地产值、土地区位、土地供求关系、人口以及经济社会发展水平等因素，并至少每 3 年调整或者重新公布一次。"

**2. 安置补助费**

安置补助费是针对因征地而失业的农民予以的补助，一般意义上不属于对被征地集体或农民的损失所进行的补偿，但在农民放弃统一安置而选择自我安置时，它又可归农民所有，此时又有补偿的含义。2019 年以前，安置补助费，按照需要安置的农业人口数计算，每一个需要安置的农业人口的安置补助费标准，为该耕地被征收前 3 年平均年产值的 4～6 倍。但是，每公顷被征收耕地的安置补助费，最高不得超过被征收前三年平均年产值的 15 倍。2019 年修订的《土地管理法》规定，"征收农用地的土地补偿费、安置补助费标准由省、自治区、直辖市通过制定公布区片综合地价确定。"将安置补助费一并纳入征地区片地价中。至于安置补偿费的具体数额和占比各省视具体情况而定，如贵州省人民政府办公厅公布的《关于实施征地区片综合地价的通知》里提到"征地区片综合地价 60％为安置补助费、40％为土地补偿费；征收未利用地的，全部为土地补偿费。"

### 3. 村民住宅拆迁补偿

《土地管理法》第 48 条第 4 款规定，"征收农用地以外的其他土地、地上附着物和青苗等的补偿标准，由省、自治区、直辖市制定。对其中的农村村民住宅，应当按照先补偿后搬迁、居住条件有改善的原则，尊重农村村民意愿，采取重新安排宅基地建房、提供安置房或者货币补偿等方式给予公平、合理的补偿，并对因征收造成的搬迁、临时安置等费用予以补偿，保障农村村民居住的权利和合法的住房财产权益。"

### 4. 地上附着物和青苗的补偿费

地上附着物和青苗的补偿是针对因土地征收而给被征收人带来的地上附着物和青苗的损失的补偿。《土地管理法》第 48 条第 4 款规定："征收农用地以外的其他土地、地上附着物和青苗等的补偿标准，由省、自治区、直辖市制定。"

### 5. 社会保障费用

《土地管理法》第 48 条第 5 款规定，"县级以上地方人民政府应当将被征地农民纳入相应的养老等社会保障体系。被征地农民的社会保障费用主要用于符合条件的被征地农民的养老保险等社会保险缴费补贴。被征地农民社会保障费用的筹集、管理和使用办法，由省、自治区、直辖市制定。"从各地实践来看，被征地农民社会保障经费，主要来自安置补助费。

---

**思考题**

1. 简述自然资源产权体系构成。

2. 简述自然资源产权一级市场流转与二级市场流转的区别与联系。

3. 以土地资源为例简述自然资源征收补偿内容。

# 第五章　自然资源权籍管理

## 第一节　自然资源权籍管理概述

### 一、自然资源权籍的概念、目的和意义

中华人民共和国成立以来，我国自然资源管理体制经历了较大的变化，不同历史时期的重点任务不同，造成了土地、矿产、水域、森林等自然资源由不同的管理机构分散管理的局面，各方均从自身利益出发考虑问题，使得各类自然资源的开发、利用和保护缺乏统筹，并未形成一个有机整体。因此，我国各类自然资源的调查存在较大差异，造成了权利归属不明确、权利冲突、资源空间交叉重叠等问题，尤其表现在耕地、林地和草地的管理上，不利于自然资源的监管保护以及国土空间规划的编制。2018年自然资源部的成立打破了各类自然资源长期以来分散管理的格局，重塑了自然资源管理新格局，为推进自然资源监管奠定了基础。新时期我国自然资源权籍管理是自然资源管理制度改革的关键。

自然资源权籍是自然资源管理中一个重要的基本概念，国外学术界及法律法规中并没有"自然资源权籍"概念表述，一些国家如美国、英国、瑞典等，在自然资源资产管理模式和方法上可以对我国自然资源权籍管理提供一些参考。美国设计了自然资源产权体系和管理体制，强调自然资源产权主体在符合法律前提下，必须通过自然资源交易市场有偿获取相关权益，这极大地保护了各自然资源产权主体的合法权益。英国将各类自然资源资产进行评估信息与方法的整合，将自然资源产权资本纳入决策范围，充分发挥其社会经济最大化效益。瑞典在土地资源确权方面已经形成了较完备的法律体系，其内容设计在开发、利用、治理等方面的管理制度位于世界前列。各国因历史、文化、环境以及发展理念的不同，其自然资源权籍管理存在差异，但国外相关模式及方法对中国自然资源权籍管理有一定借鉴作用。当前，中国关于自然资源权籍的内涵尚未统一界定，且统一管理制度尚未建立，监管维护机制职责交叉问题依然突出。自然资源本身是一种特殊的生产要素。从自然属性来看，具有可再生性与不可再生性。可再生资源虽然具有自我再生机能，但若过度使用，也会陷入不可逆转的资源退化；而不可再生资源则具有明显的耗竭特性，过度开发利用，会加速其耗竭。

　　自然资源权籍管理的对象为土地、森林、水流、草原、荒地、滩涂及矿产资源等。自然资源权籍的核心是以土地为基础，通过地籍管理开展自然资源权籍管理的工作。一方面是因为森林、水、矿产等自然资源边界存在不确定性，而土地空间位置具有稳定性，可以为自然资源的位置确定提供标尺；另一方面，土地作为各类自然资源的基础载体可以实现全域覆盖，利用土地的位置信息可识别其唯一性，为自然资源管理提供参照。因此，自然资源权籍是指国家为一定目的，记载土地、森林、水流、草原、荒地、滩涂及矿产资源等国土空间各类自然资源的权属、位置、界址、数量、质量、地价等基本状况的图、簿、册。

## 二、自然资源权籍的作用

　　开展自然资源权籍，逐步划清"边界"，有利于解决自然资源所有者不到位、所有权边界模糊等问题，支撑自然资源有效监管和严格保护，为国家管理决策及社会发展服务。同时，自然资源权籍在诸多管理事务中起着基础作用，在自然资源管理制度改革和发展中起重要作用。

### 1. 自然资源权籍是国家进行资源资产管理的重要手段

　　自然资源权籍是自然资源管理的重要组成部分，自然资源权籍基于地籍而产生，地籍的产生与国家产生有关，国家的出现是地籍产生的基本原因。地籍在维护土地制度、保障国家税收方面发挥重要作用。自然资源权籍的核心是以地籍为基础，以国家地籍管理为一定目的，记载耕地资源、林地资源、矿产资源、水资源等自然资源的位置、界址、权属、数量、质量、地价和用途等基本状况的图、簿、册①。自然资源权籍是对自然资源的自然属性、社会属性、经济属性进行记录和管理的重要工具，是合理利用和保护自然资源的基础，对社会经济发展、产权保护、市场管理、生态文明建设等方面都具有重要作用。

　　国家肩负经济发展的重任，国家依据自然资源权籍，掌握自然资源权属信息、空间信息及社会经济等信息，为国家决策和自然资源行政管理服务。

### 2. 自然资源权籍为完善产权管理系统提供依据

　　自然资源权籍以地籍为基础，整合耕地、林地、矿产及水资源等，明确各资源权属边界，有利于解决自然资源所有者不到位、所有权边界模糊等问题，支撑自然资源有效监管和严格保护。开展自然资源权籍管理，有利于完善我国自然资源资产产权体系。自然资源权籍是落实产权主体的关键。

---

　　① 叶公强．地籍管理（2版）［M］．北京：中国农业出版社，2009.

### 3. 自然资源权籍为税收管理提供参考

自然资源的高效利用，离不开自然资源权籍的规范管理。明晰自然资源权籍，可提高自然资源权利人对自然资源的积极投入和持续利用程度，自然资源权籍的权利人和产权边界清晰后，对完善产权管理系统，解决权力交叉及缺位等问题有重要意义。自然资源权籍可为产权管理系统提供依据，最大限度保障国家、集体和农民财产权益，促进经济社会发展。

自然资源权籍以地籍为基础，地籍为税收服务已有久远的历史，随着社会经济的发展，地籍的功能远不止于服务税收，但这一功能仍然存在，而自然资源权籍仍具有这一功能，自然资源权籍服务于国家管理，从自然资源上收取税金，维护国家管理需求，这一作用功能是不可替代的。

自然资源权籍为税收提供了自然资源权利人的利用状况、数量、质量等级等信息，开展自然资源权籍确权登记，自然资源权籍信息将直接与纳税人信息平台对接，自然资源权籍可保障税务信息对称，保障国家税收稳定、科学及公平。

### 4. 自然资源权籍维护土地制度改革起关键作用

土地制度是中国政治经济制度的基础性安排。我国社会主义土地所有制度是通过革命建立起来的，巩固和发展社会主义土地所有制是革命战争之后长期的任务。社会主义土地所有制时常会受到冲击或潜移默化的干扰，规范土地所有权的确认、土地所有权的变更和显化，对于巩固社会主义土地公有制起着十分重要的作用。国家利用自然资源权籍理顺自然资源权属问题，解决自然资源权属纠纷，规范产权登记和产权转移制度，保证国家随时掌握自然资源权属信息。

## 三、自然资源权籍管理概念与任务

### （一）自然资源权籍管理的概念

基于对自然资源权籍的基本认识，自然资源权籍管理应理解为针对自然资源权籍的建立、建设和提供应用所开展的一系列工作（管理）措施。自然资源权籍管理即是自然资源权籍工作体系的简称。

自然资源权籍管理的作用在国家管理、税务管理及产权管理等诸多方面起着基础作用、保障作用和服务的功能。自然资源权籍管理虽然是自然资源管理部门的业务，但它的服务作用并不局限于自然资源权籍部门本身。自然资源权籍管理有时被理解成一项单一的信息记载工作，认为掌握自然资源权籍信息，从而建立自然资源信息库是自然资源管理的唯一目的，这是一种片面的认识。以自然资源法定权属为主要内容的有关自然资源信息的记载（登录）无疑是自然资源管理的基本工作内容和目标性成果之一。对自然资源权籍的应用涉及众多部门和各行各业。因此，针对应用需要，基于第三次全国土地调查（简称"三调"）作为基础底图，科学地展开自然资源权籍资料的收集、整理、分析、研究，更好地实现自然资源权籍在产权管理、空间规划、资产评估和生态保护等应用。

基于上述概括，对自然资源权籍管理应当有如下基本认识：

（1）自然资源权籍管理是一系列具有连贯性的、有序的工作；

（2）自然资源权籍管理必须有制度作为保障；

（3）不同时期的自然资源权籍管理有着不同的技术基础和技术标准；

（4）自然资源权籍管理有明确的发展方向和应用目的。

### （二）自然资源权籍管理的目的

自然资源权籍管理的总目的是随时清晰地掌握自然资源和自然资产的存在、分配、利用和管理状况，从而为自然资源管理服务，为国家管理服务，为生产、建设和其他需要服务。

自然资源权籍管理是自然资源管理的一个组成部分，这就决定了地籍管理与自然资源管理的密切关系。为自然资源工作的需要开展调查并获取相关信息资料，按自然资源管理的需要加以整理分析，同时对自然资源管理工作效应的反馈信息加以收集整理，及时提供给有关方面应用，成为自然资源管理最直接的目的。围绕这一目的建立必要的制度，制订管理条例，设置组织机构，设定基本工作内容，并及时地充实新内容，真正起到土地管理的基础工作的作用。否则自然资源管理将会迷失方向或者偏离服务的主体。

开展自然资源权籍管理，对全面落实自然资源的权利主体责任、保护责任，并通过登记的法律手段予以公示，将从根本上解决自然资源所有者不到位、所有权边界模糊等问题是自然资源权籍管理的根本目的。

我国自然资源权籍管理的性质决定了自然资源权籍管理必须坚定不移地为社会主义政权服务。从建立和完善社会主义土地制度和人地关系的需要，掌握、研究、分析土地资源和资产的分配、利用、管理，为调整自然资源的分配和利用提供依据，从社会主义国家管理的需要出发，调查研究土地开发、利用、整治和保护的状况，为妥善处理资源、环境、人口的矛盾，为国民经济协调发展提供依据。

### （三）自然资源权籍管理的任务

#### 1. 加强自然资源产权保护，维护所有者权益

长期以来，国家自然资源所有权不登记，自然资源产权归属不清，"公地悲剧"问题时有发生。有的地方通过围湖造田、毁林开荒、随意建设等方式不断侵占、破坏自然资源，造成自然资源资产流失。通过自然资源权籍管理，明晰全民所有和集体所有之间的权利边界和权利内容，既能防止对国有自然资源

的蚕食，又能避免对集体自然资源的侵害。

**2. 摸清自然资源产权家底，支撑生态文明体制改革**

自然资源分散管理时期，由于林地与草地、林地与耕地、水流与湿地等资源分类标准不一、管理交叉，导致各类自然资源家底不清、产权不明。习近平主席提出"山、水、田、园、林、湖是一个生命共同体"的思想，然而，我国自然资源禀赋不足，因此，要牢固树立绿色发展理念，坚持将生态文明落到实处。因此，通过开展自然资源统一确权登记，解决产权不明的问题，建立涵盖自然状况、权属状况和公共管制要求等内容的自然资源登记系统，能够为生态文明建设相关改革提供数据支撑和产权保障。

**3. 明晰权责主体，夯实监管责任**

开展自然资源统一确权登记，就是要清晰界定自然资源资产的产权主体和代表行使主体，明确中央政府直接行使和委托地方政府代理行使自然资源所有权的范围边界，划清自然资源资产所有权、使用权的边界，与不动产统一登记一起，落实到每一个产权人和使用权人，明确谁所有、谁管理、谁担责，防止为追求经济利益，违规审批和开发利用自然资源，切实保护自然资源所有权人权益，压实生态保护责任。

**4. 化解权力交叉重叠，维护群众的合法权益**

全面摸清自然资源家底，落实自然资源权利主体，明确保护责任。通过自然资源统一确权登记，在同一信息平台上实现权利关联叠加，既显化自然资源登记范围内各类不动产权利状况，又准确发现不动产权力交叉重叠的类型、数量、范围，能够为今后有效解决"一地两证"等权力交叉重叠问题提供依据，为保护权利人合法权益奠定基础。同时，统一确权登记有利于自然资源管理、保护和利用统筹。

# 第二节　自然资源权籍调查

## 一、自然资源权籍调查的概念

近年来，我国相继开展了土地调查、地理国情监测、森林资源清查、水利普查、草地资源清查等自然资源调查监测，获得了大量基础数据，为政府决策部署提供了数据支撑，为推动国家经济社会的发展发挥了重大作用。但由于各类自然资源分别由不同部门管理，缺乏统一的顶层设计，调查成果存在概念不一致、标准不统一、内容相矛盾、数据共享难等诸多问题，难以满足新时期自然资源管理工作的迫切要求。国家提出了加快建立自然资源统一调查、评价、监测制度，健全自然资源监管体制的要求。新一轮机构改革将土地、水、森林、草原、湿地及矿产等各类自然资源调查职责整合到新组建的自然资源部门，因此，开展自然资源权籍调查的必要性日益突显。

自然资源权属调查是自然资源部落实"两统一"职责的具体举措之一，也是传统地籍理念向包含自然资源与不动产的"大地籍"理念转型升级的标志性工作。自然资源权籍调查指遵照国家法律规定，通过权属调查和地籍测量的方法，查清每一宗自然资源及其附着物的位置、权属、界线、数量、质量和用途等基本情况，并以图、簿等信息数据库记载，为自然资源登记、核发证书提供依据的调查工作（是自然资源登记前具有法律意义的初步确认）。它既是一项政策性、法律性和社会性很强的基础工作，又是一项集科学性、实践性、统一性、严密性于一体的技术工作，是实现多部门、多口径数据融会贯通及不同环节、机构信息互联互通的重要基础。

自然资源权属调查是以宗地为单位，宗地指被界址线所封闭，具有独立使用权或几个使用者共有权的自然地块。当前，自然资源权籍调查面向全国土地、森林、草原、荒地等自然资源，但目前实际是以地籍调查为基础，仅局限在城镇地区和农村的非农建设用地的范围内。自然资源权籍调查作为自然资源统一确权登记的主要前置节点之一，自然资源权籍调查的科学准确性对自然资源权籍管理的科学性与合理性起决定性作用。

## 二、自然资源权籍调查的目的和意义

国家提出了加快建立自然资源统一调查、评价、监测制度，健全自然资源监管体制的要求。新一轮机构改革将土地、水、森林、草原、湿地及矿产等各类自然资源调查职责整合到新组建的自然资源部门，自然资源部履行全民所有各类自然资源资产所有者职责，统一调查自然资源权籍，重塑自然资源管理新格局。自然资源权籍调查不仅对自然资源调查及管理有着十分重要的意义，对搜集自然资源其他基本信息也有着十分重要的作用。自然资源权籍调查是国家获取基础资料的一项调查工作，调查的结果是权属管理的基本资料，也是国土地空间规划、科学管理、规划计划、土地税收及国土整治等工作的基础资料。全面摸清自然资源权籍，落实自然资源权利主体、明确保护责任，是自然资源分类施策、有效保护和开发利用的重要前提，是落实"五位一体"发展理念的根本要求，为支撑生态文明建设提供重要基础。

## 三、自然资源权籍调查的原则与内容

### （一）自然资源权籍调查的原则
为保证自然资源权籍管理工作顺利开展，自然资源权籍应遵循以下原则：
**1. 依法原则**
自然资源权籍调查应依据土地、房地产、城市规划、国土空间规划等有关法律法规进行。

**2. 专业调查结果对接原则**

现阶段，我国已经顺利完成了三次国土资源调查，在调查中，对各类资源应用情况和分布状态进行了细致分析。在调查的过程中，建立了国家、省级、市级和县级的调查结果数据库，数据库中对于目前国土资源中土地使用情况、土地权属、自然资源分布等内容进行了标记，提高了地表资源整理结果的实用价值。在开展自然资源权籍调查时，需将其和土地资源体系中标记内容结合，以此为基础标记相应的调查结果。在此过程中，充分利用目前调查成果中的相关内容，针对其具体的应用要求进行细致处理，以提升分类内容的合理性和有效性。

**3. 实事求是原则**

自然资源权籍调查应做到依法与现状相结合，同时充分考虑自然资源使用的历史背景。

**4. 空间原则**

自然资源权籍调查应以空间作为基础原则，自然资源空间分布可分为地表和地下两部分内容，地表包括林业资源、地表水系、人工草地等，地下包括地下水资源、矿产资源等。自然资源权籍调查中以空间为原则有利于空间内各元素的合理整合，提高资源信息的应用价值。结合自然资源空间体系中涉及内容，能够更好地开展自然资源权籍调查，有利于其他工作的进行，提高保护政策的使用价值。

**（二）自然资源权籍调查的内容**

根据自然资源权籍调查的目的和自然资源权籍调查的实际需要，自然资源权属调查和自然资源权籍测量是调查的主要内容。

**1. 自然资源权属调查**

通过对宗地权属及其权利所及的位置、界址、数量和用途等基本情况的调查，即在现场查实、查清相邻权属单位的权属关系，通过现场认定和标定自然资源权属界址点、线位置，调查自然资源用途，填写自然资源调查表，绘制宗地草图。调查成果经自然资源所有者或使用者认定后，可为自然资源测量提供工作草图和依据，也可为权属审核和登记发证提供具有法律效力的文书凭据。

**2. 自然资源权籍测量**

自然资源权籍测量是在自然资源权属调查的基础上，借助仪器，以科学方法，在一定区域内，测量每宗自然资源及其附属物的权属界线、位置、形状及地类界线等基本情况，即绘制自然资源权籍图，并计算其面积的一项专业测量工作。其主要内容包括自然资源权籍平面控制测量、界址测量、自然资源权籍图测绘和面积量算等。

　　由此可见，自然资源权籍调查不是一般的调查，它的调查结果将用于进行自然资源登记。因此，自然资源权籍调查实际上还是具有法律性质的调查，它的成果既澄清了土地权利人的权利状况，也维护了法律的尊严、政府的威望和自然资源管理部门的信誉。通过自然资源权属调查和自然资源权籍测量可以对自然资源权属状况做出科学记载和准确定位，这样既确保权利人对地产的安全，也保证管理上的科学与合理。

　　如前所述，自然资源权属调查不仅要进行实地认定，查证自然资源权属的法律依据，而且还要为随之而来的界址（界址点和界址线）测量做好现场标注，提供依据。

　　自然资源权属调查和自然资源权籍测量有着密切的联系，但也存在着本质的区别。前者主要是遵循规定的法律程序，根据相关政策，利用行政手段，确定界址点和权属界线的行政性工作；后者则主要是运用测绘技术手段将自然资源权籍要素按一定比例尺和图示绘制于图上的技术性工作。

## 四、自然资源权属确权

### （一）自然资源权属确权概念

　　自然资源权属确权指自然资源权属的确认（简称确权），是指依照法律对自然资源权属状况的认定。包括自然资源所有权和自然资源使用权的性质、权属主及其身份、位置和类别的认定。确权涉及自然资源的历史、现状、权员及取得的时间、界址及相邻的权属主状况，确权是自然资源权籍调查中细致而复杂的工作 。

　　开展自然资源权属确权，对全面落实自然资源的权利主体、保护责任，并通过登记的法律手段予以公示，将从根本上解决自然资源所有者不到位、所有权边界模糊等问题，有利于自然资源部职责的划定，更有利于推动自然资源的可持续发展、国土空间规划及生态环境保护。自然资源确权是自然资源部的重要职责之一。

### （二）自然资源权属确权方式

　　自然资源权属确权的方式有四种，分别为文件确认、惯用确认、协商确认及仲裁确认。

**1. 文件确认**

　　文件确认指权属主出示被现行法律所认可的文件来确定自然资源使用权和自然资源所有权的归属。

**2. 惯用确认**

　　惯用确认指对若干年来没有争议的惯用的自然资源边界进行认定的方法，是非规范化的权属认定手段。一般多用于农村和城市的郊区。值得注意的是惯用确认需要尊重历史，得到四邻的认可并指界签字，同时不违背现行法律政策。

**3. 协商确认**

协商确认指自然资源权属确权的文件不详细或认识不一致时，各方协商对自然资源权属进行认定。

**4. 仲裁确认**

仲裁确认是在协商确认中对于有争议而达不成协议的情况下，双方都可出示有关文件，并互不相让。通过申诉，法院合理裁决而判定。

**（三）自然资源权利归属**

自然资源难以做到绝对特定化的主要原因在于技术层面缺少"标尺"来科学界定自然资源的确权对象。自然资源即属于资源，又属于民法所涵盖的领域。自然资源权属和民法所规定的传统物权的权属有区别，又有相同之处。在使用技术层面界定是否为"法律意义上的自然资源"时，首先应当考虑传统物权中的一般属性，其次还应当考虑自然资源的特殊属性，即社会性、生态性和开发利用的外部性。由表 5-1 和表 5-2 可见，各部门法规定的自然资源权属和《宪法》《物权法》规定的自然资源内容的客体权属基本一致，但各部门法规定的自然资源权属有相应的细化，而《宪法》《物权法》仅对自然资源类型进行了概括。

结合现有法律对自然资源权属进行总结，包括矿产、水流、森林、山地、草原、荒地、滩涂、野生动植物等。法律上目前已经将自然资源划分为几大类型，延续资源的特性，对每一大类的特殊性进行研究、分类，并将其细化后，列入物权法的范畴中。自然资源本身就是"物"的一种，只不过它具有特殊属性，本质上仍然脱离不开"物"的属性。即使是普通的物，范围也很难列举齐全。

**表 5-1　各部门法规定的自然资源权利归属**

| 自然资源 | 法律法规 | 客体权利归属 | 除外规定 | 行权主体 |
| --- | --- | --- | --- | --- |
| 矿产 | 《矿产资源法》 | 国家 | | 国务院 |
| 煤炭 | 《煤炭法》 | 国家 | | |
| 水 | 《水法》 | 国家 | | 国务院 |
| 森林 | 《森林法》 | 国家 | 集体所有的除外 | |
| 草原 | 《草原法》 | 国家 | 集体所有的除外 | |
| 城市市区土地 | 《土地管理法》 | 国家 | | |
| 农村和城市郊区土地；宅基地、自留地、自留山 | 《土地管理法》 | 集体（除法律规定属于国家的以外） | | |
| 海域 | 《海域使用管理法》 | 国家 | | 国务院 |

表 5-2　《宪法》和《物权法》规定的自然资源权利归属

| 法律 | 自然资源 | 客体权利归属 | 除外规定 |
| --- | --- | --- | --- |
| 《宪法》 | 矿藏、水流、森林、山岭、草原、荒地、滩涂等；城市土地；法律规定属于国家所有的城市郊区和农村土地 | 国家 | 法律规定属于集体的有的森林、山岭、草原、荒地、滩涂归集体；法律规定以外的城市郊区和农村土地归集体 |
| 《宪法》 | 宅基地、自留山、自留地 | 集体 | |
| 《物权法》 | 矿藏、水流、海域、城市土地和法律规定属于国家所有的城市郊区和农村土地、野生动植物资源 | 国家 | 森林、山地、草原、荒地、滩涂等有法律规定属于集体的有的归集体 |

## 五、自然资源权属调查程序

### (一)自然资源权属调查现状

自然资源权属调查主要是对土地、森林、草原、矿产、湿地等进行调查，并建设了相应的外业调查系统，如国土资源在线巡查系统、高标准农田建后监管系统、耕地保护情况外业调查系统、永久基本农田疑似问题图斑调查系统、地理国情外业核查系统、国土调查外业举证与内业核查一体化系统、第三次全国国土调查省级外业调查及举证系统等。通过分析发现，现有系统存在的问题为：①数据标准不一、不易共享，由于不同的管理部门均根据自身的管理需要制定调查任务，势必导致调查目的相似但数据标准不一，数据难以共享；②系统重复建设、资源浪费，调查内容和流程存在很多相似性，重复建设，导致人力物力的浪费；③系统通用性差、难以扩展，系统针对性比较强，缺乏灵活性，不能适用于调查内容或流程发生改变的调查任务。

### (二)自然资源权属调查流程

基于自然资源权属调查现状，结合自然资源特征，自然资源权属调查流程首先应基于调查任务相关的专题数据和基础数据，通过数据叠加与提取、影像融合与裁切等步骤整理出调查源数据；再对调查任务进行项目配置，配置内容主要包括调查源数据、调查模板、审核模式、调查与审核工作底图等；然后分配项目外业调查员和内业审核员，外业调查员负责实地调查并上传调查数据，内业审核员负责审核调查数据；最后根据权限设置对审核通过的数据进行共享（图5-1）。

#### 1. 拟订调查计划

自然资源权属调查是一项复杂的调查工作，涉及各行各业、各个部门、各个单位，又是一项技术性较强的工作，工作量很大，需动员大量人员参与

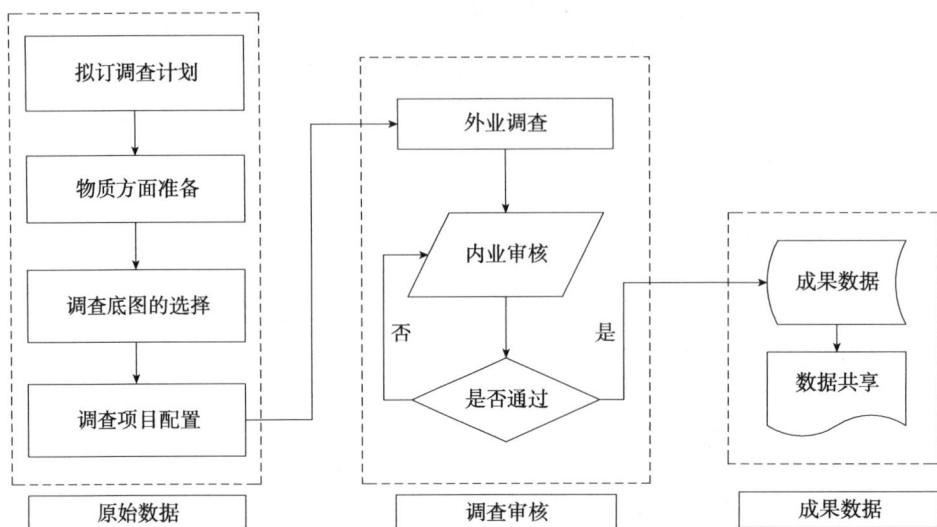

图 5-1　自然资源权属调查流程

工作，因此首先需要解决组织和领导的问题。建立领导机构、组织专业队伍、建立工作责任制等。由于自然资源权籍的建立是政府行为，因此，自然资源权属调查工作应由当地的政府进行组织，成立专门的领导机构。明确调查任务、范围、方法、时间、步骤、人员组织以及经费预算。后组织专业队伍进行技术培训，开展试点。据任务要求和技术规程，结合调查地区的实际条件，拟定工作计划。其内容一般包括目的要求、预期成果、工作阶段的划分、拟采取的技术路线、工作方法和步骤、经费预算、物质装备和实施方案等。

**2. 物质方面准备**

将原有资料尽量收集齐全并进行分析、整理。收集的主要资料有：①原有的自然资源资料；②测量控制点资料，已有的大比例尺地形图、航摄、遥感资料；③土地利用现状调查，非农业建设用地清查资料；④调查区域内的各种用地资料和建筑物、构筑物的产权资料；⑤房屋普查及工业普查中有关的自然资源资料。在许多县（市），由于规划、国土、建设由多个部门管理，应分别收集。收集的资料越多，调查的工作量就越少，确定权属的准确性和真实性就越高。

**3. 调查底图的选择**

为了估算工作量，调查底图可预先在 1∶2 000～1∶10 000 地形图上标绘调查范围。若有较新的大比例尺航片，也可在航片上勾画调查范围。地形图是进行野外调查和室内纠正图件和成图的基础图件，首先要收集最新实测各种比例尺的地形图。为了保证成果图件的精度和质量，通常野外所用底图的比例尺应不小于最后成图比例尺。所有基础图件均应是质量较好的图件。收集的航空相片与卫星影像等遥感资料是进行自然资源权籍调查的良好信源，应充分加以应用。我国地域广阔，各地具备的影像资料不同，要因地制宜地选用。卫星影像和航空相片目前已经在许多调查领域中得到广泛的应用，价格较高，但在某些作业环节上（如调绘等）有比较大的节省劳力和时间的空间。在收集卫星影像和航空相片时应该注意收集诸如摄影时间、航高、焦距、影像波段、像元属性等技术参数，以便利用卫星影像和航空相片进行分析。选用卫星影像和航空相片为基础信源时，要注意由于卫星影像和航空相片种类不同也会影响调查工作的作业程序和技术手段。

### 4. 外业调查

调查项目进行项目配置，配置内容主要包括调查源数据、调查模板、审核模式、调查与审核工作底图等。项目配置后，分配项目外业调查员开展外业调查工作，外业调查的工作，以地形图和卫星影像和航空相片等影像图片作为工作底图，熟悉自然资源权属的有关档案，做到心中有底，知源知界。发放指界通知书，进行自然资源使用者资格材料审核。现场对自然资源使用者、相关使用者法人代表或委托代理人进行资格认证。对自然资源用途、坐落、地号进行调查，现场核实自然资源使用者权源材料、申请材料档案的一致性。经三方确认界址点（线）无争议后，填写自然资源权籍调查表、签章，并现场为界址点做标记，或埋设标志。绘制宗地草图，实地丈量界址线。

### 5. 内业审核

外业调查后，根据项目配置区进行内业审核员分配，内业审核主要负责审核调查数据。

在内业审核形成资料后，首先就内外业之间的一致性进行检查核实，然后按宗地进行归宗，按档案管理的要求加以组合。在此基础上进行文字总结，主要是就自然资源权籍调查工作开展的技术路线、方法、完成情况、成果质量等内容撰写技术总结报告和工作报告，形成完整的成果资料。

### 6. 成果数据共享

检查验收是自然资源权籍调查工作的一个重要环节。其任务在于保证自然资源权籍调查成果的质量并对其进行评定。检查验收实行作业人员自检、作业组互检、作业队专检、上级主管部门验收的多级检查验收制度，通常称之为"三检一验"制度。经检查验收合格后的自然资源权籍调查资料应及时归档保存，分享成果数据，实现自然资源权属调查资源多部门共享，服务社会经济发展。

# 第三节  自然资源登记

## 一、自然资源确权登记的概念与特点

### （一）自然资源确权登记的概念

自然资源登记是指自然资源登记机关按法律规定，将自然资源权利人的合法自然资源权利，依法载录于专门设置的簿册上（或载体上）的行为和过程，也是国家对自然资源实施有序管理所需建立的一种制度。自然资源确权登记适用于对水流、森林、山岭、草原、荒地、滩涂、海域、无居民海岛以及探明储量的矿产资源等自然资源的所有权和所有自然生态空间的确权登记。自然资源登记遵循的是法律对自然资源权利认定的规定，因此自然资源登记是一种法律行为，是一项具有法律意义的措施，是一项法律制度。

自然资源登记在不动产登记的基础上开展，应在不动产数据库标准的基础上，参考国家森林资源调查技术规程、水资源调查规程以及第三次全国土地调查技术规程等来制定相关的数据库标准，使用统一的数据平台、空间参考与数据规范，最终形成不动产与自然资源一体化的权籍数据库和管理系统。

### （二）自然资源登记的特点

根据以上对相关概念的论述，自然资源登记的特点可以从以下几个方面概述。

#### 1. 自然资源登记对象的多样性

结合党的十八大以来出台的相关文件可知，实现对山、水、林、田、湖、草的整体保护及全部国土空间内各类自然资源所有权的确权登记是必然趋势。和之前不同，该制度将"水流、森林、山岭、草原、荒地、滩涂、海域、无居民海岛以及探明储量的矿产资源"等和所有自然生态空间都纳入范围。

#### 2. 自然资源登记对象的动态性

确权登记要将自然资源的数量和质量等情况填写在登记簿上，但在上述自然资源中，"以河流为例，水量和水质一直是变化的，水道也可能因为自然原因改道，难以确定；以森林和草原为例，其中的野生动物是移动的，植物蓄积量也是变化的，难以确定为一个具体的数值"。考虑到自然资源动态性的特点，如何在自然资源统一确权登记实务中完善相关技术标准是一个需要考虑的问题。

#### 3. 自然资源登记以不动产登记为基础开展

该做法有利于保障自然资源登记簿与不动产登记簿内容上的统一，更重要的是对于已经进行过不动产登记的既有权利人，其合法权益不因自然资源统一确权登记制度的出台受到影响。同时，《物权法》第九条关于"不动产登记"

作出的规定"依法属于国家所有的自然资源，所有权可以不登记"。由此可以说明国家所有的自然资源属于不动产，而该制度的主要目的就是将国家所有的自然资源进行确权登记，所以自然资源统一确权登记结合已有的不动产登记成果也是必要的。自然资源确权的对象如森林、草原、荒地是依附于土地这个不动产而存在的，把土地登记作为自然资源统一确权登记的参考，有助于界定自然资源的权属情况。

## 二、自然资源确权登记的必要性

我国对自然资源实行国家（全民）所有和集体所有的公有制形式，但在机构改革和自然资源部门成立之前，国家（全民）对自然资源的所有权由国务院代表其行使，实践中是由各级政府及相关部门代理行使自然资源国家所有权。由于相关法律对于各级政府部门权利行使的范围、内容以及中央和地方政府分级代理行使所有权职责的关系等未作出明确的规定，导致各政府部门"越位""错位"管理自然资源的现象长期存在。这加剧了经济社会发展和环境保护的矛盾，显然不符合新时期生态文明建设的精神。针对全部国土范围内各类自然资源的所有权进行统一确权登记，有助于解决以上问题。首先，界定各类自然资源资产的所有权主体、将自然资源所有者和监管者进行区分界定，是该制度启动的重要目标之一，所以该制度的实施有利于将自然资源管理的责任落实到具体的负责部门，遇到相关问题可以及时查清责任主体，避免各自然资源部门相互推诿。其次，实施自然资源资产产权制度的同时，需要先对全部国土范围内各类自然资源资产的相关情况实施摸底了解，而确权登记工作成果涵盖各类自然资源和所有生态空间自然状况、权属状况、管制情况等内容。最后，通过自然资源统一确权登记，提高了国家对山、水、林、田、湖、草的整体保护，促进了资源和社会的可持续发展。

## 三、自然资源登记的内容

为贯彻落实党中央、国务院关于生态文明建设决策部署，建立和实施自然资源统一确权登记制度，推进自然资源确权登记法治化，推动建立归属清晰、权责明确、保护严格、流转顺畅、监管有效的自然资源资产产权制度，实现山、水、林、田、湖、草整体保护、系统修复、综合治理。2019 年 7 月 11日，《自然资源统一确权登记暂行办法》由自然资源部、财政部、生态环境部、水利部、国家林业和草原局发布，自 2019 年 7 月 11 日起实行。2020 年 2 月14 日，自然资源部办公厅印发《自然资源确权登记操作指南（试行）》（以下简称"《指南》"）。依据《指南》，自然资源登记内容主要包括对水流、森林、山岭、草原、荒地、滩涂、海域、无居民海岛以及探明储量的矿产资源等自然资源的所有权和所有自然生态空间统一进行登记。

## （一）开展国家公园自然保护地确权登记

自然资源部在完善前期国家公园统一确权登记试点工作成果的基础上，对国家公园开展统一确权登记。由自然资源部会同国家公园所在的省级人民政府联合制定印发实施方案，组织技术力量依据国家公园建设、审批等资料划定登记单元界线，收集整理国土空间规划明确的用途、划定的生态保护红线等管制要求及其他特殊保护规定或者政策性文件，直接利用全国国土调查和自然资源专项调查成果确定资源类型、分布，并开展登记单元内各类自然资源的权籍调查。通过确权登记，明确国家公园内各类自然资源的数量、质量、种类、分布等自然状况，所有权主体、所有权代表行使主体、所有权代理行使主体以及权利内容等权属状况，并关联公共管制要求。自然资源部可以依据登记结果颁发自然资源所有权证书，并向社会公开。国家公园范围内的水流、森林、湿地、草原、滩涂等，不单独划分登记单元，作为国家公园登记单元内的资源类型予以调查、记载。

## （二）开展自然保护区、自然公园等其他自然保护地确权登记

自然资源部对由中央政府直接行使所有权的自然保护区、自然公园（根据《关于建立以国家公园为主体的自然保护地体系的指导意见》，自然公园包括森林公园、地质公园、海洋公园、湿地公园等）等自然保护地开展统一确权登记。由自然资源部会同自然保护区、自然公园等自然保护地所在的省级人民政府联合制定印发实施方案，组织技术力量依据自然保护区、自然公园等各类自然保护地设立、审批等资料划定登记单元界线，收集整理国土空间规划明确的用途、划定的生态保护红线等管制要求及其他特殊保护规定或者政策性文件，直接利用全国国土调查和自然资源专项调查成果确定资源类型、分布，并开展登记单元内各类自然资源的权籍调查。通过确权登记，明确自然保护区、自然公园等自然保护地范围内各类自然资源的数量、质量、种类、分布等自然状况，所有权主体、所有权代表行使主体、所有权代理行使主体以及权利内容等权属状况，并关联公共管制要求。自然资源部可以依据登记结果颁发自然资源所有权证书，并向社会公开。

省级人民政府组织省级及省级以下自然资源主管部门依据《指南》，参照自然资源部开展自然保护区、自然公园等自然保护地自然资源确权登记的工作流程和要求，对本辖区内除自然资源部直接开展确权登记之外的自然保护区、自然公园等自然保护地开展确权登记，可以颁发自然资源所有权证书，并向社会公开。

自然保护区、自然公园等自然保护地范围内的水流、森林、湿地、草原、滩涂等，不单独划分登记单元，作为自然保护区、自然公园等自然保护地登记

单元内的资源类型予以调查、记载。同一区域内存在多个自然保护地时，以自然保护地的最大范围划分登记单元。

### （三）开展江、河、湖泊等水流自然资源确权登记

自然资源部对大江、大河、大湖和跨境河流进行统一确权登记。由自然资源部会同水利部、水流流经的省级人民政府制定印发实施方案，组织技术力量依据国土调查和水资源专项调查结果划定登记单元界线，收集整理国土空间规划明确的用途、划定的生态保护红线等管制要求及其他特殊保护规定或者政策性文件，并对承载水资源的土地开展权籍调查。探索建立水流自然资源三维登记模式，通过确权登记明确水流的范围、面积等自然状况，所有权主体、所有权代表行使主体、所有权代理行使主体以及权利内容等权属状况，并关联公共管制要求。自然资源部可以依据登记结果颁发自然资源所有权证书，并向社会公开。

省级人民政府组织省级及省级以下自然资源主管部门会同水行政主管部门，依据《指南》，参照自然资源部开展水流自然资源确权登记的工作流程和要求，对本辖区内除自然资源部直接开展确权登记之外的水流进行确权登记，可以颁发自然资源所有权证书，并向社会公开。

### （四）开展湿地、草原自然资源确权登记

自然资源部对由中央政府直接行使所有权的、生态功能重要的湿地、草原等进行统一确权登记。由自然资源部会同湿地、草原所在的省级人民政府联合制定印发实施方案，组织技术力量依据国土调查和湿地、草原资源专项调查结果划定登记单元界线，收集整理国土空间规划明确的用途、划定的生态保护红线等管制要求及其他特殊保护规定或者政策性文件，并开展权籍调查。通过确权登记明确湿地、草原自然资源的范围、面积等自然状况，所有权主体、所有权代表行使主体、所有权代理行使主体以及权利内容等权属状况，并关联公共管制要求。自然资源部可以依据登记结果颁发自然资源所有权证书，并向社会公开。

省级人民政府组织省级及省级以下自然资源主管部门依据《指南》，参照自然资源部开展湿地、草原自然资源确权登记的工作流程和要求，对本辖区内除自然资源部直接开展确权登记之外的湿地、草原进行确权登记，可以颁发自然资源所有权证书，并向社会公开。

### （五）开展海域、无居民海岛自然资源确权登记

自然资源部对由中央政府直接行使所有权的海域、无居民海岛进行统一确权登记。以海域作为独立自然资源登记单元的，由自然资源部会同沿海省级人民政府联合制定印发实施方案，组织技术力量充分利用国土调查和海域专项调查结果，依据海岸线和各沿海县市行政管辖界线划定登记单元界线，收集整理

国土空间规划明确的用途、划定的生态保护红线等管制要求及其他特殊保护规定或者政策性文件，并开展权籍调查。探索采用三维登记模式，通过确权登记明确海域的范围、面积等自然状况，所有权主体、所有权代表行使主体、所有权代理行使主体以及权利内容等权属状况，并关联公共管制要求。

所有无居民海岛都单独划定自然资源登记单元，进行整岛登记。以无居民海岛作为独立登记单元的，由自然资源部制定印发实施方案，组织技术力量充分利用国土调查和无居民海岛专项调查结果，按照"一岛一登"的原则，划定登记单元界线，收集整理国土空间规划明确的用途、划定的生态保护红线等管制要求及其他特殊保护规定或者政策性文件，并开展权籍调查。通过确权登记明确无居民海岛的名称、位置、面积、高程（最高点高程和平均高程）、类型和空间范围等自然状况，所有权主体、所有权代表行使主体以及权利内容等权属状况，并关联公共管制要求。

省级人民政府组织省级及省级以下自然资源主管部门依据《指南》，参照自然资源部开展海域确权登记的工作流程和要求，对本辖区内除自然资源部直接开展确权登记之外的海域进行确权登记。

### （六）开展探明储量的矿产资源确权登记

自然资源部对探明储量的石油天然气、贵重稀有矿产资源进行统一确权登记。由自然资源部会同相关省级人民政府制定印发实施方案，组织技术力量依据矿产资源储量登记库，结合矿产资源利用现状调查数据库和国家出资探明矿产地清理结果等划定登记单元界线，调查反映各类矿产资源的探明储量状况，收集整理国土空间规划明确的用途、划定的生态保护红线等管制要求及其他特殊保护规定或者政策性文件。对矿产资源的确权登记，探索采用三维登记模式，通过确权登记，明确矿产资源的数量、质量、范围、种类、面积等自然状况，所有权主体、所有权代表行使主体、所有权代理行使主体以及权利内容等权属状况，并关联勘查、采矿许可证号等相关信息和公共管制要求。自然资源部可以依据登记结果颁发自然资源所有权证书，并向社会公开。

省级人民政府组织省级及省级以下自然资源主管部门依据《指南》，参照自然资源部开展矿产资源确权登记的工作流程和要求，对本辖区内除自然资源部直接开展确权登记之外的矿产资源进行确权登记，可以颁发自然资源所有权证书，并向社会公开。

### （七）开展森林自然资源确权登记

自然资源部对已登记发证的重点国有林区要做好林权权属证书与自然资源确权登记的衔接，进一步核实相关权属界线。在明确所有权代表行使主体和代理行使主体的基础上，对国务院确定的重点国有林区森林资源的代表行使主体和代理行使主体探索进行补充登记。

省级人民政府组织省级及省级以下自然资源主管部门依据《指南》，对本辖区内尚未颁发林权权属证书的森林资源，以所有权权属为界线单独划分登记单元，进行所有权确权登记，可以颁发自然资源所有权证书，并向社会公开。

## 四、自然资源登记类型

### 1. 首次登记

在一定时间内对登记单元内全部国家所有的自然资源所有权进行的第一次登记。

### 2. 变更登记

（1）依职权变更。登记单元内自然资源类型、面积等自然状况发生变化的，以全国国土调查和水资源专项调查、湿地资源专项调查、森林资源专项调查、草原专项调查、海域和无居民海岛调查等自然资源专项调查成果为依据，由登记机构依职权办理变更登记。

（2）依嘱托变更。自然保护地范围线、水流范围线变化导致登记单元边界变化，登记单元内的国家所有权界线、所有权代表（代理）行使主体、行使内容等自然资源登记簿主要内容发生变化的，登记机构依据嘱托办理变更登记。

### 3. 更正登记

（1）依嘱托变更。自然资源所有权代表（代理）行使主体发现自然资源登记簿记载的事项存在错误的，应当嘱托登记机构办理更正登记。登记机构发现自然资源登记簿记载的事项存在错误的，应当书面通知自然资源所有权代表（代理）行使主体 30 个工作日内嘱托办理更正登记。

（2）依职权更正。逾期不嘱托的，登记机构依职权办理更正登记。

### 4. 注销登记

已经登记的自然资源，因不可抗力等因素导致自然资源所有权灭失，登记机构依嘱托办理注销登记。

## 五、自然资源登记程序

自然资源登记是自然资源部落实"两统一"职责的具体举措之一，也是传统地籍理念向包含自然资源与不动产的"大地籍"理念转型升级的标志性工作。参照贵州已有自然资源登记模式，自然资源首次登记工作主要包括准备工作、通告、调查、审核、公告、登薄等环节（图 5-2）。

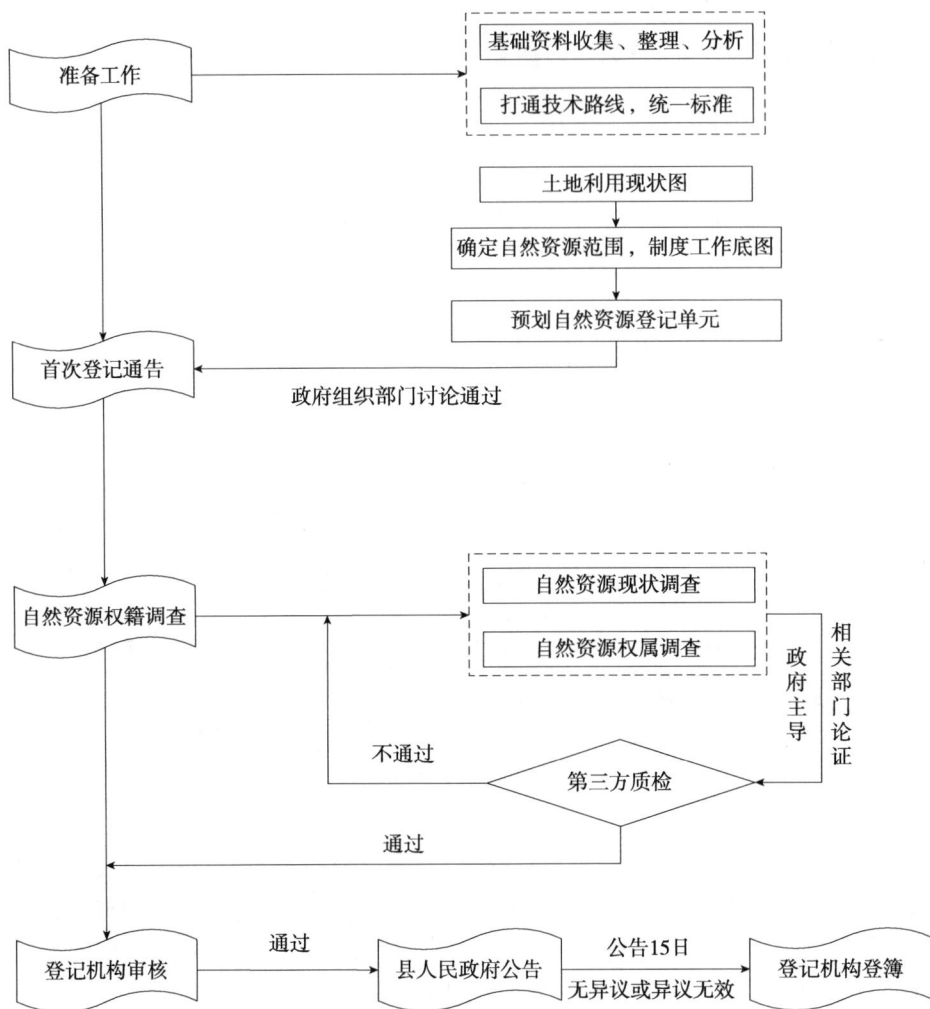

图 5-2　自然资源登记流程

## （一）准备工作

结合最新高分辨率的航摄影像，利用矢量化技术手段制成最新土地利用现状图，在最新土地利用现状图上扣除耕地、园地、建设用地（国有、集体）、设施农用地、集体土地承包经营权范围，叠加集体、国有的林场和农场等界线，完成自然资源统一调查确权的工作底图，得出自然资源空间分布情况和已确权登记的范围。

## （二）登记通告

登记通告是政府让社会知晓进行自然资源登记的一种行政措施。它的作用在于让登记义务人知道何时、何地向什么机关申请登记，申请登记时，应当履行何种义务，包括应当向登记机关提交哪些证明材料等。国家明确要求县级以上人民政府按照不同自然资源种类和在生态、经济、国防等方面的重要程度以及相对完整的生态功能、集中连片等原则，组织相关资源管理部门划分自然资源登记单元。

自然资源登记单元分为预划独立自然资源登记单元和预划全要素自然资源登记单元。预划独立自然资源登记单元是依据相关法律法规，经批准的省级以上自然保护区、森林公园、湿地按照相关部门批复范围界线可以预划为独立的自然资源登记单元，利用第三次国土调查成果和自然资源专项调查成果打底，先对具有完整生态功能的自然生态空间和单项自然资源开展统一确权登记，再逐步实现对全部国土空间内的自然资源确权登记全覆盖。此次以"三区三线"划定范围为依据，充分利用地理国情普查、土地利用现状等已有资料，对工作区划定范围内的各类自然资源对象进行提取，对前情模糊、判别不清的单元采用无人机举证与外业实地调查相结合的方式进行调查调解，并结合其他相关水利、农业等部门数据，对单元内自然资源类型数量与质量进行核实。预划全要素自然资源登记单元是登记单元包括单一或多种自然资源类型，森林是生态空间中重要的自然属性之一。结合自然资源在用途管制、生态保护红线、公共管制等合理利用和管理方面的需求，按照集中连片、尽量完整的生态功能等特征划定空间范围，完成对各数据的叠加、统计等分析，达到省级自然资源统一确权采集规范给出的集合资源类型最小面积，预划登记全要素自然资源登记单元。

### （三）自然资源权籍调查

在制作工作底图和预划登记单元的基础上，开展自然资源基本信息调查，包括各类自然资源类型、边界、面积、数量和质量等现状，以及登记单元的权属和公共管制情况。其中，现状调查以实地调查为准。权属调查应划清全民所有和集体所有、不同集体所有者间、不同类型自然资源的三个边界，划定权属争议区。国有自然资源边界以国有土地（林地）等登记成果或建设用地批准、划拨、征拨文件为确定依据，若国有、集体权属界线有争议且暂不能调处的，划出争议区范围，并进行实测埋桩，避免国有自然资源被进一步侵蚀。公区管理调查应符合生态保护要求，特殊保护要求、用途管理要求。调查期间，由政府组织，自然资源部门牵头，相关资源部门配合，研究解决调查中遇到的难题，不断调整预划单元，完善调查内容。另外，试点采取第三方质检的方式，通过内业、外业检查，着重检查是否划清权属边界，权属调查资料来源是否真实可靠，图、表、簿、册是否一致，数据库建设是否符合标准等内容，质检通过表示调查完成。

### （四）审核与公告

由登记机关依据自然资源调查成果资料，审查申请人的身份资格、自然资源权属来源是否合法,并填写自然资源登记审批表。审核无误进行公告,公告的主要内容包括:自然资源权利人的姓名或者名称、地址;准予登记的自然资源坐落、面积、用途、权属性质、使用权类型和使用期限;自然资源权利人及其他利害关系人提出异议的期限、方式和受理机构;生态保护区及用途管制区。公告期不少于15个工作日。公告期满,当事人对自然资源登记审核结果无异议或者异议不成立的,由自然资源部行政主管部门报经人民政府批准后办理登记。

### (五)登簿发证

公告期满无异议或者异议不成立的,登记机构将登记事项记载于自然资源登记簿,可以颁发自然资源所有权证书,并与不动产权利(集体土地所有权、国有土地上的用益物权)关联。为避免与不动产登记重叠,试点明确独立登记单元范围线是特定生态空间的保护界线,独立登记单元是对特定生态空间确权,登记国家所有权或集体所有权;其他登记单元范围线是国有自然资源的权属界线。自然资源部直接行使所有权,自然资源所有权证书颁发给自然资源部。中央委托相关部门或地方政府代理行使所有权,自然资源所有权证书颁发给受委托的相关部门或地方人民政府。

#### 专栏:自然资源确权登记与不动产登记的关系

**一、联系**

1. 自然资源登记以不动产登记为基础

已经纳入《不动产登记暂行条例》的不动产权利,按照不动产登记的有关规定办理,不再重复登记。

自然资源确权登记涉及调整或限制已登记的不动产权利的,应当符合法律法规规定,并依法及时记载于不动产登记簿。

2. 登记簿关联

在自然资源登记簿中关联不动产登记信息,通过不动产单元号、权利主体实现自然资源登记簿与不动产登记簿的关联。

3. 信息衔接

在不动产登记信息管理基础平台上,开发、建设、使用全国统一的自然资源信息系统,实现自然资源登记信息与不动产登记信息有效衔接。

**二、区别**

1. 登记目的

自然资源确权登记主要是服务生态文明建设和自然资源管理,通过划清"四个边界",明晰自然资源资产产权,保护自然资源资产所有者权益,支撑自然资源的保护和管理。

不动产登记主要是维护社会主义市场经济秩序，保护不动产权利人的合法权益，保障交易安全，提高交易效率，确保不动产流转顺畅。

2. 登记内容

自然资源确权登记主要对生态空间和自然资源所有权进行登记，以自然资源登记单元为基本单位，记载自然资源的自然状况、权属状况同时关联不动产权利、许可证信息，以及公共管制要求等。

不动产登记主要是对集体土地所有权、房地等不动产用益物权和抵押权登记，以不动产单元为基本单位，主要记载不动产的自然状况、权属状况等。

3. 组织方式

自然资源确权登记主要由政府和部门组织推动，依职权或嘱托启动，非依申请。按照"自上而下"的组织方式，分级负责登记。

不动产登记主要由当事人申请启动为原则，依职权和嘱托启动为例个。按照属地登记原则进行登记。

## 思考题

1. 什么是自然资源权籍？开展自然资源权籍调查的意义是什么？
2. 自然资源权籍调查的原则和内容是什么？
3. 自然资源登记程序有哪些？

# 第六章　自然资源资产管理

## 第一节　自然资源资产管理概述

### 一、资产的内涵

资产是一个经济学概念，源自会计学。企业会计准则将资产定义为企业过去的交易或事项形成的、由企业拥有或者控制的、预期会给企业带来经济利益的资源。政府会计准则将资产定义为指政府会计主体过去的经济业务或者事项形成的，由政府会计主体控制的，预期能够产生服务潜力或者带来经济利益流入的经济资源。一般认为资产是组织或个人因过去事务形成，依法拥有或控制的，预期会给组织或个人带来经济利益的资源。资产具有以下基本特征。

（1）资产必须是因过去事务形成的，而非尚未发生的事务，资产属于组织或个人现时拥有或控制的，而非未来取得的。例如：企业计划采购的材料，不属于企业的资产；企业过去采购的材料，采购之后就属于企业资产。

（2）资产必须是依法拥有或者控制的。"依法拥有或者控制"首先需要明确的主体，是由确定的组织或者个人作为主体拥有或者控制的①，而资源是拥有和控制的客体。"拥有"的基本含义是主体具有该资源的所有权。主体对于绝大多数资产都拥有所有权，但是特殊情况下，企业不拥有所有权，是拥有其使用权或者收益权，能够"控制"经济资源所带来的经济利益，这些经济资源也被作为主体的资产。例如：企业通过融资租赁方式租入一台机器，企业不拥有机器的所有权，但是因为租赁时间长、租赁最终付款额几乎相当于租赁资产价值等原因，该机器未来经济利益和责任几乎都有承租企业获得和承担，承租企业实际上已经控制了该机器产生的经济利益，因此机器作为承租企业的资产。

（3）资产必须能够为主体带来经济利益。预期带来经济利益是指资产具有直接或者间接为主体的创造未来经济利益的能力。资产作为经济学概念，关注的是经济利益，企业作为营利组织更关注利润，非营利组织更关心现金流。经

---

① 当前一般主体包括法律主体和会计主体，法律主体是指法律关系主体，包括自然人和法人，法人即企业、政府和非营利组织能组织。会计主体是指会计核算的主体，法人即法律主体均是会计主体。因此后续如无特殊说明主体即代表个人或者组织，即法律上的自然人或法人。

济利益表现为净利润或者现金净流入。企业产品通过销售实现销售利润，企业机器设备可以将材料加工成产品进而获利，因此产品和机器设备都是企业的资产。经济利益由市场决定配置，货币是市场媒介，因此经济利益通过货币衡量，不同国家一般选择以本国货币作为本位币衡量资产的大小。

资产与资源的差异在于，资产是能够带来经济利益的资源，而资源带来的不一定是经济利益，也可能是生态利益。因此资产管理主要是资源的经济利益管理。国有资产管理的基本目标是实现国有资产的保值与增值，即保证和增加国有资产的经济利益。

## 二、自然资源资产的内涵

多数文献将自然资源资产定义为：具有稀缺性、有用性（经济利益、使用价值）、产权明确的自然资源。该定义强调：稀缺性、有用性和产权明确。

自然资源指对人类有用的，或者说有使用价值的自然物，而非全部自然物，因此自然资源本身是具有有用性的，只是在自然资源的概念里有用性不单指经济上的价值，还包括社会价值和生态价值。此外，自然物是否有用取决于经济社会发展和科学技术水平，是一个历史的、动态的概念，在短期内是确定的，但长期看是变化的。因此有用性不应该作为区分自然资源资产和自然资源的标准。自然资源的有用性更为广泛，而自然资源资产的有用性强调经济上的有用性。

稀缺性源自有用性，稀缺性是相对需求而言的，总量确定而需求不断增加则资源就具有稀缺性。相对于人口数量的不断增加，任何有用的资源都显得稀缺，需求来自有用性，无用之物不存在稀缺性。自然资源分布具有地域性，在水资源丰富的地区，水资源并不稀缺；在水资源紧缺的地区才具有稀缺性，具有资产特征。因此稀缺性所处的地区和时间相关，本身就是自然资源的特征之一，不能用来区分自然资源和自然资源资产。

产权明确是自然资源和自然资源资产概念区别的核心。产权关系是社会发展的产物，随着人口的增加资源日渐稀缺，为了协调资源分配和实现人类整体利益最大化，才出现了所有权制度，因而产权出现在财产关系和资产的概念中。资产是伴随着产权关系而出现的，原始社会的自然资源，任何人、任何部落都可以利用获益，这些自然资源仅仅是自然资源而非自然资源资产。随着所有权的出现，自然资源为所有权人所有，所有权人通过开发利用自然资源而获益，其他人则无权利用和获益。因此自然资源和自然资源资产的核心区别在于产权关系即财产关系，具有明确权利归属或者能够控制权益归属的自然资源属于自然资源资产。

自然资源和自然资源资产的关系如图6-1所示。圆形表示所有自然之物的范围，自然资源是具有有用性的横向实线以下部分，横向虚线以下部分产权明确的自然资源是自然资源资产，纵向虚线左侧产生经济价值的自然资源资产可以以货币进行计量，右侧暂不产生经济价值的自然资源资产只能以实物进行计量。

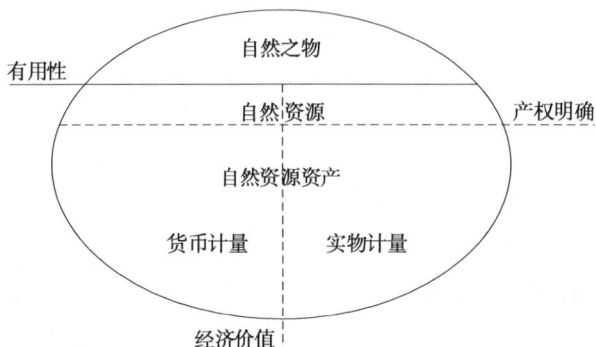

图 6-1　自然资源和自然资源资产的关系

本书将自然资源资产定义为组织或者个人当前依法拥有或控制的，预期能够给组织或者个人带来经济利益的自然资源。与自然资源相比，自然资源资产具有资产的相关特征。

（1）自然资源资产必须针对确定主体和确定时间。自然资源资产是针对特定主体，即特定的组织或者个人，而自然资源是对全人类来说的。自然资源资产是特定主体在当前这一确定时间拥有或者控制的，特定主体对资产失去拥有或者控制，则资产不再是该主体的资产，而自然资源在一定历史时期不会因为时间变化而改变。

（2）自然资源资产必须是依法拥有或者控制的。"依法拥有或者控制"表示特定主体能够拥有该自然资源资产的所有权，或者能够控制该资源产生的经济利益。中国实施自然资源完全公有制，国有自然资源所有权为全民所有，所有权之外设置用益物权，由单位或个人依法获得用益物权，可以开发利用自然资源，并获得自然资源开发利用的经济利益，因此组织或者个人获得相应自然资源的用益物权，将该自然资源的用益物权成为组织或者个人的无形资产。在企业管理中将国有土地使用权、矿业权等以无形资产进行核算管理。

（3）自然资源资产必须是预期能够带来经济利益的自然资源。对于组织或个人预期能够带来经济利益，表示预期自然资源资产带来的收入能够大于成本，带来现金净流入。未来的经济利益通过市场交易实现，以货币为衡量媒介，对于企业来说经济利益就是利润，世界各国选择以本国货币作为本位币衡量经济利益和资产规模。自然资源资产通过开发利用形成社会需要的产品或服务为主体带来经济利益。自然资源有用性可以体现为经济价值、生态价值和社会价值，经济价值体现为主体带来的经济利益，可以以货币进行衡量，而生态价值和社会价值难以直接以货币衡量。随着生态环境问题日益突出，自然资源生态价值和社会价值日渐受到重视，中国探索建立生态价值补偿机制和生态产品价值实现机制，正是尝试通过制度建设将自然资源生态价值转化为经济价值，实现市场化配置，但是当前机制建设处于起步阶段，自然资源生态价值和社会价值尚无法以货币计量，难以纳入资产管理范围。

（4）自然资源资产的客体必须是自然资源。资源按照性质可以分为自然资源和社会资源。自然资源资产的客体是自然资源，而非社会资源，社会资源包括人力资源、信息资源以及经过劳动创造的各种物质财富，资金、设备、专利技术等属于社会资源，属于特定主体的资产，但不属于自然资源资产。

### 三、不同产权制度的自然资源资产

产权明确是自然资源和自然资源资产的主要区别。世界各国自然资源产权制度体系不同，产生不同的自然资源主体和经济利益分配方式，自然资源资产的具体内容有所不同。

在西方国家，人们习惯地认为资源的私人所有权是有效率的，而且是一个普遍准则。但私人财产权在自然资源领域存在着反对性的阻碍。在美国，联邦政府是最大的土地所有者，拥有总面积为33％的土地。水资源国家所有权更为普遍，而个人所有权在全世界范围内都是极其有限的。总体来说，西方国家同样实行自然资源公有，只是自然资源公有在具体范围、所占比重和实现形式等方面存在差异。自然资源公有形式包括皇家所有、联邦所有、州（省）所有、市（县）所有等。此外，奥斯特罗姆发现西方国家存在广泛的集体所有自然资源。

中国实施完全的自然资源公有制，国有自然资源即全民所有，所有权之外设置用益物权，由单位或个人依法获得，用益物权即一般意义上的自然资源使用权，单位或者个人获得自然资源使用权之后，获得自然资源开发利用的经济利益，并承担相应责任，在企业管理中将自然资源使用权作为无形资产管理。

中西方自然资源公有制有很大不同。西方自然资源公有制和私有制共存，不同类型的自然资源采用不同的所有制；同类自然资源会同时存在公有部分和私有部分，两者可以相互转化，公有产权全部由不同层级的政府掌握，自然资源的所有权和使用权主体是一致的，与私有产权类似，较少存在所有权和使用权分离的现象。中国所有自然资源全部实行公有制，公有制具体实现方式包括国家所有和集体所有，不同自然资源国家所有和集体所有的比例不同；在自然资源所有权之外，设置用益物权，即使用权，国家和集体并不直接开发利用自然资源，通过有偿使用制度将自然资源使用权让渡给个人或者组织，个人或者组织获得使用权之后，对自然资源开发利用获得经济利益，实现所有权和使用权的分离。

自然资源资产依法由确定主体拥有和控制。在西方无论是自然资源公有制还是私有制，同一主体拥有自然资源的所有权和使用权，自然资源为相应组织和个人所拥有，如果能够带来经济利益，则属于该主体的自然资源资产。在中国，自然资源属于国家或集体所有，国家和集体并不直接开发利用自然资源获得经济利益，而是通过有偿使用或承包制度，将自然资源使用权授予组织或个人，分享组织或者个人开发利用自然资源形成的经济利益。国家和集体拥有自然资源所有权，能够获得相应经济利益，符合自然资源资产的定义。组织或者个人拥有自然资源使用权，能够控制自然资源开发利用进而获得经济利益，同样符合自然资源资产的定义。因此中国未设立使用权的自然资源，未来可以产生经济利益，就是国家或者集体的自然资源资产；设置使用权的自然资源，既是国家或者集体的自然资源资产，又是拥有使用权的组织或者个人的自然资源资产。这种拥有使用权而控制资源经济利益的资产，会计将这类资产称为使用权资产，统计将这种使用权称为经济所有权。

## 四、自然资源资产管理要点

### （一）中国自然资源资产管理体制沿革

中华人民共和国成立之后，推翻自然资源私有制，通过土地改革、收归国有等方式，确立了自然资源公有制。1954 年新中国第一部宪法即规定"矿藏、水流、由法律规定为国有的森林、荒地和其他资源，都属于全民所有"。计划经济体制下，自然资源由国家计划调配、无偿配置，被认为不存在价值，没有形成自然资源资产管理理念。改革开放之后，市场经济体制建设和社会主义法制化进程加快，自然资源产权制度体系逐步建立、完善，形成了自然资源所有权分级代理、有偿使用、资产交易和核算等制度体系，为自然资源资产管理提供了制度基础。我国自然资源管理体制经历了从部门分类管理为主到相对集中管理，再到 2018 年成立自然资源部实施综合管理。

中华人民共和国成立之初对自然资源实行分类管理，土地资源、矿产资源、水资源、森林资源等不同资源设立相应部门进行管理，其中土地和水资源在多数情况下又按城市和农村分别管理。自然资源行政管理和生产经营管理相结合，自然资源和资源产品根据国家计划进行调配，由政府主管部门对自然资源的生产、供给、分配进行计划管理。这些行业主管部门对矿产资源的生产经营活动进行管理，政企合一，既承担着相应资源的所有者职责，又承担自然资源行政管理职责，同时通过行政命令对资源生产、供给和分配等企业生产活动进行管理（姚华军，2001）。自然资源开发利用单位作为国有企业成为单纯的自然资源开发加工车间，没有自主权限。与此同时广大农村虽然实施集体所有制，但因为计划经济模式下，农村自然资源集体所有权受到政府指导管理，集体所有权由政府部门计划管理（肖国兴，1997）。

改革开放以来，面对新的经济社会形势，自然资源开发利用情况不断变化，自然资源管理体制改革从未中断。特别是1998年政府机构改革中，撤销了煤炭工业部、冶金工业部、地质矿产部等工业专业经济部门，调整职责权限，实行政企分开以后，新组建的国土资源部和水利部、国家林业局更多地履行相应自然资源的行政管理职能，资源管理由分类管理向相对集中转变。随着市场经济体制建立，国有企业体制改革逐步深入，政府不再干预国有企业经营管理，国有企业成为独立的法人主体。伴随自然资源有偿使用制度和自然资源交易制度的建立和完善，企业作为法人主体获得自然资源使用权，通过开发利用自然资源获得经济利益。

面对自然资源所有者不到位、空间规划重叠等问题，实现山、水、林、田、湖、草整体保护、系统修复、综合治理迫在眉捷。2018年政府机构改革中，撤销国土资源部、国家海洋局、国家测绘地理信息局等部门，新组建自然资源部，将国土空间规划、测绘地勘、自然资源开发利用监管、统一调查、确权登记、有偿使用和全民所有者职责等职能由自然资源部统一行使。国家明确提出由自然资源部实行自然资源资产管理。

自然资源部统一行使全民所有自然资源资产所有者职责，统一行使所有国土空间用途管制和生态保护修复职责。符合公有自然资源资产管理"谁所有—谁管理—谁收益"的通用原则。但前者体现自然资源所有者的自然资源资产管理、后者体现国家自然资源行政机关自然资源宏观行政管理。政府自然资源资产管理源自政府自然资源所有权人的地位。自然资源部履行全民所有自然资源资产所有者职责，负责全民所有自然资源资产划拨、出让、租赁、作价出资、确权登记等产权配置管理工作，负责自然资源价值评估、价格公示、分等定级、利用考评、市场监管等产权市场管理工作，同时负责征收相关自然资源资产收益。这些职责属于自然资源所有者资产管理的职责。

## （二）自然资源资产管理的重点内容

自然资源产权配置、管理体制是自然资源资产管理的基础。产权明确是自然资源资产与自然资源最大的区别，明确的自然资源的权利和责任，是自然资源转化为确定主体的自然资源资产的前提。在自然资源两权分离情况下，自然资源管理体制决定谁作为全体人民的代表来拥有国有自然资源所有权、管理国有自然资源资产收益、对国有资产资源资产利益分配进行评价监督。自然资源资产是自然资源的一部分，自然资源资产管理建立在自然资源管理基础上，自然资源产权配置和管理体制即是自然资源资产管理也是自然资源管理的基础。

本书相关章节已详细介绍，本章不再赘述。

国有资产管理的基本目标是实现国有资产保值、增值，国有自然资源资产管理目标同样在于实现自然资源资产的保值、增值。与社会资源不同，自然资源存在生态价值和社会价值，除保值、增值之外，还要考虑生态效益和公共利益。在明确产权、清晰职责前提下，自然资源资产的价值评估、市场交易和核算监督成为自然资源资产管理的重点内容。

自然资源具有经济价值、生态价值和社会价值等多重属性，价值评估广受关注。但是自然资源价值影响因素众多，当前价值评估并未取得共识。自然资源资产价值直接影响自然资源总量控制和利用计划管理，自然资源资产经济价值是确定自然资源资产有偿使用对价的基础，自然资源有偿使用制度调节自然资源资产所有权人和使用权人之间的利益分配关系。

自然资源两权分离情况下，同一自然资源的经济利益由所有权人和使用权人共享，作为两者自然资源资产的共同客体。两者之间利益分配依赖于自然资源产权市场和有偿使用制度。自然资源资产一级市场交易由自然资源主管部门直接参与，设立自然资源资产使用权、确定有偿使用对价，是自然资源资产使用权的设立交易。自然资源资产二级市场交易由市场主体自主发起，是自然资源资产使用权的市场交易，因为自然资源具有公共性，自然资源二级市场交易也受到政府广泛监管。

国有自然资源资产保值、增值依赖于有偿使用制度和使用权人的开发利用，在自然资源资产所有权委托代理制度下，如何反映国家自然资源资产的利益分配和利用效率，监督各级主管单位和自然资源资产使用权人的行为，需要依靠统计或者会计核算自然资源资产存量和流量，反映资产现状和开发情况，监督自然资源监管职责和开发义务。

西方国家公有自然资源所有权和使用权并未分离，政府对自然资源资产直接管理，侧重于经营管理，重点考虑经济价值和生态价值的平衡，较少涉及所有权职责的监督，中西方自然资源资产管理要点，因体制机制不同而内容和侧重点各有不同。中国集体所有自然资源以土地和森林资源为主，农村土地所有权、承包权、经营权"三权分立"。集体所有自然资源并非国有自然资源资产，在现有制度框架下，产权更加复杂，利益实现形式更加灵活多样，本章不详细叙述。

## 第二节　自然资源资产价值及其评估

计划经济时期，自然资源长期按照计划划拨，无偿使用，认为自然资源没有（劳动）价值。改革开放之初，探讨土地有偿使用问题曾引发对自然资源价值的探讨，至今没有结论。马克思劳动价值论和西方经济学效用价值论是当前经济学体系中两大主流价值理论，被人们应用到自然资源资产价值评估研究中。效用价值理论从物品满足人的欲望或人对物品效用主观心理评价的角度揭示价值规律。劳动价值论则认为劳动是价值的唯一源泉。

## 一、自然资源价值的认识

效用价值论经历了一般效用论、边际效用价值论和均衡价值论三个阶段。萨伊（1803）认为"物品的效用是其价值的基础""价格是衡量物品价值的尺度，而物品价值又是衡量物品效用的尺度"，劳动、资本和土地所有三个因素"共同合作创造价值"。一般效用价值论认为自然资源是有价值的，价值越大效用越大，但无法解释水、空气等效用很大，但价值很小的问题。维塞尔（1884）提出边际效用就是人们消费某一财物时随着消费数量的增加而递减的一系列效用中最后一个单位的消费品的效用。① 维塞尔将由边际效用决定的价值叫作"自然价值"。边际效用价值论认为价值取决于边际效用，稀缺性是价值形成的条件。瓦尔拉斯（1874）将稀缺性定义为"消费一定量商品所满足的最后欲望的强度"。边际效用理论回答了"价值之谜"，受到西方经济学的广泛接受。马歇尔（1890）结合生产费用论和边际效用论建立了均衡价值论，商品价值是由商品的供求状况决定的，由商品的均衡价格衡量，在供给和需求达到均衡状态时，产量和价格也同时达到均衡。

效用价值论以人们的心理预期和稀缺性作为价值的衡量标准具有的科学成分，但效用价值论将价值视为一种主观心理现象，无法在数量上准确计量统计，需要结合预期或者供求关系进行分析，进行事后估计，是当前价值评估的基础理论。在效用价值论下，西方经济学一般将自然资源价值分为使用价值和非使用价值。最典型的是皮尔森的五分法（表6-1）。直接使用价值是自然资源直接用于生产消费过程的经济价值，通过市场或调查手段测算出来，但不十分精确。间接使用价值是自然资源所提供的调节功能、承载功能和信息功能形成的潜在价值，即生态学家所指的生态功能，无须经过市场，其价值需要经过一定方法测算，经济学家尝试利用替代市场法和意愿评估法进行量化。选择价值是人们为了保存或保护自然资源以便未来作为各种用途所愿意支付的数额，衡量的是一种未来使用价值，类似人们为未来使用价值支付的保险金。遗传价值是为后代保留自然资源的价值，是当代人为后代人使用某种资源而支付的费用，遗传价值体现出可持续发展代际均等的思想，有人认为遗传价值应属于选择价值的范畴。存在价值是人们愿意为一种资源的存在而支付的费用（曹俊文，2004）。在自然资源价值评估中，将各类价值相加综合形成总支付意愿

---

① 第一次提出"边际"是维塞尔在1884年出版的《经济价值的起源和主要价值》一书中。

（TWP），即人们愿意为未放弃使用或者使用自然资源支付的最大费用，作为自然资源的价值（裴辉儒，2009）。

表 6-1　资源价值的构成①

| 价值分类 | | | 价值内容 |
|---|---|---|---|
| 资源总价值<br>（TEV） | 使用价值<br>（UV） | 直接使用价值（DUV） | 可直接消耗的量 |
| | | 间接使用价值（IUV） | 功效价值 |
| | 非使用价值<br>（NUV） | 选择价值（OV） | 将来的直接和间接使用价值 |
| | | 遗赠价值（BV） | 为后代遗留下来的使用价值或非使用价值的价值 |
| | | 存在价值（EV） | 继续存在的使用价值 |

马克思认为"使用价值或财物具有价值，只是因为有抽象人类劳动对象化或物化在里面"。劳动价值论认为价值是抽象劳动的凝结，商品的价值量就是生产商品所耗费的劳动量，即凝结在商品中的一般人类劳动量（中国资产评估协会，2016）。劳动价值论是马克思主义政治经济学的重要组成部分，马克思主义政治经济学研究的是人与人的社会关系，即生产关系，恩格斯认为："经济学所研究的不是物，而是人和人之间的关系"。马克思从物质资料生产出发，借助劳动价值论分析生产关系中剥削阶级和被剥削阶级的关系，研究的是人与人之间的关系，并不是人与自然的关系。马克思指出"一个物可以有用，而且是人类劳动产品，但不是商品。谁用自己的产品来满足自己的需要，他生产的虽然是使用价值，但不是商品"。马克思的劳动价值论分析的是进入生产领域进行分配和交换的商品的价值规律。马克思并不否认除了劳动价值之外的其他价值，或者说马克思劳动价值理论中价值特指劳动价值，但并不否定其他价值。马克思提出商品具有二重性，是使用价值和价值的统一。而使用价值则是对人的有用性。"一个物可以有使用价值而不是价值。例如，空气、天然草地、野生林等。"劳动价值论认为劳动是价值的来源，物品未经劳动改造可以有使用价值，但无价值。据此判断自然资源是没有价值的。

马克思指出"使用价值构成社会财富的物质内容，反映的是人与自然的关系。"因此使用价值而非（劳动）价值可以用来衡量自然资源。"商品通过交换让渡给他人使用进入消费环节，因此商品的使用价值是交换价值的物质承担者"。价格是商品的交换价值在流通过程中所取得的转化形式，使用价值是价值的物质承担者。对于没有价值的自然资源，虽然不是马克思劳动价值论中定义的商品，但现实生活中存在交易和价格，其根本原因是使用价值的存在。马

①　戴维·皮尔斯，杰瑞·米沃福德．世界无末日：经济学、环境与可持续发展［M］．张世秋，等，译．北京：中国财政经济出版社，1996.

· 132 ·

克思批判性地接受了亚当·斯密的理论，认为劳动是价值之母，土地是价值之父，自然资源"作为使用价值，它仍然有它的自然效用"。"劳动并不是它所生产的使用价值即物质财富的唯一源泉"。因此劳动价值论并不适宜讨论自然资源价值，马克思在地租理论中对基于自然资源所有权的生产关系进行了详细的研究①，敏锐地意识到自然资源的重要性，认为"地租是土地所有权在经济上借以实现即增殖价值的形式。""土地所有权的垄断是资本主义生产方式的一个历史前提，并且始终是它的基础"。马克思政治经济学通过对生产关系的研究提出生产资料私有制是一切剥削制度的基础，在私有制下土地等自然资源作为生产资料，并非商品，较少进行交换，即便进行交换其价格也是地租的表现形式，即"资本化的地租……表现为土地价格""在购买者看来，地租不过表现为他用以购买土地以及地租索取权的那个资本的利息。""这个权利本身并不是由出售产生，而只是由出售转移。""创造这种权利的，是生产关系"。马克思认为最差的土地也存在地租，地租是因为生产关系即私有制产生的，这种私有制的背后隐藏着自然资源的价值，即"土地是价值之父"，

　　马克思劳动价值论并不涉及自然资源的价值问题，劳动价值论通过对商品价值规律的讨论，揭示人与人的关系，劳动价值论的对象是商品。在马克思生活的年代，土地等自然资源作为生产资料，不涉及生产、分配、交换和消费，不是商品，因此不能用劳动价值论讨论自然资源的价值问题。马克思承认自然资源具有使用价值，是物质财富的源泉之一。虽然土地等自然资源作为生产资料交换活动较少，但是马克思观察到该问题，认为土地的价格即资本化的地租。马克思政治经济学没有系统研究自然资源的价值和价格问题，但是通过地租理论对自然资源的价格形成机制进行了研究，自然资源价格问题应该应用地租理论，而非劳动价值论。

　　古希腊哲学家普罗泰戈拉提出人是万物的尺度，马克思曾指出"'价值'这个普遍的概念是从人们对待满足他们需要的外界物的关系中产生的"。从哲学角度看价值是客体对主体的效应，主要是对主体的发展、完善的效应（曹俊文，2004）。价值是人类评价客观事物的尺度，并非单一概念，是人类对事物带给人类自身效应的评价。本书认为马克思政治经济学对价值规律的认识与西方现代经济学市场均衡理论对价值表现形式的认识具有内在一致性。从历史发展大尺度看，一切生产资料均是劳动创造的，自然资源是天赋于人的，应该为人类共同拥有。马克思政治经济学指出生产资料私有制是人剥削人的制度基础，社会

---

　　①　马克思地租理论并不单纯指土地，而是包括土地在内的各类自然资源，马克思在对地租理论研究中一再强调"为了全面起见，必须指出，在这里，只要水流等有一个所有者，是土地的附属物，我们也把它作为土地来理解。""不管是为耕地、建筑地段、矿山、渔场还是为森林等支付的，统称为地租。"

主义应该实行生产资料公有制。在公有制下生产资料属于人民所有，有偿使用等制度是实现所有权和使用权之间利益分配，保证人民共享自然资源资产经济利益的基本制度，无论是天赋资源还是人类改造，全体人民均应共享自然资源经济利益。但人民共享自然资源经济利益的量如何确定，即自然资源资产交易价格的确定，依赖效用价值理论和地租理论。根据自然资源的市场供需关系形成自然资源交易价格，自然资源交易价格内在决定于自然资源的品质和利用效率。长期来看，自然资源市场供需会达到均衡，形成均衡价格，因此自然资源资产有偿使用基准价格并不会影响市场长期均衡，而且能保障人民利益的实现。但基准价格不应该超出自然资源的品质和实际利用效率，否则将影响自然资源产品市场和经济发展。自然资源资产有偿使用基准价格依赖于相应估价技术。

## 二、自然资源估价方法概述

估价方法的基本原理来自经济学理论，资产评估的主流方法主要有三种：成本法、收益法和市场法。蒂坦伯格等（2016）、孔含笑等（2016）、王乐锦等（2016）对自然资源估价方法进行了系统的梳理。孔含笑等（2016）等的方法如表 6-2 所示。

表 6-2　自然资源估价方法

| 类型 | 分类 | 具体做法 | 评价 |
|---|---|---|---|
| 市场法 | 直接比较法 | 利用相近地区、相似情况自然资源的交易价格估计本地区自然资源价格 | 条件：依赖市场价格 |
| | 间接比较法 | 按照各类标准对参照物和自然资源进行比较，确定差异，根据参照物估计自然资源价格 | 优点：易于理解和掌握，反映市场变化 |
| | 替代市场法 | 包括旅行费用法、意愿调查评价法。用替代物品价值估计自然资源价值 | 缺点：缺乏直接相关参照物时，受主观因素影响较大 |
| 收益法 | 收益倍数法 | 按照平均收益和预期倍数，确定自然资源价格。包括影子价格法以线性规划求解最优配置的自然资源价格 | 条件：对未来收益的预测 |
| | 收益还原法 | 将自然资源每年预期收益按照一定折现率还原为自然资源价格 | 优点：单独计算收益结果易被供求双方接受 |
| | | | 缺点：预测难度较大，适用范围小 |
| 成本法 | 生产成本法 | 根据自然资源价格构成因素和表现形式来确定其价格 | 条件：假设可比的历史资料 |
| | 净价法 | 按自然资源产品价格和产品其他成本之差确定自然资源价格 | 优点：适宜于特定资源估价，使用范围广 |
| | 机会成本法 | 通过估算自然资源的投入成本所牺牲的替代用途收入来确定其价值 | 缺点：工作量大，不易计算资产未来收益 |

除直接市场价格法外，多数方法存在不可避免的主观估计成分，难以准确反映自然资源价值。替代市场法的各类方法本质上是调查统计的测算方法，与传统的市场法有着很大差别。但各类方法均基于对自然资源带来的收益进行调整计算自然资源价值。

2012年联合国等发布的综合环境和经济核算体系（System of Integrated Environmental and Economic Accounting 2012，SEEA2012）提供了自然资源资产的估价方法，认为市场价格是一种理想方法，还包括减记重置成本法和未来回报折现法。减记重置成本法认为资产在其寿命周期中任何给定时间点的价值，等于与之相当的新资产的当期购置价，减去寿命周期中的累计固定资本消耗。未来回报折现法依据过去使用这种环境资产获得回报的情况，将预期回报现金流折现，计算自然资源资产的价值。SEEA2012自然资源估价方法中市场价格、重置成本和净现值本质上是市场法、成本法和收益法的一种，以市场价格为最优。SEEA2012的估价方法分别对应企业会计计量属性中的公允价值、重置成本和现值。

现有估价方法中，传统的市场法、成本法和收益法相对成熟，需要有相关自然资源及其产品的市场价格、成本构成等历史信息，必须满足相关要求才能使用。其中以市场法最为可靠，成本法和收益法均以现有相关市场为基础估计相应成本与收益，进而得出自然资源价值。条件价值评估法和旅行成本法等新兴估价方法，完全依赖调查统计和数学模型，适用范围广，使用要求低，这些方法针对部分类型的自然资源或者环境资源，存在较大偏差，使用成本较高，耗费时间较长。因此自然资源资产估价理论和方法探索之路依然漫长。

## 三、具体自然资源资产的估价方法

完善自然资源价格评估制度，建立政府公示自然资源价格体系，是建立自然资源有偿使用制度的基本前提。自然资源部批准2021年6月起实施《自然资源价格评估通则》（以下简称《通则》）行业标准，该标准规范了土地、矿产资源价格和政府公示基准价的评估方法，以及森林、草原、湿地、海洋等生态系统的生态保护补偿和生态环境损害赔偿价格评估方法。《通则》将土地资源分为建设用地、耕地、林地、草地等分别进行评估。

建设用地估价包括市场比较法、收益还原法、剩余法、成本逼近、公示地价系数修正法等，具体参见《城镇土地估价规程》（GB/T 18508—2014）。

耕地和园地估价方法相似，包括收益还原法、市场比较法、成本逼近法、剩余法、公示地价系数修正法等。具体参见《农用地估价规程》（GB/T 28406—2012）。

林地和草地估价方法包括市场比较法、收益还原法、成本逼近法、剩余法、基准地价修正法等。具体可参见《自然资源价格评估通则》（TD/T 1061—2021）。

《通则》对矿业权和矿业权出让收益的评估方法进行了规范。

矿业权评估方法包括基准价因素调整法、交易案例比较调整法、单位面积倍数法、资源价值比例法、收入权益法、折现现金流量法、勘查成本效用法、地质要素评序法、折现现金流量风险系数调整法等主要评估方法。

其中采矿权估价适用基准价因素调整法、交易案例比较调整法、收入权益法和折现现金流量法等；探矿权评估除前述方法外，还适用单位面积倍数法、资源价值比例法、勘查成本效用法、地质要素评序法、折现现金流量风险系数调整法。

矿业权出让收益评估方法包括基准价因素调整法、交易案例比较调整法、单位面积倍数法、资源价值比例法、收入权益法、折现现金流量法、勘查成本效用法等；前述方法同时适用于与矿产资源所有权相关的出让权益价值评估。各方法的具体公式、适用条件、参数要求等见《矿业权评估方法规范》（CMVS206—2017）、《矿业权出让收益评估应用指南（试行）》。

此外，《通则》对森林、草原、湿地和海洋等生态系统的生态保护补偿和生态环境损害赔偿价格评估方法进行了规范。生态保护补偿是指对生态环境或生态系统保护贡献者进行补偿的制度安排。生态保护补偿一般包括两方面内容：一是对个人或区域保护生态系统和环境的投入成本或放弃发展机会的损失的经济补偿；二是对具有重大生态价值的区域或保护对象进行保护性投入。评估方法包括成本法、生态系统服务价值比例法等。

生态环境损害赔偿指人类在自然资源的开发利用活动中，对生态系统造成干扰，引起生态系统或生态因子中的某些要素发生变化，进而导致生态系统的生态功能下降及服务价值损失，由责任方对其开发活动造成的生态系统服务损失或者生态环境损害进行补救或补偿；包括消除和减轻损害等的措施费、生态修复费用和期间损害的生态损失费。

在政府公示价格评估中，建设用地基准地价可利用市场交易资料和土地收益资料评估，具体见《城镇土地估价规程》（GB/T 18508—2014）。耕地、园地、林地、草地基准地价评估可采用样点地价平均法、定级指数模型法和基准地块评估法，具体见《农用地估价规程》（GB/T 28406—2012）。

# 第三节　自然资源资产交易

我国统筹健全自然资源产权制度，落实资源有偿使用制度，实行资源总量管理和全面节约制度，推动国家治理现代化。中央多次提出统筹推进自然资源资产交易平台建设，将全民所有自然资源资产有偿使用逐步纳入统一的公共资源交易平台。要求明确全民所有自然资源资产有偿使用准入条件、方式和程序，鼓励竞争性出让，规范协议出让，探索多样化有偿使用方式，完善全民所有自然资源资产价格评估方法和管理制度，构建完善的价格形成机制，建立健全有偿使用信息公开和服务制度，确保国家所有者权益得到充分有效维护。既要通过完善价格形成机制，扩大竞争性出让，发挥市场配置资源的决定性作用，又要通过总量和强度控制，更好发挥政府管控作用。深入推进全民所有自然资源资产有偿使用制度改革，完善自然资源资产使用权转让、出租、抵押市场规则，规范市场建设，明确受让人开发利用自然资源资产的要求。健全市场监测监管和调控机制，建立自然资源资产市场信用体系，促进自然资源资产流转顺畅、交易安全、利用高效。根据规定中央政府委托地方政府代理行使所有权的全民所有自然资源资产的统筹管理，自然资源政府公示价格体系建设和等级价格监测，自然资源市场监管和动态监测，自然资源市场交易平台等属于中央与地方共同财政事权，由中央与地方共同承担支出责任、共同负责建设。

　　当前我国自然资源资产交易市场建设快速发展，已经形成了依托公共资源交易平台的自然资源资产有偿使用市场，即自然资源资产一级市场交易，和自然资源资产使用权转让、出租和抵押等自然资源资产二级市场交易。自然资源资产一级市场是自然资源资产使用权设立市场和有偿使用实现的主要市场，自然资源资产使用权设立均需通过一级市场，达成自然资源资产有偿使用相关安排。自然资源资产二级市场是自然资源资产使用权交易市场，由市场主体自我发起，需要制度配套和政府监管，以落实资源节约制度、提高资源利用效率。

　　自然资源资产特点不同，使用权的表现形式不同，因此自然资源市场分类建设是世界普遍现象。当前我国土地资源资产交易市场相对成熟，矿产资源矿业权交易市场建设稳步推进，水资源和森林资源市场试点正在开展。本节主要介绍土地资源资产交易、矿产资源资产交易和水资源资产交易。

## 一、土地资源资产交易

　　在计划经济体制下，行政划拨、征用土地是取得建设用地的唯一途径。其中，国有建设用地重新划拨无偿使用，划拨征用农民集体的土地，用地单位则要负担征地补偿费，但补偿费比较低且不含因国家投资产生的级差地租，不存在土地资源资产交易。改革开放之初，为规范外商投资企业，1979年颁布的《中外合资经营企业法》规定外商投资企业用地采取有偿使用，计收场地使用费。1987年深圳展开了改革开放以后中国第一宗土地公开拍卖。1988年《宪法》修订，明确"土地使用权可以依照法律的规定转让"，《土地管理法》修订确立了土地所有权和土地使用权两权分离的格局，解决了土地使用权的原则性问题。1990 年，国务院发布了《城镇国有土地使用权出让和转让暂行条例》（国务院令第 55 号），为中国土地资源交易提供了法律制度基础，开启了中国土地资源交易市场建设之路。

当前我国实行土地用途管制制度，编制国土空间规划和土地利用规划，规定土地用途，将土地分为农用地、建设用地和未利用地。严格限制农用地转为建设用地，控制建设用地总量。土地利用总体规划实行分级审批，县级土地利用总体规划应当划分土地利用区，明确土地用途。各级政府实行土地利用计划管理，控制建设用地总量。建设项目用地应当符合国土空间规划、土地利用年度计划、用途管制等要求。县级以上政府每年公布建设用地供给计划。国有建设用地使用权交易方式包括划拨、出让、租赁、作价出资或者入股等四类方式。除可采取协议方式外，应采取招标、拍卖、挂牌等竞争性方式确定土地使用者。国有土地使用权出让、国有土地租赁等通过公开交易，纳入统一的公共资源交易平台体系，自然资源部网络平台为中国土地市场网（网址为 https：//www. landchina. com）。

土地使用权划拨属于无偿获取建设土地使用权。国家严格控制土地划拨，土地划拨须经县级以上政府依法批准，国家机关用地和军事用地、城市基础设施用地和公益事业用地、国家重点扶持的基础设施用地、法律和行政法规规定的其他用地可以通过划拨方式取得使用权。土地使用权划拨由县级以上人民政府依法批准，在土地使用者缴纳补偿、安置等费用后将该幅土地交付其使用，或者将土地使用权无偿交付给土地使用者使用。

土地使用权出让可以采取拍卖、招标或者双方协议的方式。商业、旅游、娱乐和豪华住宅用地，若有条件必须采取拍卖、招标方式；不具备拍卖、招标的条件，可以采取双方协议的方式。协议方式出让土地使用权的，出让金不得低于按国家规定的最低价。政府管理部门与土地使用者签订土地使用权出让合同，土地使用者根据合同缴纳土地使用权出让金等土地有偿使用费和其他费用，政府管理部门按照出让合同约定提供出让的土地。新增建设用地的土地有偿使用费，30％上缴中央财政，70％留给有关地方人民政府。

国有土地租赁是出让方式的补充。应以国有土地出让为主，稳妥地推行国有土地租赁。国有土地租赁的租金标准应与地价标准相均衡，采用短期租赁的，按年度或季度支付租金；采用长期租赁的，应在租赁合同中明确约定租赁期限、土地租金支付时间、租金调整的时间间隔和调整方式。国有土地租赁可以根据具体情况实行短期租赁和长期租赁。对短期使用或用于修建临时建筑物的土地，应实行短期租赁，短期租赁年限一般不超过 5 年；对需要进行地上建筑物、构筑物建设后长期使用的土地，应实行长期租赁，最长租赁期限不得超过法律规定的同类用途土地出让最高年期。

作价出资（入股）是国家赋予改制国有企业的一项特殊支持政策，主要适用于自然垄断行业、提供重要公共产品和服务的行业，以及支柱产业和高新技术产业中的重要骨干企业。

国家特定条件下可以收回国有土地使用权，包括城市规划进行旧城区改建等公共利益需要使用的土地、土地出让等有偿使用合同约定的使用期限届满不再续期、单位撤销、迁移等停止使用原划拨的国有土地、公路、铁路、机场、矿场等经核准报废等情况。国家应对土地使用权人给予适当补偿。

## 二、矿产资源资产交易

计划经济体制下，矿产资源勘查、开采由国家投资，国有地勘单位按照国家计划从事矿产资源勘查工作，找矿成果上交国家，国家将矿产资源查明储量以无偿划拨方式，由国有矿山企业开采，实行国有国营。1986 年《矿产资源法》实施以来，矿业权出让历经了从无偿行政审批，到以有偿行政审批为主、招拍挂市场竞争方式出让为辅，再到以招拍挂市场竞争方式出让为主、协议出让和行政审批为辅三个阶段。新时代以来，伴随自然资源资产产权制度改革的推进，矿业权全面推行竞争性出让、严格控制协议出让，形成了矿产资源资产交易新格局。

矿产资源使用权为矿业权，矿业权分为探矿权和采矿权。矿业权交易包括自然资源主管部门出让矿业权和矿业权人转让矿业权两类。矿业权一级市场即矿业权出让市场，属于新设矿业权，矿业权出让包括采取招标、拍卖、挂牌、协议、申请审批方式，向符合要求的矿业权申请人授予探矿权采矿权。矿业权二级市场即矿业权转让市场，属于矿业权流转，矿业权转让是指矿业权人依法将矿业权转移给他人。因公共利益需要，出让矿业权的主管部门可以依法给予合理补偿，收回矿业权。

铀矿等国家规定不宜公开矿种的矿业权不得交易。石油、天然气等矿产资源实行探采合一制度。国家规定满足一定条件下的矿产资源可以不设探矿权，直接设置采矿权。

在矿业权交易中，交易主体是参与矿业权交易的组织。出让人是出让矿业权的自然资源主管部门。转让人是转让其拥有合法矿业权的矿业权人。受让人是符合探矿权、采矿权申请条件或者受让条件的、能独立承担民事责任的法人。招标出让的参与投标各方为投标人；拍卖和挂牌方式出让的参与竞拍和竞买各方为竞买人，出让人按公告的规则确定中标人、竞得人。探矿权人一般是营利法人或非营利的事业单位法人。采矿权人一般为营利法人。

主管部门应组织实施矿业权出让收益评估，与中标人、竞得人或申请人签订出让合同，约定相关权利义务。矿业权受让人应当按照矿业权出让合同约定缴纳矿业权出让金，缴纳矿业权占用费，开采矿产资源需要缴纳资源税。受让人缴纳出让金之后主管部门更新矿业权登记簿，办理矿业权登记，发放探矿权证书、采矿权证书。探矿权首次登记期限为 5 年，每次延续时间为 5 年。探矿权申请延续登记时应扣减首设面积的 25%。采矿权的期限按照矿山建设规模与储量规模相适应原则确定，原则上不超过 30 年，可以续期。

矿业权交易平台是指依法设立的为矿业权出让、转让提供交易服务的机构。自然资源部官网设置了"矿业权市场"平台，还包括地方政府公共资源交易平台、国土资源主管部门建立的矿业权交易机构等。

## （一）矿业权交易一般规定

自然资源部负责石油、烃类天然气等 14 种重要战略性矿产的矿业权出让、登记。战略性矿产中大宗矿产通过矿产资源规划管控，由省级自然资源主管部门负责矿业权出让、登记。其他矿种由省级及以下自然资源主管部门负责。省级主管部门依法设置省、市、县三级政府矿产资源开采审批登记权限，但不得将自然资源部下放给省级部门的权限再行下放。

主管部门应根据国土空间规划、生态环境保护、矿产资源规划、国家产业政策等要求，坚持综合开发和排他性设置原则，处理各类矿产空间和时序上的开发关系，划定探矿权采矿权区块，考虑市场需求和矿业权设置必要性，对矿业权出让的数量和时序做出安排，编制公告矿业权出让计划，建立矿业权出让项目库。市场主体可以提出区块纳入矿业权出让项目库。

主管部门完成现场踏勘等基础工作，对满足出让条件的矿业权，组织实施出让。矿权交易应签订出让合同，约定相关权利义务。探矿权出让合同应明确勘查矿种与范围，以及综合勘查要求、依法申请勘查区块范围内矿产资源的采矿权、矿业权出让收益缴纳计划、法定义务等事宜。采矿权出让合同应明确开采矿种、范围，以及矿产资源综合利用、矿山地质环境保护与恢复治理、土地复垦、矿业权出让收益缴纳计划、法定义务等事宜。

## （二）招标拍卖挂牌出让

主管部门应公开拟出让矿业权相关地质资料和勘查成果，编制招标拍卖挂牌出让文件，在投标截止日、公开拍卖日或者挂牌起始日 20 个工作日前在政府公共资源（矿业权）交易平台发布出让公告。主管部门出让前确定出让收益底价，出让收益底价不得低于矿业权市场基准价或者出让收益基准率，出让活动结束前底价须保密，且不得变更。

招标出让根据招标条件综合择优确定中标人，最大限度地招标各项综合评价标准或者满足招标实质性要求，投标价格最高且不低于标底。拍卖出让的应价最高且不低于底价的竞买人为竞得人。挂牌出让的出让收益报价最高且不低于底价者为竞得人；如果只有一个竞买人则挂牌成交报价不应低于底价。

招标成交在确定中标人当天发出中标通知书，5 个工作日内将中标结果通知所有投标人；拍卖、挂牌成交应当当场签订成交确认书。发出中标通知书或者签订成交确认书后 5 个工作日内进行信息公示。出让人与中标人或者竞得人根据中标通知书或者成交确认书签订矿业权出让合同。

### （三）协议出让

稀土、放射性矿产勘查开采项目或国务院批准的重点建设项目，可以协议方式向特定主体出让。已设采矿权深部或上部的同类矿产，可以协议方式向同一主体出让。协议出让应经审批机关同级政府同意，同意文件应明确：拟协议出让矿业权的勘查开采项目名称、受让主体、拟设勘查区块或者开采区的范围、坐标、标高、面积、勘查程度、资源储量、开发利用情况，是否符合矿产资源规划等信息。协议出让按照审批登记权限进行审批登记，颁发勘查许可证、采矿许可证

协议出让必须实行集体决策、价格评估、结果公示。矿业权出让收益按照评估价值、市场基准价确定协议出让金额；或者参照矿业权出让收益基准率和矿业权出让市场的实际情况综合确定出让收益率，但不得低于基准率。

### （四）申请审批方式

国家财政全额出资勘查开展预查、普查和必要的详查，主管部门可以以申请审批方式授予探矿权；完成规定的勘查工作后注销探矿权，纳入国家出资勘查形成的成果清单管理。符合规定的探矿权人可以以申请审批依法申请勘查区块范围内矿产资源的采矿权。

## 三、水资源资产交易

在中国一定范围内的有偿使用水资源实施较早。城市自来水厂给水用户需缴纳水费。1965 年开始水利工程供水计收水费。1982 年城市用水工作会议之后，面对北方地区水资源危机，实行计划用水和节约用水，对工矿企业自备水源开始征收水资源费。1988 年《水法》颁布，城市地下取水开征水资源费，其他地区其他水源由地方政府决定是否征收水资源费，奠定了水资源资产交易的制度基础。2005 年水利部开展水权试点，2006 年水量分配管理、取水许可和水资源费征收等相关制度颁布，2007 年《物权法》明确取水权作为用益物权，我国开启了水资源资产交易新篇章。近年来最严格水资源管理制度确立了水资源开发利用控制红线，严格控制流域和区域取用水总量，制定年度用水计划，同时开启了水资源税试点改革。

中国水资源总体偏少，属于缺水国家，为了合理利用水资源、提高利用效率，国家进行了一系列水资源规划、计划和控制。水资源战略规划、流域和区域综合规划、流域和区域专业规划、水功能区划、水中长期供求规划、水量分

配方案、调度计划用水、年度用水总量控制和行业用水定额控制、取水许可、有偿使用、计量收费和超定额累进加价等制度均对水资源资产交易有决定性影响。

水资源资产交易表现为水权交易。水权交易按照确权类型、交易主体和范围划分为区域水权交易、取水权交易、灌溉用水户水权交易等三类。当前水权交易主要是用水权和取水权。此外水资源资产交易中的水权还包括水域使用权和水污染物排放权，水域使用权又分为陆地的水面使用权和海域使用权，前者由《土地管理法》《渔业法》进行规范，后者由《海域使用管理法》进行规范；水污染物排放权则由《环境保护法》《水污染防治法》进行规范。本小节主要介绍区域水权交易、取水权交易、灌溉用水户水权交易。

水权交易是指在合理界定和分配水资源使用权基础上，通过市场机制实现水资源使用权在地区间、流域间、流域上下游、行业间、用水户间流转的行为。因此水权交易是水资源资产交易的二级市场，交易方必须在一级市场取得水资源使用权，即依法获得用水总量控制指标和江河水量分配指标、取水权或用水权益。中国水权交易所是水权市场的重要载体，属于水资源资产二级市场。

## （一）区域水权交易

区域水权交易是县级以上地方政府或其授权机构，以用水总量控制指标和江河水量分配指标范围内结余水量为标的，在具备调水条件的行政区域之间开展的水权交易。交易主体是县级以上地方政府或其授权机构，交易标的是该行政区域的用水总量控制指标和江河水量分配指标的节余水量。用水总量控制指标和江河水量分配指标依赖于水量分配方案、调度计划用水、年度用水总量控制。

区域水权交易通过水权交易平台公告其转让、受让意向，寻求确定交易对象，明确可交易水量、交易期限、交易价格等事项。交易价格以评估价为基准价格，交易各方协商定价或者竞价。转让方与受让方达成的协议应报共同上一级地方人民政府水行政主管部门备案。跨省交易但同一流域管理机构的报该流域管理机构备案。不属同一流域管理机构管辖报国务院水行政主管部门备案。

在交易期限内，区域水权交易转让方转让水量占用本行政区域用水总量控制指标和江河水量分配指标，受让方实收水量不占用本行政区域用水总量控制指标和江河水量分配指标。东江向香港供水开启了我国区域水权交易的先河。2005年横锦水库引水工程东江向义乌供水开启了祖国大陆首例异地水权交易。

## （二）取水权交易

取水权交易是取水权人通过调整产品和产业结构、改革工艺、节水等措施节约水资源，在取水许可有效期和取水限额内依法向其他主体有偿转让相应取水权的水权交易。取水权交易主体为组织或个人等取水权人，标的为取水权。因此取水权交易出让方应取得取水权，并满足转让条件。

除农村居民生活用水、少量用水和公共事务临时应急取水外，单位和个人取用水资源都应当申请领取取水许可证，并缴纳水资源费或水资源税。取水许可必须符合水资源综合规划、流域综合规划、水中长期供求规划和水功能区划，遵守水量分配方案，取水许可坚持地表水与地下水统筹考虑，开源与节流相结合、节流优先的原则，实行总量控制与定额管理相结合。流域内批准取水总耗水量不得超过本流域水资源可利用量。行政区域内批准取水的总水量不得超过流域管理机构或者上一级主管部门下达的可供取用水量；其中，取用地下水总水量不得超过地下水可开采量。

取水权申请人向审批机关提出申请。建设项目取水申请人应当提交建设项目水资源论证报告书。取水许可实行分级审批，主要河流和跨流域取水由流域管理机构审批，其他取水按省级政府规定审批。根据经批准的水量分配方案或者签订协议控制流域与行政区域取水许可总量。按照行业用水定额核定的用水量审批取水量。取水涉及社会公共利益应当向社会公告，并举行听证。批准取水申请的同时签发取水申请批准文件；不批准的书面告知申请人不批准的理由和依据。直接取水的经审查合格，发给取水许可证。需兴建取水工程或设施，经批准申请人方可兴建，竣工试运行后，经验收合格，由审批机关核发取水许可证。取水许可证有效期限一般为5年，最长不超过10年。

取水权人应当缴纳水资源费，按照批准的年度取水计划取水，超计划或者超定额取水部分累进收取水资源费。征收标准由省级有关主管部门制定，经本级政府批准，报国务院有关部门备案。水资源费缴纳数额根据取水口所在地水资源费征收标准和实际取水量确定。水资源费由取水审批机关负责征收，水资源费全额纳入财政预算，主要用于水资源的节约、保护和管理、水资源合理开发。

2016年河北开始水资源费改税试点，2017年试点扩大到其他9个省市区。水资源税实行从量计征，对超计划（定额）取用水，从高确定税额。试点省份开征水资源税后，应当将水资源费征收标准降为零。税务机关与水行政主管部门协作征税，水行政主管部门定期将相关信息移交给税务机关，税务机关征收水资源税。

取水权交易转让方应向原取水审批机关提出交易申请。原取水审批机关审查转让方的转让申请报告，进行现场检查，在20个工作日内决定是否批准，并书面告知申请人。批准后，转让方与受让方通过水权交易平台签订取水交易协议或者直接签订取水权交易协议，交易量较大的应当通过水权交易平台签订协议。交易价格根据补偿节约水资源成本、合理收益的原则，综合考虑节水投资、计量监测设施费用等因素确定。交易完成后，转让方和受让方依法办理取水许可证或者取水许可变更手续。

县级以上地方政府或其授权机构可以以政府投资节水形式回购取水权，也可回购取水权人投资节约的取水权。回购取水权优先保证生活用水和生态用水；尚有余量的通过市场竞争方式配置。

### （三）灌溉用水户水权交易

灌溉用水户水权交易是已明确用水权益的灌溉用水户或者用水组织之间的水权交易，在灌区内部用水户或者用水组织之间进行。灌溉用水户水权交易需以水权证等形式明确用水权益。交易期限不超过一年不需审批，由转让方与受让方平等协商，自主开展；交易期限超过一年需事前报灌区管理单位或水行政主管部门备案。

县级以上地方政府或其授权机构可以回购灌溉用水户或者用水组织水权，回购水权用于灌区水权重新配置或水权交易。

# 第四节　自然资源资产核算体系

自然资源资产核算按照核算范围和对象的不同，在理论研究和实践探索中分为宏观核算和微观核算。宏观核算着眼于对一国经济活动中自然资源的耗用和环境后果的核算，主要沿用国民经济核算的思路，利用统计方法进行核算，研究成果集中体现在 SEEA2012 中（陈玥等，2015）。微观核算着眼于对企业等经济主体开发利用资源的经济利益和责任进行核算，合理反映企业占有的资源量和资源开发收益，主要沿用会计核算思路，研究成果体现在会计制度中。自然资源属性多样、情况复杂，难以准确计量，更难以货币计量，传统经济核算的方法不能直接用于自然资源资产，所以当前无论宏观核算和微观核算理论和实践中都存在众多难点问题。

2013 年党的十八届三中全会提出"探索编制自然资源资产负债表，对领导干部实行自然资源资产离任审计，建立生态环境损害责任终身追究制"。2014 年中国开始推动权责发生制政府综合财务报告制度改革。2017 年发布《中国国民经济核算体系（2016）》（CSNA2016）将自然资源资产核算纳入辅助核算体系，同年中共中央提出国务院向全国人大报告包括自然资源资产在内的国有资产管理情况。这些制度改革推动了中国自然资源资产核算体系的发展和完善，为自然资源资产核算和监督提供了制度保障。本节在回顾中国自然资源资产核算沿革发展基础上，重点介绍 CSNA2016 的自然资源资产核算和自然资源资产负债表研究最新进展。

## 一、中国自然资源核算沿革

中国自然资源核算发展可以分为自然资源核算、自然资源资产核算和自然资源资产负债核算三个阶段。自然资源核算阶段集中在改革开放之前，由政府设置的专职自然资源管理部门来组织核算。如地质矿产部负责对矿产资源进行调查与勘探，水利部负责水资源的勘察观测，林业总局负责森林与草原资源的普查等。各主管部门对管辖范围内的自然资源通过勘察、普查等手段进行分类核算。核算的方式主要是采集证据、登记台账和填制报表。自然资源核算的根本特点是实物核算，计量单位因自然资源种类、特点不同而不同。这个阶段的自然资源核算忽视价值计量，且不注重资源开采利用的效益成本分析和经济可持续性研究（李金昌，1987）。

一般认为西方发达国家资源核算探索早于我国，理由是 1972 年挪威环保部就开始建立自然资源核算体系，随后芬兰、美国等发达国家相继跟进。这种观点有失偏颇，其实我国在 20 世纪 50 年代初期就建立了国家矿产储量平衡表制度，比 SEEA1993 倡导的自然资源实物资产表要早近 40 年。1959 年全国地质资料局印发了《中华人民共和国矿产储量平衡表编制规程》，表明我国是世界上在核算矿产资源量过程中较早建立实物账户和报表的国家。而且，我国的森林、田地、水利清查工作也早在中华人民共和国成立初期就已经开始，只是尚未在中央政府层面建立全种类资源核算统一框架体系。

自然资源资产核算出现在改革开放之后，自然资源资产核算的根本特点是对自然资源实行资产化管理并进行价值核算。改革开放以后，有偿使用自然资源的呼声越来越高，李金昌（1990）率先提出"资源资产"的概念，并提议"建立资源资产管理专门机构，代表国家综合管理国有资源资产有关事务"。高振刚（1992）根据经济学理论，认为自然资源可以为人类社会带来收益，所以认定自然资源是一种资产，简称为"资源资产"。自 1992 年党的十四大确立了我国经济体制改革的目标是建立社会主义市场经济体制以来，对自然资源实施资产化管理以及评估与核算自然资源价值的实践与探索越来越多。SEEA1993推出以后，中国学者在研究以 SEEA 为基础的宏观资源核算时，也都将自然资源看作一项资产。2015 年国家统计局推出《编制自然资源资产负债表试点方案》（以下简称《试点方案》）之后，以试编当地自然资源资产负债表为特征的自然资源资产核算活动在自然资源条件较好的地区竞相展开。

## 二、国民经济核算体系中的自然资源资产核算

《中国国民经济核算体系（2016）》将资源环境核算纳入辅助核算体系，分为资源核算和环境核算。资源核算包括自然资源资产表、自然资源产品供给

表和使用表。自然资源产品供给表和使用表反映国民经济各行业与环境之间、国民经济各行业之间对资源产品的供给和使用情况，本书不再赘述。

CSNA2016 是在 CSNA2002 基础上修订而成的，结合中国经济发展和宏观经济管理需求，借鉴吸收了 SNA2008 和 SEEA2012 研究成果，引入了经济所有权等新概念，附属核算发展为扩展核算，自然资源实物核算发展增加了自然资源资产价值核算。自然资源资产核算思路与 SEEA2012 相同，但是作扩展核算而非独立的资源环境核算体系，更为简略精练。

CSNA2016 核算体系引入了"经济所有权"概念，这也是《2008 年国民账户体系》新引入的一个非常重要的概念。所有权分为法定所有权和经济所有权。所有者是依法对产品价值中所蕴含收益享有权益的单位，如果所有者有可能与另一个单位签订协议，同意由后者在生产中使用产品，并承担由此带来的风险、享有由此带来的利益，从而换取一个约定好的、蕴含风险因素较小的金额。例如，如果一家租赁公司在法律上拥有一架飞机，同意一家航空公司租赁这架飞机，换取约定的金额。航空公司对这架飞机的飞行频次、飞行目的地以及机票价格等进行全权决策。航空公司可以认为是这架飞机的经济所有者，尽管银行仍然是其法定所有者。经济所有权是使用权资产的重要理论来源。在自然资源所有权与使用权分离的情况下，需要根据实际情况确定自然资源资产的经济所有权进行管理和核算。

自然资源资产核算表反映自然资源资产（土地、矿产、林木、水资源等）期初期末存量水平，以及核算期间的变化量。表的主栏为自然资源资产期初期末存量及本期增加量和减少量，宾栏为自然资源资产分类。按照不同的计量方式，自然资源资产核算表可分为实物量核算表和价值量核算表。价值量核算表是在实物量核算表的基础上，采用市场价格估值。在没有市场价格情形下，采用重置成本法或未来收益净现值法等方法估值（表 6-3）。

**表 6-3　自然资源资产实物量（价值量）核算表**

|  | 土地 | 矿产 | 林木 | 水 |
| --- | --- | --- | --- | --- |
| **1. 期初存量** |  |  |  |  |
| **2. 本期增加** |  |  |  |  |
| 自然增加 |  |  |  |  |
| 经济发现 |  |  |  |  |
| 分类引起的增加 |  |  |  |  |
| 其他因素引起的增加 |  |  |  |  |
| **3. 本期减少** |  |  |  |  |
| 自然减少 |  |  |  |  |

（续）

| | 土地 | 矿产 | 林木 | 水 |
|---|---|---|---|---|
| 经济使用 | | | | |
| 分类引起的减少 | | | | |
| 其他因素引起的减少 | | | | |
| **4. 期末存量** | | | | |

## 三、自然资源资产负债表

2015 年 11 月，国务院办公厅印发《编制自然资源资产负债表试点方案》（以下简称"《试点方案》"），试点工作正式启动。此后国家统计局联合多部委先后发布了《自然资源资产负债表试编制度（编制指南）》《自然资源资产负债表编制制度（试行）》《县级自然资源资产负债表编制试点方案》等多项制度，并先后开展了两轮试点，已试编了 2015—2018 年全国实物量自然资源资产负债表和 2016—2018 年省级实物量自然资源资产负债表。自然资源部正在探索编制全民所有自然资源资产负债表。2019 年 4 月，中央办公厅、国务院办公厅颁布《关于统筹推进自然资源资产产权制度改革的指导意见》再次强调"研究建立自然资源资产核算评价制度，开展实物量统计，探索价值量核算，编制自然资源资产负债表"。试点和试编工作取得了一定成效，基本摸清自然资源资产家底，存在的理论和现实问题。

自然资源资产负债核算源于 2013 年中国首倡探索编制自然资源资产负债表，目前形成了一分为二的探索路径：一是沿着 SEEA2012 的路径编制名为自然资源资产负债表实为自然资源资产平衡表的路径前行；二是沿着经典资产负债表及其平衡关系的路径前行。前者，在《试点方案》的指引下展开，虽然已经在多个试点地区完成了试编，但是由于其不考虑负债与权益的结果，只能算是自然资源资产核算，而不能属于自然资源资产负债核算。后者，又分为统计路径和会计路径。统计路径侧重于指标设置和报表填制，核算结果是主表统帅下的若干报表组合。会计路径侧重于账户设置并形成互相依存的证、账、表系统，核算结果不仅形成主表统帅下的若干报表组合，而且还有一套严格的账户系统做支撑。

自然资源资产平衡表的思路与 CSNA2016 思路相同，遵循自然资源资产"来源 ＝ 运用""供给 ＝ 使用"的平衡关系。

统计路径自然资源资产负债表并非单张报表，而是至少包括"（1 张总表＋3 × 2 张主表）或（4 张分类表＋2 张扩展表）"的报表体系。即 1 张自然资源资产负债表（价值量）总表，3 张资源、环境、生态综合实物量表和价值量表或4张土地资源、水资源、林木资源、矿产资源分类实物量表和价值量表，以及2张环境、生态综合核算的实物量表和价值量表。基于实物与价值并重、数量与质量并重、存量与流量并重和加法与减法结合、分类与综合结合、科学与实用结合的"三并重三结合"的基本原则；遵循先实物后价值、先存量后流量、先分类后综合的"三先三后"的技术途径。以自然资源资产原始统计数据为基础，测算自然资源资产和负债价值，以表格形式呈现编制过程，逐渐汇总编制形成自然资源资产负债表。

会计路径自然资源资产负债表以"自然资源资产＝自然资源权属"的自然资源总平衡公式，统御"自然资源资产＝自然资源负债＋自然资源权益"的应用平衡，结合"期初结余＋本期收入－本期支出＝期末结余""投入＝产出"或"来源＝使用"等平衡关系，通过核算科目和账户结构逐步核算自然资源资产的存量和流量，以对称式或矩阵式的报表格式，编制自然资源资产负债表。

当前自然资源资产负债表并未形成统一认识，尚在探索阶段。相关实践和理论探索为对领导干部实行自然资源资产离任审计，建立生态环境损害责任终身追究制提供了有力支撑，但是探索进展与实践需要尚有差距，存在理论和实践上难点问题，需要加强研究。CSNA的自然资源资产核算已经稳步推进。当前生态系统生产总值（GEP）和环境、社会和公司治理（ESG）等与自然资源资产核算相关探索不断深入，但问题和难点众多，需要继续探索。

### 专栏：深圳市自然资源资产核算简介

深圳市是中国改革开放的前沿窗口、创新发展的时代标杆。2020年，国家批准深圳建设中国特色社会主义先行示范区综合改革试点。在自然资源资产核算方面深圳也走在全国，乃至世界的前列。

2014年深圳市大鹏新区启动了自然资源资产核算体系和负债表研究，2015年推出全国首个县（区）级自然资源资产负债表，将林地、城市绿地和矿产资源等11项自然资源列入大鹏半岛自然资源资产核算指标，每一类自然资源资产都有一个分表，分别核算了它的实物量价值和生态系统服务价值，这些分表汇总为一份总表。大鹏新区建立了自然资源资产核算体系、自然资源资产负债表体系和自然资源资产数据管理平台，对10类（矿产资源未纳入）自然资源资产数据进行采集，实现了自然资源资产实物量和服务功能数据管理、自然资源资产管理台账明细及自然资源资产统计分析等功能，开展资产质量与价格之间的关系研究，对10类自然资源资产实物量价值和生态系统服务价值进行核算。此后大鹏新区自然资源资产负债表的数据每年采集、核算、填报一次。

2018年广东省统计局发文推广深圳市大鹏新区等编表经验。大鹏新区从实物资产价值和生态服务功能价值两个方面核算自然资源资产价值。自然资源实物资产价值为资源市场总价值，各类资产核算指标主要根据可操作性和科学性进行甄别、筛选和处理，并将各项指标的采集数据子目和计算参数进行了适度的取舍和调整。实物量价值核算方法主要是市场价值法，生态服务功能价值核算方法主要是影子工程法，治理成本法、机会成本法、时间成本法、支付意愿法、保护费支出法、层次分析法等是辅助核算方法。实物量数据包括各种资源的数量和质量数据，价值量数据主要包括自然资源生态服务功能数据和各项价格参数。大鹏新区采用了数据采集、文献查阅、市场调查、中国建设工程造价、问卷调查和统计数据等数据获取方式。

2014年深圳市盐田区率先开展城市GEP核算，建立了GDP和GEP双核算双运行双提升的工作机制。2021年深圳市宣布建立了全国第一个完整的生态系统生产总值核算制度体系。深圳市GEP核算分为两级指标体系，其中一级指标有3项，分别为物质产品、调节服务和文化旅游服务，二级指标16个，包括农林牧渔产品、调节气候、涵养水源、净化空气、游休闲服务等。全面规范了数据来源和填报要求，将200余项核算数据分解为生态系统监测、环境与气象监测、社会经济活动与定价、地理信息4类数据，数据来源涉及18个部门，共有48张表单，该报表制度也是全国首份正式批准施行的GEP核算统计报表。建立GEP在线自动核算平台，核算平台设计了部门数据的报送、一键自动计算、任意范围圈图核算、结果展示分析等功能模块，可以实现数据在线填报和核算结果的一键生成。

## 专栏：英国自然资本评估简介

英国是自然资本研究及运用的先行者，20世纪90年代后期英国国家统计署开始定期发布国家环境核算。英国政府颁布了《绿皮书：中央政府关于评估的指南》《自然选择：保护自然价值》《面向可持续环境——英国自然资本与生态系统经济核算》《2020自然资本核算路线图》等一系列自然资本核算政策及指导文件。2020年，英国环境部颁布了"启用自然资本评估方法（Enabling a Natural Capital Approach，ENCA）"相关文件，ENCA是各类评估信息和方法的整合，为分析者和决策者提供一个综合的使用工具。ENCA 将自然资本纳入决策考虑范畴，有助于发挥自然资本的社会和经济效益。

ENCA 评估利用成本效益分析的方法将项目或政策分为照旧方案（即在不作为情况下的方案，不考虑自然资本变化的影响）与预期方案（即政策实施或项目进行后的情况，核算自然资本变化的影响）分别进行评估，通过比较两种方案的成本效益差异进行决策。

ENCA 具体评估流程可概括为四步评估法。①了解环境背景。了解可能受到影响的相关生态系统以及政策或项目提案的环境背景。将环境的类型作为切入点，如 ENCA 指南中提供的八大环境类型，即城市、封闭农田、群山及荒野、淡水、林地、海岸、海域、半天然草地等。②考量自然资本受到的影响。考虑自然资本受到的影响，如哪些自然资产或指标（如大气、水体、物种多样性等）可能会受到影响，影响的范围、时效，影响是负面的还是正面的，代表风险还是机遇等。③评估自然资本的变化。一是自然资本评估工具。自然资本方法提供了多种自然资本评估工具，如环境价值评估工具（Environmental Values Look-Up Tool）提供了各类环境影响的参考值；户外休闲价值评估工具（Outdoor Recreation Valuation Tool）提供了对休闲需求的整体评估等。二是自然资本估值方法。ENCA 提供了许多具体估值方法，总体分为市场法、陈述偏好法、成本法、价值转移法四大类。④考虑风险及最优结果。最后将环境影响的评估结果进行不确定性量化，以便于成本核算和管理，从而将风险最小化。

ENCA 整合了评估核算时所需的方法、计算公式及参考值，用户根据实际情况选择不同的方法或工具，将其应用于某一特定项目或政策的评估中。ENCA 不仅适用于公共部门，也适用于企业；不仅适用于事后评价，也适用于事前评估。ENCA 为政府或企业的投资决策提供支持，推动社会资本投入自然资源资产领域，从而实现社会的可持续发展。

## 思考题

1. 从资产的内涵看，自然资源作为资产需要具备什么条件？

2. 自然资源资产价值的理论基础是什么？常用自然资源资产估价方法有哪些？

3. 公有制自然资源资产交易与私有制下资产交易有何不同？

# 第七章　自然资源保护利用管理

## 第一节　自然资源利用规划管理

我国具有丰富的自然资源，一方面是我国经济发展的基础，另一方面也是社会不断进步的重要基础。由于真正能够用于开发和利用的自然资源有限，故在有限资源的条件下做好自然资源的合理开发及利用规划是当前经济发展过程中必须要注意的问题，但当前存在的一些不科学和不合理的规划，使得在对自然资源的开发和利用过程中存在很多问题，甚至会对生态环境造成不可逆的破坏，因此在对自然资源进行开发和利用时必须要遵守科学且合理的规划方案，这也是本节重点讨论的话题。

### 一、自然资源利用规划的概念

自然资源的利用是指人们以自然资源（土地资源、水资源、矿产资源、森林资源等）为对象，为一定的利用目的而从事的经营或经济活动，而自然资源的利用规划则是为了加强对自然资源的开发和利用调控，依靠科技进步和科学管理，促进自然资源利用结构的调整和优化，提高自然资源利用效率，以满足国民经济和社会发展对自然资源的需要，同时坚持经济效益与环境效益相统一的原则，以保障我国自然资源的长期稳定供应。针对不同自然资源，我国采取不同的利用规划方案，以下从我国当前土地资源、水资源、矿产资源和森林资源四个方面的利用规划进行阐述，作为当下我们进行自然资源利用规划时需掌握的基础材料。

#### （一）土地资源利用规划

土地作为人类劳动和生产所必需的物质条件，是人类的发展之本。在人类的社会发展中，对于土地资源的利用和改造从未停止，因此土地资源的有限性和人类对土地资源的需求增长性成为人类土地利用过程中的永恒矛盾，这也为土地利用规划的产生提供了必要的背景条件。国外关于土地利用规划的研究比国内早很多，不同的国家和组织对于土地利用规划工作有不同程度的成果（表7-1）。从表7-1中可看出德国、日本、俄罗斯的土地利用规划均具备一套完整的规划体系及科学方法，具备解决当前经济发展与人口、环境、资源之间的矛盾的能力，对于环境问题的重视程度增加，通过制度化和法制化的保障，使得土地利用规划具有高度的权威性和约束力。中华人民共和国成立以来，随着我国工业化、城镇化、信息化的同步发展，土地资源的供需矛盾已成为当前最为突显的问题之一，这也为土地利用规划的产生提供了必要的背景条件。我国土地利用规划的研究相对于国外时间较短，但发展迅速（图7-1），从中华人民共和国成立初期的第一次全国土地利用规划编制到2005年的第三次全国土地利用规划的编制，土地资源利用规划已成为各自然资源中结构体系最完善、管理体制最严格、理论研究最丰富的自然资源利用规划。结合几十年的研究及实践，我国当前对于土地利用规划的定义已逐步完善：土地利用规划是对一定区域未来土地利用超前性的计划和安排，是依据区域社会经济发展和土地的自然历史特性在时空上进行土地资源分配和合理组织土地利用的综合技术经济措施[1]。

空间规划是塑造国土空间的基本力量，过去由于规划理念落后、衔接不够、管理乏力等原因，虽然我国在主体功能区规划、土地利用规划、城乡规划等方面已各自形成较为成熟的体系，但我国在空间治理水平和能力方面表现不足，主要原因有：首先，各部门牵头编制的规划存在"规划自成体系、内容冲突、缺乏衔接协调"的问题，影响管理效率；其次，由于存在地方规划重局部轻全局、重当前轻长远，同时伴随着地区分割、各行其是等问题的不断涌现，导致国家规划的管控作用在逐级落实中层层衰减，最终对国家空间发展、资源节约、环境保护等战略和政策的有效实施造成影响，严重制约我国经济社会的可持续发展；最后，地方在规划过程中的科学论证不够，普遍存在随意修改规划现象，有些地方甚至出现党政"一把手"规划专权乱象。而当前空间规划已成为现代国家进行空间治理的重要手段，因此实施"多规合一"（将我国原有的主体功能区规划、土地利用规划、城乡规划等空间规划融合为统一的国土空间规划），以"强化政府空间管控能力，实现国土空间集约、高效、可持续利用"和"改革政府规划体制，建立统一衔接、功能互补、相互协调的空间规划体系"为主要目标，可为我国进行国土资源保护和利用提供基本依据。

我国关于国土空间规划的研究在党的十八大后迅速发展：2018年自然资源部的组建，提出要建立空间规划体系并监督实施，标志着我国全面启动国土空间规划体系的改革；2019年《中共中央　国务院关于建立国土空间规划体系并监督实施的若干意见》提出"多规合一"的概念，为编制和实施国土空间规划奠定了基础，明确了国土空间规划体系的构成；2020年在自然资源部办公厅关于印发《省级国土空间规划编制指南（试行）》的通知中，明确提出省级国土空间规划的定位是对全国国土空间规划纲要的落实和深化，是一定时期内

---

① 王万茂，董祚继，王群，等．土地利用规划学［M］．北京：科学出版社，2018.

我国土地利用规划发展脉络

**1954—1958年**

背景：农业合作化阶段

目的：从经济和组织上巩固社会主义，为农业企业创造最适宜的土地组织条件

**1958—1962年**

背景：人民公社化阶段

目的：土地利用规划内容广泛，与其他专业（如农、林、牧、副、渔等）结合进行发展

**1963—1983年**

背景：人民公社化阶段

目的：继续巩固人民公社经济，为实现农村技术改革创造土地组织条件

**1966—1976年**

背景："文化大革命"期间

目的：结合编制的"社会经济发展规划"，开展土地规划工作

**1986年**

事件：国家土地管理局成立；颁布《中华人民共和国土地管理法》

目的：全面、系统地指导各地开展土地规划和土地利用等管理性工作

**1987年**

事件：开始第一轮土地利用总体规划的编制（1986—2000）

目的：建立我国现代土地规划的体系框架；制定编写土地规划的具体规程

**1997年**

事件：开始第二轮土地利用总体规划的编制（1996—2010）

目的：建立以耕地总量动态平衡为中心的实施制度；采用从上至下和上下结合的方式进行土地规划的编写工作

**2005年**

事件：开始第三轮土地利用总体规划的编制（2006—2020）

目的：从宏观角度对各级人民政府土地开发、利用及保护全流程进行加强管控；提高土地利用的效率；强化土地利用的合理分配；确保耕地红线不被突破

**2015年**

事件：《生态文明体制改革总体方案》的颁布

目的：建立以空间规划为基础、用途管制为主要手段的国土空间开发保护制度

**2017年**

事件：《全国国土规划纲要（2016—2030）》的颁布

目的：确立了国土集聚开发、分类保护、综合整治的"三位一体"总体格局

**2019年**

事件：《关于建立国土空间规划体系并监督实施的若干意见》的颁布

目的：将主题功能区规划、土地利用规划、城乡规划等空间规划融合为统一的国土空间规划，实现"多规合一"；确立"五级三类四体系"的任务

**2020年**

事件：《省级国土空间规划编制指南（试行）》的颁布

目的：对省级国土空间规划的定位、编制原则、任务、内容、程序、管控和知道要求进行规定

**总结**

在国家层面对国土空间规划的地位进行明确；强化其对各专项规划的指导约束作用；形成相应的技术指南

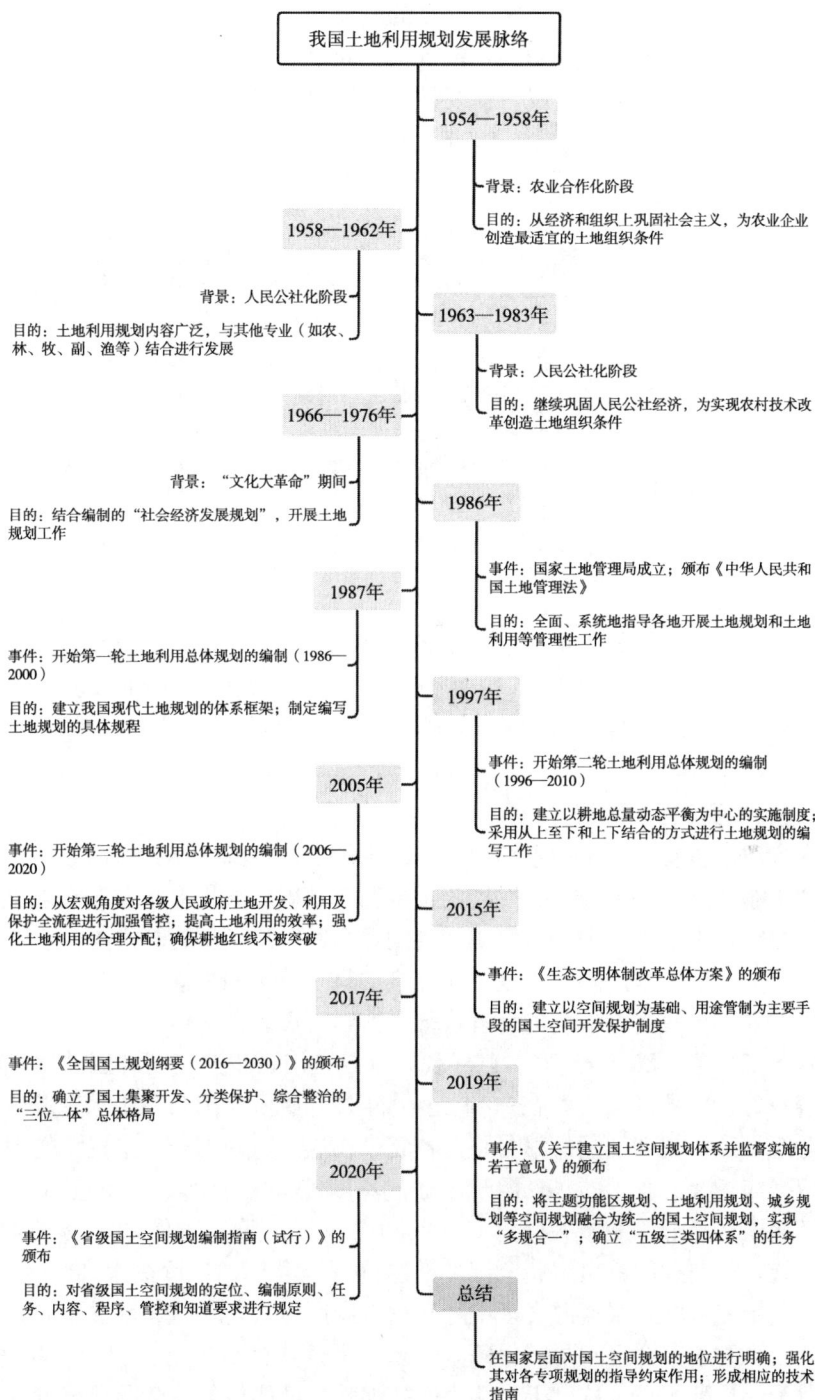

图 7-1　我国土地利用规划的发展历程

省域国土空间保护、开发、利用、修复的政策和总纲，是编制省级相关专项规划、市县等下位国土空间规划的基本依据。同时明确国土空间规划的概念是对国土空间的保护、利用、开发、修复做出总体部署与统筹安排。

表 7-1　国外土地利用规划发展

| 时间 | 国家或组织 | 事件 |
| --- | --- | --- |
| 1950 年 | 德国 | 通过《联邦德国国土规划法》，具有指导作用和法律效力，通过调整全国土地利用结构，平衡各地区之间的差异，以满足城乡发展对土地的需求 |
| 1974 年 | 日本 | 制定了《国土利用计划法》，以法律约束和指导管理工作，具有高度的指令性和强烈的干预性，强力抑制土地投机行为，注重农地保护和土地可持续利用 |
| 1993 年 | 联合国粮农组织 | 出版了第一本《土地利用规划指南》，提出效率、公平和可接受性、可持续性作为土地利用规划的三个目标 |
| 1995 年 | 联合国粮农组织 | 出版的《我们的土地，我们的未来》首次提出土地利用规划和管理的制度保障 |
| 1997 年 | 联合国粮农组织 | 出版了《为土地持续性的未来而协商——21 世纪土地资源管理结构和制度导则》，提出基于利益相关者的"交互式"土地利用规划 |
| 2001 年 | 俄罗斯 | 制定了《土地法典》和《土地规划法》，确定土地规划国家鉴定条例、过程监督条例、国家土地储备制度条例和区域土地规划条例等内容 |

### （二）水资源利用规划

水资源是所有陆地生态系统中不可缺少的自然资源，作为生命之源、生产之要和生态之基，是人类社会发展的重要物质基础。人类对水资源需求量不断增加的同时，水资源短缺和水资源污染问题日益突出，困扰着人类的生存和发展。因此为了应对水问题，不仅要靠先进的科学技术和稳固的经济基础进行保障，更需要水行政主管部门的合理规划和科学管理。

在此背景下，20 世纪 70～80 年代，世界各国逐步制定了各国的水资源规划（表 7-2）。对我国而言，在 20 世纪 80 年代开始了全国第一次水资源评价和水资源规划工作规划细则的编写，为各省市在这一时期内开展水资源规划工作提供依据与指导。我国的水资源规划通过不断完善，在 2010 年国务院正式批复了《全国水资源综合规划（2010—2030 年）》的编制工作，并授权水利部发布实施，这是我国首次编制全国性的水资源综合规划，旨在用 20 年左右的时间，逐步完善城乡水资源合理配置和高效利用体系，农村饮水安全问题全面解决，城镇供水安全得到可靠保障，节水水平逐步接近或达到世界先进水平，用水总量保持微增长，抗御干旱能力明显增强，最严格的水资源管理制度基本完善；逐步建立水资源保护和河湖生态健康保障体系，江河湖泊水污染有效控制，河流的生态用水基本保障，地下水超采得到有效治理，重点地区水环境状况明显改善等工作。本次规划可作为我国水资源开发、利用、配置、节约、保护与管理及水害防治工作的重要依据。

虽然对于水资源规划的研究还在不断完善中，但是关于水资源规划的概念形成由来已久。作为人类长期从事水事活动的产物，水资源规划是人类通过防洪、抗旱、开源、供水等水利活动逐步形成的研究理论成果。但由于不同研究者对水资源规划的认识、侧重点和实际情况不同，对水资源规划的概念也有所差异。当前，在我国被普遍认可的水资源规划概念是以水资源利用、调配为对象，在一定区域内为开发水资源、防患水患、保护生态环境、提高水资源综合利用效益而制定的总体措施计划与安排[①]。

表 7-2　国外水资源规划发展概况

| 时间 | 国家 | 事件 |
| --- | --- | --- |
| 1976 年 | 美国 | 将水质和水量进行统筹考虑，制定一系列法案指导水资源规划工作 |
| 1977 年 | 苏联 | 进行《国家水册》的编制，对水资源统计要求进行统一规定，作为水资源规划中的重要措施之一 |
| 1984 年 | 英国 | 按照小流域和行政区域进行统一的水资源管理规划 |
| 1994 年 | 德国 | 召开国际"变化世界中的水资源规划"学术大会，为水资源规划的完善进行助力 |

### （三）森林资源利用规划

森林资源是林业发展的基础和核心，可在满足人类对自然资源需求的同时，发挥改善当地生态环境的作用；林业发展主要是以森林资源为对象，进行科学保护、管理、开发和利用的产业。因此，对于森林资源的利用规划，主要体现在林业规划具体措施当中。19 世纪工业迅速发展，作为原料和能源，森林被大规模采伐和利用，导致森林资源急剧减少，促使林业规划的研究有了很大的发展。最初出现的林业规划是出自森林经营方案之中，目的在于保持林产品供给的稳定性；之后在德国和奥地利，逐渐出现了森林区划和采伐计划等方面的林业规划；随着社会对林业的需求从供给木材转化成为提供森林的多种效益，以保护生态环境为主题的林业规划体系成为当前林业规划发展的主流方向。

我国的林业规划起步比国外晚，中华人民共和国成立后，在我国的主要林区进行森林施业案的编制，之后对原始林进行相关的开发规划、总体设计和采

---

① 左其亭，陈曦．面向可持续水资源的水资源规划与管理［M］．北京：中国水利水电出版社，2003.

伐作业设计等；20 世纪 80 年代后，我国林业行业逐渐引入了建设项目的可行性研究和林业发展规划；21 世纪后，我国启动了重点林业生态工程项目，以绿色和生态为理念的林业规划成为当前趋势和主要方向。依据多年的林业规划发展，可以将林业规划定义为：在一定区域范围内，按照社会经济文化发展的趋势和要求，根据林业经济发展的前景和需要，对森林资源培育、保护、经营、利用所作的全面安排、总体部署和其组织实施的技术方案及具体措施。

### （四）矿产资源利用规划

矿产资源是工业的物质基础，也是经济社会发展的重要保障。大规模利用化石能源的工业时代开始后，社会发展对于矿产资源的利用日益深化，由于矿产资源具备分布不均匀、开采成本较高、勘探开发过程对当地生态环境有较大破坏等特点，为了能够保证矿业经济的持续壮大与发展、为社会经济的发展提供充足动力，世界各国在结合地质学、矿业经济学、区域经济学以及资源环境经济学等理论，考虑区域内外经济社会发展、矿产资源分布、区位条件、供需形势等特点后，均制定了科学合理的矿产资源规划。

在我国矿产资源规划相对于土地利用规划产生的时间较晚，矿产资源规划的发展历程大致经历了中华人民共和国成立初期计划经济时代的中央高度集中管理阶段、十一届三中全会后经济体制改革期间的矿产资源区划阶段和当前所处的矿产资源区划阶段。因此，在我国很长一段时间关于矿产资源的规划均是处于初步摸索阶段，直到 2001 年，国务院批准了首轮《全国矿产资源规划》后，我国的矿产资源规划才步入正轨。到目前为止，我国共进行了四轮全国矿产资源规划的编写工作。

2001 年国务院批准首轮《全国矿产资源规划》，并授权国土资源部发布实施，标志着我国矿产资源规划步入正轨。本次《全国矿产资源规划》通过对我国矿产资源的形势进行分析判断，确定了我国矿产资源勘查、开发利用与保护的目标，旨在通过加强对矿产资源勘查、开发利用的宏观调控，促进矿业持续、健康发展，满足国民经济建设和社会发展对矿产资源的需求。

2008 年国务院批准第二轮《全国矿产资源规划（2008—2015 年）》，授权国土资源部发布实施。作为矿产资源勘查、开发利用与保护的指导性文件，以及依法审批和监督管理矿产资源勘查和开发利用活动的重要依据。本次《全国矿产资源规划》面向国民经济和社会发展需求，全面提高矿产资源对经济社会可持续发展的保障能力，切实巩固保障全面建设小康社会的矿产资源基础。具体从找矿实现重大突破、矿产资源持续供应能力不断增强、矿产资源合理利用与保护水平明显提高、矿山地质环境和矿区土地复垦状况明显改善、矿产资源管理能力与水平明显提高五个方面构建本次《全国矿产资源规划》的目标。

2016 年国务院批准第三轮《全国矿产资源规划（2016—2020 年）》，授权国土资源部发布实施，在全面评估第二轮矿产资源规划实施情况的基础上，为今后一个时期我国矿产资源管理改革与矿业经济发展提供一个总体蓝图和行动纲领。本次《全国矿产资源规划》要求在 2020 年基本建立安全、稳定、经济的资源保障体系，基本形成节约高效、环境友好、矿地和谐的绿色矿业发展模式，基本建成统一开放、竞争有序、富有活力的现代矿业市场体系，显著提升矿业发展的质量和效益，塑造资源安全与矿业发展新格局。具体从国内资源保障基础进一步夯实、矿产资源供应保持安全稳定、资源环境保护和合理利用水平显著提高、矿业国际合作开创新局面、矿业创新发展能力全面提升等方面构建本次《全国矿产资源规划》的目标。

2020 年国务院批准第四轮《全国矿产资源规划（2021—2025 年）》，授权自然资源部发布实施，为全国矿产资源分配做出统筹安排，合理划定各级政府审批、开发矿产资源的权限定位和规划范围，兼顾当前与长远利益，实行统一规划、有效保护、合理开采和综合利用。本次《全国矿产资源规划》要求依据国民经济和社会发展规划、国土空间规划，以提高资源安全保障能力为目标，正确处理好开发与保护、当前与长远、整体与局部、国内与国外的关系，使市场在资源配置中起决定性作用和更好发挥政府作用，统筹矿产资源勘查、开发利用和保护活动，推动矿业绿色发展，确保资源供给与经济社会发展需求相适应，资源开发利用与生态环境保护相协调，规划管控与管理改革相衔接。具体从明确各级规划定位、强化资源安全保障、优化资源勘查开发保护布局与结构、推进资源高效利用、加快矿业绿色发展等方面把握本次规划编制的重点。

经过多次全国矿产资源规划编制，我国对于矿产资源规划的定义为根据矿产资源禀赋条件、勘查开发利用现状和一定时期内国民经济和社会发展对矿产资源的需求，对矿产资源的调查评价与勘查、开发利用与保护、矿山地质环境保护与恢复治理、矿区复垦等在总量、结构、布局和时序上做出的总体安排和部署①。

**（五）自然资源规划**

自然资源规划在国外多以土地利用规划的形式出现，具体内容包括土地、水资源、矿产、森林等自然资源在内的资源综合规划，而在国内则多数研究者将自然资源规划看作国土资源规划，用于对一定范围内全部或部分可用于生产、生活的自然资源和相关自然条件进行科学规划。因此，对于自然资源规划的定义并未统一，此处借鉴被广泛学者认同的概念，即指在自然资源可持续发展战略的指导下，在资源调查和评价的基础上，从国民经济需求、技术可能及资源开发利用的长远利益出发，依据一定区域内的资源态势、资源结构、资源开发利用现状和目标对相应区域内自然资源在未来一定时期内的开发速度、规

---

① 中国国土资源经济研究院 . 矿产资源规划方法［J］. 中国国土资源经济，2015，28（3）：2.

模、时序、重点及利用方向、方式和利用结构所做的整体部署和安排①。

## 二、自然资源规划的主要内容

自然资源规划可按照自然资源的属性进行区别规划，因自然资源的种类不同，其属性也各不相同；同时由于自然资源体系中各规划的区域、时期不同，导致自然资源规划的内容和重点也不相同。综合以上分析，可依据自然资源规划的使用价值，总结出自然资源规划一般包括以下几个方面内容。

第一，资源供求规划。是根据各种资源的组合特征、开发条件、开发潜力，结合国民经济对资源需求的状况和需求急迫程度，推算不同规划时期资源的承载能力、供需保证程度和服务期限，进而确定不同时期资源开发的速度、规模，选定资源、供求平衡模式。第二，资源结构规划。包括资源开发类型结构、空间结构和综合利用结构的规划等，用动态变化观点分析未来资源结构演替特点和规律，制定适应资源结构变化的区域产业结构与经济结构，推动资源结构向高级化和现代化发展。第三，资源转化增值规划。按照资源产业论观点，确定不同规划期资源、转化增值模式，以及资源深层次开发和加工增值途径。第四，资源建设规划。主要指新型资源的发现和勘探规划、枯竭资源的替代规划、资源产业替代规划及资源进出口规划等。第五，资源保护规划。主要指依靠经济、政策、立法等手段，制定不同规划期资源保护的种类、方式与措施。

以上为自然资源规划的主要内容，下面分别对土地利用规划、水资源规划、矿产资源规划和林业规划的主要内容进行介绍。

### （一）土地利用规划的主要内容

土地利用规划可为各级人民政府在管理土地方面提供科学的依据，由于不同层次需要解决的问题不同，其规划的主要内容也不相同。高层次的土地利用总体规划是下一级土地资源总体规划的依据。其中全国、省级、地市级土地利用总体规划属宏观控制性规划，根据对土地利用加强宏观管理的要求，重点在于强化规划指标控制。而县、乡级规划是实施性、管理性规划，重点是把上级规划下达的各项指标落实到土地空间上，即划定土地用途区、编定土地用途。

全国土地利用总体规划包括的主要内容有：①确定对全国有指导意义的土地开发、利用、整治、保护的方针政策及目标和措施；②协调各省、自治区、直辖市之间的土地利用关系；③根据全国的生产力总体布局与用地需求，划分不同的土地利用地域区；④提出各省（市、区）的土地利用方向和指令性指标，对跨省（市、区）的重要工程项目用地进行布局，并确定用地规模；⑤拟定提高土地利用率和生产力、保护和改善生态环境、调整土地利用结构的政策措施。

---

① 张丽萍. 自然资源学基本原理（2版）[M]. 北京：科学出版社，2017.

省级土地利用总体规划的内容有：①根据《全国土地利用总体规划纲要》的要求，结合本省土地资源的特点及土地利用的问题，确定全省土地利用目标和方针；②根据全省土地利用目标和各地区（市）土地资源特点，提出各地区（市）的土地利用方向和目标；③根据全省的生产力总体布局与用地需求，划分不同的土地利用地域；④对各种用地、生产基地及跨地区（市）的基础设施工程用地进行布局，提出土地利用结构的指导性调整指标及省内重要基础工程和重要工矿项目用地规模；⑤解决地市级土地利用总体规划所不能考虑的地市与地市之间的土地利用问题；⑥制定实施规划的有关政策和措施。

地市级土地利用总体规划的主要内容有：①根据省级土地利用总体规划的要求，结合本地区土地资源特点及土地利用的问题，提出本地区土地利用的方针；②根据本地区土地的自然条件，社会经济条件，国民经济社会发展的需要，确定本地区的土地利用目标；③根据本地区土地利用的目标和各县土地资源特点，确定各县土地利用方向；④确定区内中心城市、重要基础设施工程、重要工矿项目用地的规模和布局；⑤协调地区内县与县之间的土地利用，解决县与县所不能考虑的土地利用问题；⑥制定实施规划的有关政策和措施。

县级土地利用总体规划的主要内容有：①根据地市级土地利用总体规划的要求，结合本县的实际情况，确定本县土地利用规划的目标与任务；②合理调整土地利用结构和布局，制定全县各类用地指标，确定分阶段的土地整理、复垦、开发、保护任务；③划定土地利用区，确定各区土地利用管制规则；④安排能源、交通、水利等重点建设项目用地；⑤将全县土地利用指标落实到乡（镇）；⑥拟定实施规划的措施。

乡（镇）级土地利用总体规划作为最基层的土地利用总体规划，是在县级土地利用总体规划指导下单独进行编制，需要与县级土地利用总体规划结合起来同步进行。乡（镇）级土地利用总体规划主要任务是落实县级土地利用总体规划。其主要内容有：①根据县级土地利用总体规划的要求及本乡（镇）的土地资源特点，确定乡（镇）土地利用的目标和方向；②具体确定并落实县级规划所确定的各类土地利用区；③编定各土地利用区的使用用途，具体落实每块土地的规划用途；④阐明落实上级规划指标和各类土地利用区的途径、措施。

### （二）水资源规划的主要内容

水资源规划主要是将生活、生产、生态水资源按照规范要求进行定性、定位、定量，形成结构合理的水资源空间布局。其基本任务为根据国家或地区的经济发展计划、生态环境保护要求以及各行各业对水资源的需求，结合区域内或区域间水资源条件和特点，确定规划目标，制定开发治理方案，提出工程规模和开发次序方案，并对生态环境保护、社会发展规模、经济发展速度与经济结构调整提出合理建议。基于以上基本任务，水资源规划的主要内容包括：水资源量与质的计算与评估、水资源功能的划分与协调、水资源的供需平衡分析与水量科学分配、水资源保护与灾害防治规划以及相应的水工程规划等。水资源规划涉及的内容包括水文学、水资源学、社会学、经济学、环境学、管理学以及水利工程经济学等多门学科，涉及国家或地区范围内一切与水有关的行政管理部门。

根据水资源规划的对象与要求，水资源规划可分为流域水资源规划、跨流域水资源规划、区域水资源规划以及专门水资源规划，不同类型的水资源规划具体包括的内容如下。①流域水资源规划是指以整个江河流域为研究对象的水资源规划，包括大型江河流域的水资源规划和中小型河流流域的水资源规划，简称为流域规划。其研究的区域一般是按照地表水系的空间地理位置划分的，以流域分水岭为研究水资源的系统边界。内容涉及国民经济发展、地区开发、自然资源与环境保护、社会福利与人民生活水平的提高，以及其他与水资源有关的问题。②跨流域水资源规划是指以一个以上的流域为对象，以跨流域调水为目的的水资源规划。跨流域调水涉及多个流域的社会经济发展、水资源利用和生态环境保护等问题。因此，其规划考虑的问题要比单个流域规划更广泛、更深入，内容不仅需要探讨由于水资源的再分配可能对各个流域带来的社会经济影响、生态环境影响，还需要探讨水资源利用的可持续性以及对后代人的影响及相应对策。③区域水资源规划是指以行政区或经济区、工程影响区为对象的水资源规划。其研究的内容基本与流域水资源规划相近，其规划的重点视具体的区域和水资源服务功能的不同而有所侧重。比如，有些地区是洪灾多发区，水资源规划应以防洪排涝为重点；有些地区是缺水的干旱区，则水资源规划应以水资源合理配置、实施节水措施与水资源科学管理为重点。④专门水资源规划是指以流域或地区某一专门任务为对象或为某一行业所做的水资源规划。比如，防洪规划、水力发电规划、灌溉规划、城市供水规划、水资源保护规划、航运规划以及某一重大水利工程规划（如三峡工程规划、小浪底工程规划等）。这类规划针对性比较强，就是针对某一专门问题，但在规划时，不能仅盯住要谈论的专门问题，还要考虑对区域或流域的影响以及区域或流域水资源利用的总体战略。

### （三）矿产资源规划的主要内容

矿产资源规划是落实国家矿产资源战略、加强和改善矿产资源宏观管理的重要手段，是依法审批和监督管理矿产资源调查评价、勘查、开发、利用与保护活动的重要依据。其主要内容包括：①科学分析与研究规划编制的主要背景、规划的基础、上一轮规划的评价分析、面临的内外部环境形势与状况及未来发展趋势、指导思想与原则、总体布局与目标、主题与主线等内容；②根据《矿产资源法》，对矿产资源的审批和开发利用做出统筹安排；③对所有矿产资源的保护及所有勘查和开发利用活动的调查、监测和监督做出统筹安排；④对矿山生态环境保护与恢复治理做出统筹安排。

## （四）林业规划的主要内容

林业规划是指导、统筹安排和部署今后一段时期内林业生态建设的纲领性文件，开展林业规划编制的研究对提升林业规划成果质量、增强规划的科学性具有重要意义（图7-2）。

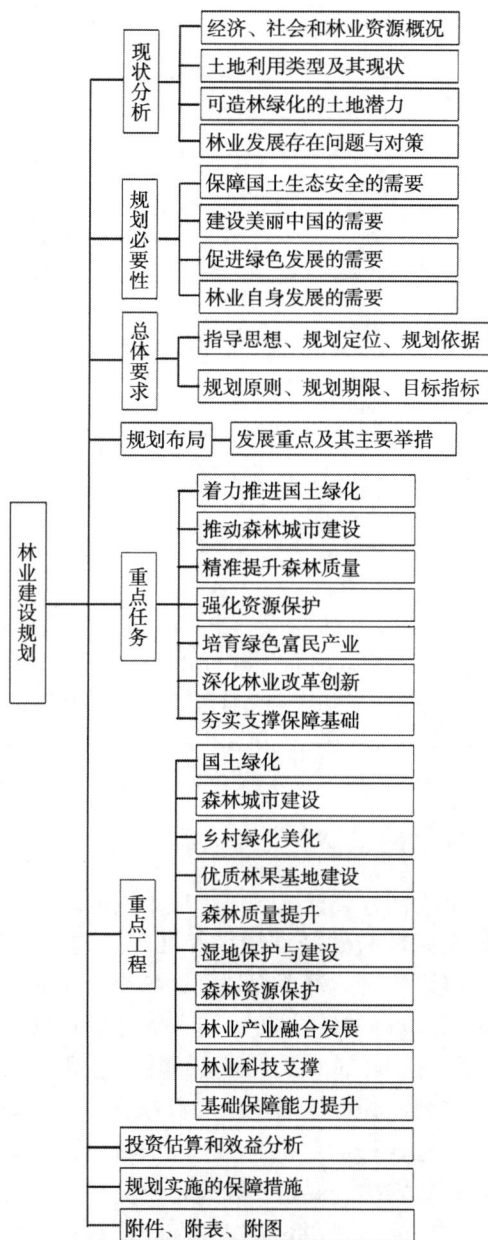

图 7-2　林业建设规划内容框架

**专栏：我国"十三五"时期自然资源规划编制情况**

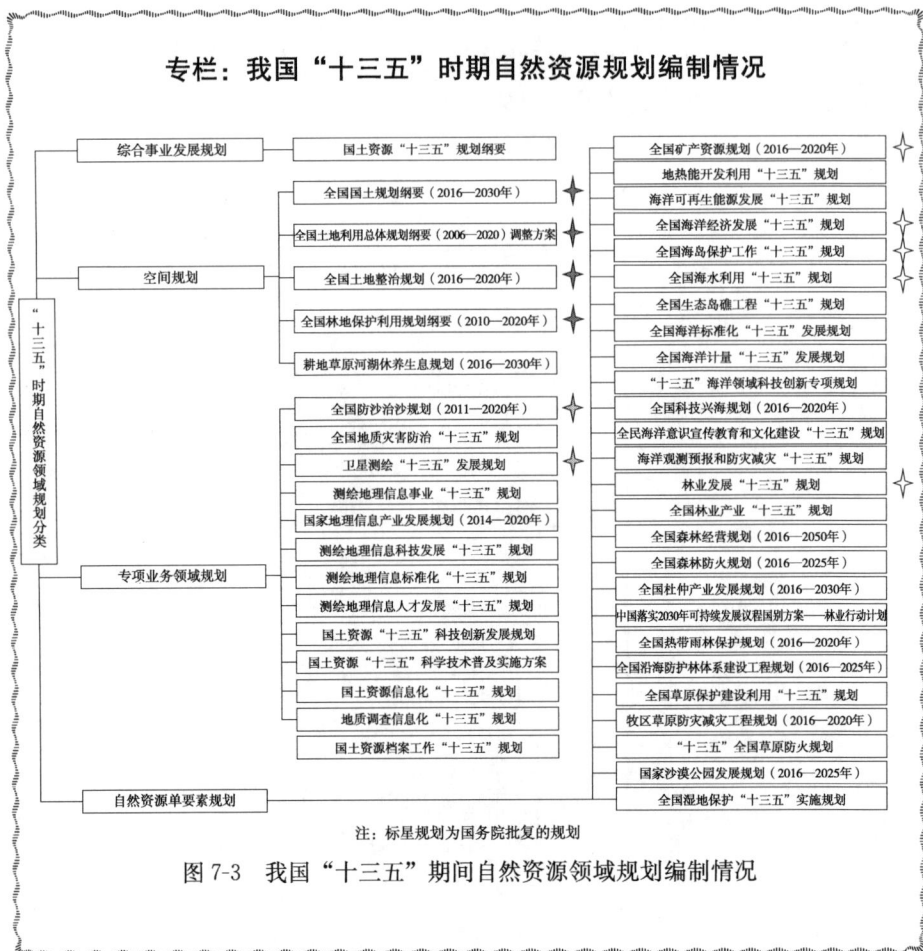

"十三五"时期自然资源领域规划分类

- 综合事业发展规划
  - 国土资源"十三五"规划纲要
- 空间规划
  - 全国国土规划纲要（2016—2030年）
  - 全国土地利用总体规划纲要（2006—2020）调整方案
  - 全国土地整治规划（2016—2020年）
  - 全国林地保护利用规划纲要（2010—2020年）
  - 耕地草原河湖休养生息规划（2016—2030年）
- 专项业务领域规划
  - 全国防沙治沙规划（2011—2020年）
  - 全国地质灾害防治"十三五"规划
  - 卫星测绘"十三五"发展规划
  - 测绘地理信息事业"十三五"规划
  - 国家地理信息产业发展规划（2014—2020年）
  - 测绘地理信息科技发展"十三五"规划
  - 测绘地理信息标准化"十三五"规划
  - 测绘地理信息人才发展"十三五"规划
  - 国土资源"十三五"科技创新发展规划
  - 国土资源"十三五"科学技术普及实施方案
  - 国土资源信息化"十三五"规划
  - 地质调查信息化"十三五"规划
  - 国土资源档案工作"十三五"规划
- 自然资源单要素规划
  - 全国矿产资源规划（2016—2020年）
  - 地热能开发利用"十三五"规划
  - 海洋可再生能源发展"十三五"规划
  - 全国海洋经济发展"十三五"规划
  - 全国海岛保护工作"十三五"规划
  - 全国海水利用"十三五"规划
  - 全国生态岛礁工程"十三五"规划
  - 全国海洋标准化"十三五"发展规划
  - 全国海洋计量"十三五"发展规划
  - "十三五"海洋领域科技创新专项规划
  - 全国科技兴海规划（2016—2020年）
  - 全民海洋意识宣传教育和文化建设"十三五"规划
  - 海洋观测预报和防灾减灾"十三五"规划
  - 林业发展"十三五"规划
  - 全国林业产业"十三五"规划
  - 全国森林经营规划（2016—2050年）
  - 全国森林防火规划（2016—2025年）
  - 全国杜仲产业发展规划（2016—2030年）
  - 中国落实2030年可持续发展议程国别方案——林业行动计划
  - 全国热带雨林保护规划（2016—2020年）
  - 全国沿海防护林体系建设工程规划（2016—2025年）
  - 全国草原保护建设利用"十三五"规划
  - 牧区草原防灾减灾工程规划（2016—2020年）
  - "十三五"全国草原防火规划
  - 国家沙漠公园发展规划（2016—2025年）
  - 全国湿地保护"十三五"实施规划

注：标星规划为国务院批复的规划

图 7-3　我国"十三五"期间自然资源领域规划编制情况

## 三、自然资源规划的基本体系

自然资源规划根据不同分类标准，可形成不同的基本体系。根据空间尺度的不同，可分为全国级别的自然资源规划和区域（地区）级别的自然资源规划，而区域（地区）级别的自然资源规划可细分为大区域、跨省、省、地市和县级别的自然资源规划。根据时间尺度，可分为近期自然资源规划（3～5 年）和中长期自然资源规划（10～20 年）。根据不同用途可分为综合性自然资源规划和专题性自然资源规划，其中综合性自然资源规划主要侧重于以一个区域内全部自然资源为对象，对其开发、利用、生产力布局、基础设施建设以及资源管理等方面进行战略性的安排，规划期较长，对一些问题均作系统且全面的考虑，以资源开发和保护作为此规划的出发点和归宿点；专题性自然资源规划主要侧重于为满足国家经济建设过程中对自然资源的需求以及解决自然资源开发、保护中产生某些重大专门性课题为目的而进行的专项规划，如全国耕地保护规划、黄土高原水土保持专项规划、全国矿产资源规划等。

当前我国最为完善的自然资源规划体系是以土地资源规划为基础而进行的国土空间规划体系，下面以国土空间规划为例介绍其体系构成。

国土空间规划是国家空间发展的指南、可持续发展的空间蓝图，是各类开发保护建设活动的基本依据。2019 年，中共中央、国务院发布《关于建立国土空间规划体系并监督实施的若干意见》文件①（以下简称“《若干意见》”），确定了我国要构建覆盖全域、管控全要素的国土空间规划体系，同时明确了我国国土空间规划体系“四梁八柱”的基本框架，即国土空间规划体系的编制和运作体系②（图 7-4）。其中从规划编制的类型和层级来看，可将规划体系大致分为“五级三类”；从规划运行方面来看，可以把规划体系分为“四个子体系”，因此可以将我国的国土空间规划体系简单归纳为“五级三类四体系”，用于引导空间规划转向顶层设计的整体、系统、分级分类的体系，并提出了健全规划实施的传导机制。

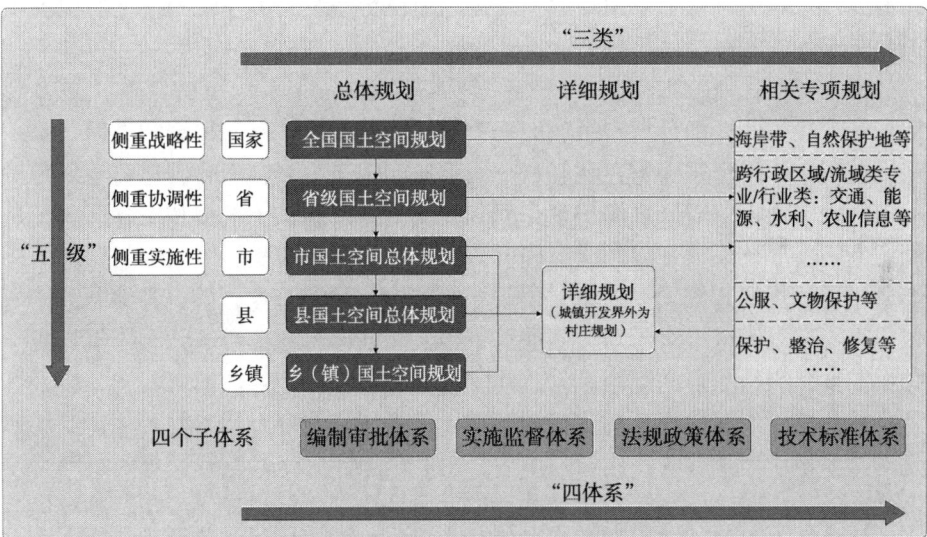

图 7-4　国土空间规划体系的“五级三类四体系”

---

① 中华人民共和国中央人民政府. 中共中央国务院《关于建立国土空间规划体系并监督实施的若干意见》［R/OL］. http：//www. gov. cn/ zhengce/2019－05/23/content ＿ 5394187. htm，2019-05-23.

② 潘海霞，赵民. 国土空间规划体系构建历程、基本内涵及主要特点［J］. 城乡规划，2019（5）：4-10.

## （一）编制体系

国土空间规划体系中的"五级"具体是指"国家—省—市—县—乡镇"五级纵向传导体系，对应我国的行政管理体系，分五个层级，自上而下编制，厘清了中央和地方事权，建立了上下通畅的反馈机制，并根据需要编制相关专项规划，编制深度和要求各不相同。①国家级即全国国土空间规划，是对全国国土空间作出的全局安排，是全国国土空间保护、开发、利用、修复的政策和总纲，侧重战略性，强调的是国土空间总体格局和政策。②省级国土空间规划侧重协调性，落实国家级规划，强调省级区域的协调，明确本辖区的总体空间格局。省级行政区的空间规划本身也具有很强的战略性。③市、县和乡镇这三级国土空间规划都侧重于实施性，这是相对于国家和省级国土空间规划的作用而言。市、县级国土空间规划的编制，既要明确对市、县域空间发展和保护的结构性引导，又要将底线管控的相关要求落到实处。乡镇级国土空间规划的编制可以有一定的灵活性，各地可根据实际情况和需要采用不同的模式。如在地域面积小、治理复杂性低的地区，可将市、县和乡镇级国土空间规划合并编制或同步编制；也可将数个乡镇作为一个编制单位合并编制，在规划批准后由各乡镇分头实施。

国土空间规划体系中的"三类"具体是指每一个层级上构建的"总体规划—专项规划—详细规划"组成的三类横向传导体系，是三种编制类型，对一定区域国土空间开发保护在空间和时间范畴上做出用途管制。①总体规划是对一定区域内国土空间开发保护在空间和时间上作出的总体安排和综合部署，是制定空间发展政策、开展国土空间资源保护利用修复和实施国土空间管理的蓝图，是详细规划的依据、相关专项规划的基础。国家、省、市、县编制总体规划，下级规划服从上级规划；各地可根据实际条件，结合市、县总体规划或单独编制乡镇级国土空间规划。就总体安排和综合部署而言，国家、省、市、县及乡镇的这一规划均属于总体规划范畴，但实际称谓可有所不同。②详细规划是对具体地块用途和开发建设强度等做出的实施性安排，是开展国土空间开发保护活动、实施国土空间用途管制、核发城乡建设项目规划许可证、进行各项建设等的法定依据，在市、县和乡镇编制详细规划。在实际工作中，根据城乡两类地域空间和城镇规模的差异，实行差异化的管理方式。③专项规划，是涉及空间利用的相关专项规划，而不是所有的专项规划。即在国家、省、市、县层面，针对特定区域（流域）、特定领域，为体现特定功能，对空间利用和保护做出的专门安排。因而，这里的"相关专项规划"大致包含两类：一类如海岸带、自然保护地等的专项规划，以及跨行政区域或流域的国土空间规划，由各级自然资源部门组织编制；另一类是涉及空间利用的某一领域的专项规划，如交通、能源、水利、农业、旅游等专项规划，由相关主管部门组织编制。

《若干意见》明确要求"相关专项规划要遵循国土空间总体规划，不得违背总体规划的强制性内容，其主要内容要纳入详细规划"。因此，"国土空间总体规划统筹和综合平衡各相关专项领域的空间需求，是专项规划的编制基础，是详细规划的编制依据。专项规划则强调专业性，在特定区域和特定领域对空间开发保护利用做出专门安排，体现特定功能；在国家、省、市、县层级编制相关专项规划，遵循、分解落实国土空间总体规划，不得违背总体规划强制性内容，其主要内容要纳入详细规划"。

### （二）运作体系

国土空间规划体系中的"四体系"具体是指其相应的运作体系，根据规划流程可以分成规划编制审批体系、规划实施监督体系；从支撑规划运行角度看有两个技术性体系：一是法规政策体系，二是技术标准体系。其中，编制审批和实施监督两个子体系体现规划工作的全流程，法规政策和技术标准两个子体系为规划工作提供法源和技术依据，是规划编制、审批和监督顺利进行的保障。

**1. 编制审批体系**

涉及明确各级各类国土空间规划编制主体、审批主体和重点内容。全国国土空间规划由自然资源部会同相关部门组织编制，由党中央、国务院审定后印发；省级国土空间规划由省级政府组织编制，经同级人大常委会审议后报国务院审批；国务院审批的市级国土空间总体规划，由市政府组织编制，经同级人大常委会审议后，由省级政府报国务院审批；其他市县及乡镇国土空间规划的审批内容和程序由省级政府具体规定。

**2. 实施监督体系**

明确一级政府、一级规划、一级规划事权，"谁审批、谁监管"，分级建立国土空间规划审查备案制度；以"管什么就批什么"为原则，明确上级政府审查要点，精简规划审批内容。拟"减少需报国务院审批的城市数量"，除直辖市、计划单列市、省会城市外，不再以人口规模，而是以城市在国民经济社会发展和战略部署中的作用为依据，综合考虑未来城镇化发展的趋势以及中央政府的管控责任，将在国家发展战略全局中的重要节点城市和需要对特殊资源进行保护的城市列入国务院审批城市的名单。相关专项规划在编制和审查过程中除了要与国土空间规划"一张图"核对外，在规划批复后还要再叠加到国土空间规划"一张图"上实施监管。在空间用途管制层面，通过国土空间规划对所有国土空间进行分区分类，落实用途管制。

**3. 法规政策体系**

国土空间规划编制和监督实施必须基于法制，《若干意见》专门讲了完善法规政策体系问题，要求"研究制定国土空间开发保护法，加快国土空间规划相关的法律法规建设"。在新的立法工作完成前的过渡期，既有的《城乡规划法》和《土地管理法》仍然有效。自然资源部正在根据《若干意见》的要求，梳理相关法律法规；对改革涉及突破现行法律法规规定的内容，要按程序报批，取得授权后施行；在国家立法和中央部委制定法规和出台政策文件的同时，非国务院审批的市、县及乡镇国土空间规划，根据《若干意见》，"由省级政府根据当地实际，明确规划编制审批内容和程序要求"。

**4. 技术标准体系**

国土空间规划涉及方方面面的技术标准问题；同时，规划工作需要有延续性，需要结合新体系的建构，梳理现有的各类标准规范，并进行必要的调整、合并、优化和扩展，构建起"多规合一"的统一国土空间规划技术标准体系，包括国土空间规划编制方法和技术规程，规划入库标准以及实施监管的规范性要求等，涵盖规划编制、实施、监管的全过程。根据 2017 年修订的《标准化法》，标准分为国家标准、行业标准、地方标准和团体标准、企业标准。据此，规划行业、地方有关部门等也应参与国土空间规划编制和实施技术标准的制定工作。

## 四、自然资源规划编制的主要程序

自然资源规划是一个相对复杂的系统，从规划开始到投入运行后的修改规划或运行策略阶段，可概括出编制自然资源规划的程序主要包括三个部分：准备工作阶段、编制规划阶段以及规划实施阶段，具体实施过程中可细分为 10 个程序。

### （一）明确任务

明确规划任务、划定规划范围，为后继规划项目的数量、内容和深度提供指导作用。

### （二）规划组织与准备

确定规划研究与编制的人员、组织机构以及资金。参与规划项目的人员应由多层次、多学科、多方面的人才组成，其中规划研究人员包括主管部门的领导和决策人员，规划编制人员主要由调研、咨询和统计等工作班子构成；针对每项计划任务，确定人员、资金、设备以及时间投入量；编制规划资金预算；购置所需设备、软件和资料等。

### （三）问题分析

收集该区域内有关材料与数据，具体包括自然资源本底材料（土地资源、水资源、矿产资源、森林资源等）以及其开发利用现状、社会经济材料（人口、生产、经济、区位、交通、基础设施等统计数据）、有关规划材料（土地利用规划、水资源规划、矿产资源规划、林业规划等），并通过 GIS 技术进行数据管理；分析自然资源开发利用中所存在的问题和原因，通过走访调查和专家咨询，了解当地政府的社会需求，明确规划性质、期限、目标和要求等方面内容。

### (四) 总体构思

根据问题分析结果，排除不属于自然资源规划要解决的问题；考虑本次规划的资金投入、自然资源利用状况、所需技术、人力资源配置等方面的基础，分析解决问题的途径；按照最大产出、最小投入、最大保护、最大公平的规划原则，设计自然资源规划方案，以满足自然资源保护、社会经济效益、可持续性发展、矛盾最小化等方面的需求。

### (五) 资源综合评价

拟定规划目标评价指标体系（社会目标、经济目标和生态环境目标）。确定评价指标并设定指标的状态及范围，对自然资源（土地资源、水资源、矿产资源、森林资源等）进行综合评价；将各类资源的数量、质量与开发利用的要求进行比较，在充分考虑资源开发利用对资源与环境的影响前提下，确定土地用途；根据所得评价结果，做出土地适宜性分布图。

### (六) 规划方案评价

对于每一种规划方案均需进行经济评价、社会影响评价以及环境影响评价。一般采取成本—效益法对规划方案进行经济分析，考虑该规划方案对当地社会经济增长的影响；通过考虑该规划方案对不同社会群体的作用与影响，对规划方案进行社会影响分析；通过定量化每个规划方案对土地资源、水资源、矿产资源以及森林资源等方面的影响，对规划方案进行环境影响分析。

### (七) 最佳规划方案确定

依据每一种规划方案的评价结果，政府部门、非政府部门、企业和社会大众等各方面代表讨论每个规划方案的可行性以及可接受性，确定该区域最佳规划方案，同时依据相关意见，对已确定的最佳规划方案进行调整和修改，做好规划文件的起草准备工作，并初步提出该规划实施过程中的管理措施和相关建议。

### (八) 起草规划文件

规划文件中需确定政府部门、非政府组织、企业以及社会大众在自然资源开发利用方面的目标和任务，并且明确实现这些目标的途径和方式；编制资金及其他投入的计划安排；建立规划实施过程中进行监测与监督的制度和措施、政府与社会之间沟通与协商的制度和措施。

### (九) 规划实施

自然资源规划实施的过程中，政府和资源主管部门起主导作用，需协调不同实施主体间的行为，加强各部门之间的联系。为确保规划的顺利实施，具体需要做好以下几个方面内容：首先，自然资源规划需体现国家的整体利益，要求其逐步实现规范化、法律化，使得自然资源规划具备权威性和可行性；其次，需制定并颁布自然资源规划工作实施细则，对于不同层次的规划提出具体要求；再次，选定自然资源管理机构，明确自然资源产权，建立自然资源核算机制，并增强管理部门的宏观调控能力。最后，对自然资源进行严格的立法管理，建立并维护执法机构的权威。

### （十）规划调整与修改

借助检测反馈系统，在对自然资源利用单位或个体进行实地调查的过程中，依据所发现的问题，及时修改并调整规划。

# 第二节　自然资源用途管制管理

当前，随着我国经济社会的不断发展、人口数量的持续增加，关于自然资源的有限性与人类需求的无限性之间的矛盾日渐突出。因此，如何通过对政策和法律制度的不断创新，建立科学的自然资源用途管制制度，以确保当前有限的自然资源能够持续满足人们对物质文化和美好生活的不断追求，成为社会各界所关注的热点。

## 一、自然资源用途管制的背景

"管制"指的是政府的强制管理和规制，是通过一定的法律或者其他手段，对个人和经济主体的活动选择进行管理和制约，最终达到维护公共利益或者特定目的行为。自然资源用途管制作为管制的一种，是指政府通过公权力的介入，对自然资源的总量以及利用程度进行的规范和制约，最终实现自然资源合理有效配置和最优化使用的目的。

我国自然资源用途管制起步时间较晚，随着改革开放后经济活力逐步释放和人口的不断增长，人们对土地的需求不断增加。1986—1995年，我国因为城市规模的无序扩张而在农用地上进行大量非农建设，导致耕地数量减少超过7000万亩。耕地的大量减少，已威胁到当时国家的粮食安全。1997年，针对这一现状，为控制耕地减少的现象，国家发出《中共中央　国务院关于进一步加强土地管理切实保护耕地的通知》，提到要改变原有的土地分级限额审批制度，采用土地用途管制制度。1998年，我国在新修改的《土地管理法》第4条中明确规定："国家实行土地用途管制制度"，并且重点关注当时耕地的违法建设问题，以期通过借助土地利用总体规划对土地用途进行规定和限制、控制建设用地的总量，同时禁止任何人打破土地资源的规划用途及利用条件，以达到严格保护耕地、保障粮食安全的目的，最终形成以保护耕地资源和集约用地为核心的土地用途管制制度。

自土地用途管制实行之后，我国加快了探索国土空间功能管护的步伐，用途管制进入一个快速发展时期。2006年，我国实施的《城市规划编制办法》

中明确提出土地资源、水资源、能源资源、自然资源以及历史文化保护等重要资源的管制措施。此时，用途管制的概念逐步从土地资源向国土、林业、水利、环境等多领域进行扩展。2013年，十八届三中全会通过的《中共中央关于全面深化改革若干重大问题的决定》提出要对水流、森林、山岭、草原、荒地、滩涂等统一登记，实行用途管制，从而限定人类生产、生活和资源开发的界线。要求在划定生态红线的基础上，对自然资源的生态空间利用进行限制，这一标志事件进一步完善了我国各类自然资源的用途管制管理。

**专栏：我国国土空间用途管制的演变历程**

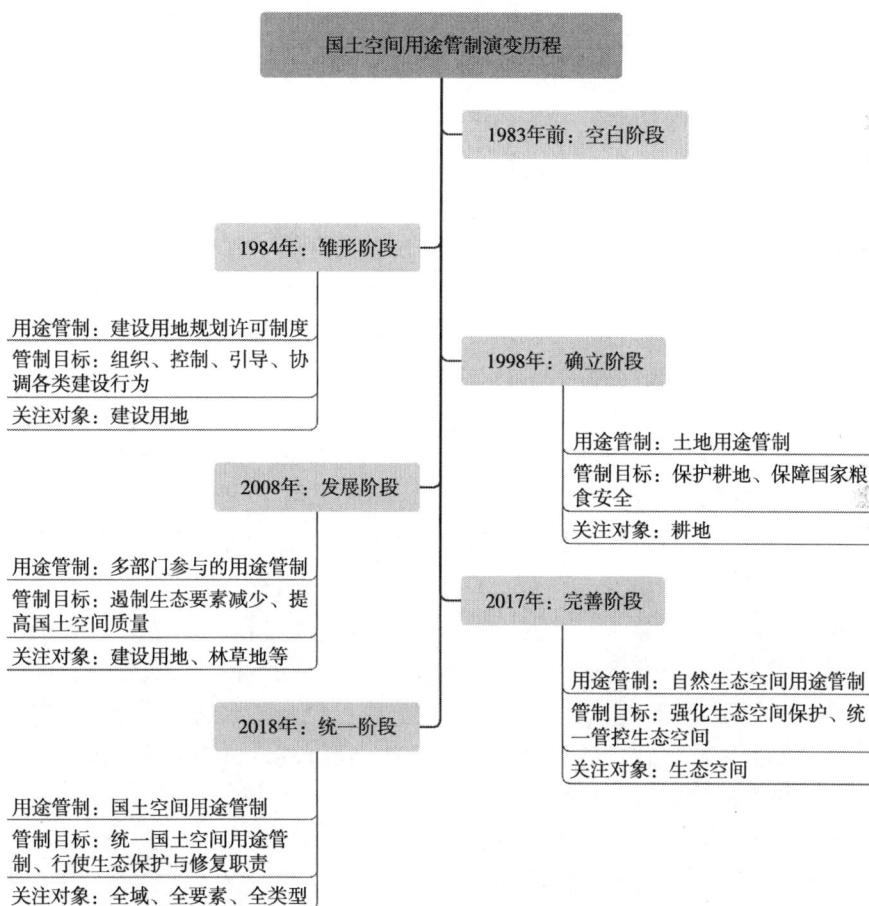

国土空间用途管制演变历程

1983年前：空白阶段

1984年：雏形阶段
- 用途管制：建设用地规划许可制度
- 管制目标：组织、控制、引导、协调各类建设行为
- 关注对象：建设用地

1998年：确立阶段
- 用途管制：土地用途管制
- 管制目标：保护耕地、保障国家粮食安全
- 关注对象：耕地

2008年：发展阶段
- 用途管制：多部门参与的用途管制
- 管制目标：遏制生态要素减少、提高国土空间质量
- 关注对象：建设用地、林草地等

2017年：完善阶段
- 用途管制：自然生态空间用途管制
- 管制目标：强化生态空间保护、统一管控生态空间
- 关注对象：生态空间

2018年：统一阶段
- 用途管制：国土空间用途管制
- 管制目标：统一国土空间用途管制、行使生态保护与修复职责
- 关注对象：全域、全要素、全类型

图7-5　我国国土空间用途管制的演变历程

## 二、自然资源用途管制的手段

自然资源用途管制是针对自然资源的应用范围和程度而进行的一种强制管理，是对于在一定国土空间内的自然资源按照其属性、用途和功能采取相应的监管措施。作为优化国土空间开发保护的主要手段，自然资源用途管制已成为当前我国生态文明体制改革的重点区域①，虽然在我国尚未形成完整统一的自然资源用途管制体系，但在其他国家对于自然资源的用途管制已有丰富的经验供我们学习。通过总结当前发达国家在自然资源用途管制方面的成功经验和做法，归纳出以下四种常用于自然资源用途管制的手段。

### （一）行政手段

自然资源的用途管制主要是靠政府部门实施，因此依赖政府有效的行政手段。当前政府针对自然资源用途管制所实施的行政手段主要包括行政规划、行政许可、行政管理等内容。

行政规划是指自然资源用途管制的行政主体按照法定职责和权限，编制自然资源的开发利用计划，用以明确自然资源开发的空间范围、时间范围以及利用强度等方面，是实施自然资源用途管制的首要环节。以美国为例，其自然资源规划是以国家公共利益为原则行使用途管制职能的表现，通过制定自然资源规划确定自然资源用途管制的总体布局和具体部署，是当前美国联邦政府以及各州的通行做法。同时在编制规划时需充分考虑自然资源用途的合理分配；规划制定后由规划制定部门负责监管因自然资源产权人而引起的自然资源用途转变，且对于自然资源资产的使用、处置以及自然资源用途的改变均需要得到相关规划部门的认可。

行政许可是指自然资源管理部门通过审批许可的方式，在法定权限内对各类自然资源的开发利用发放许可证书、执照或者将国有自然资源的所有权或使用权进行出售的行政行为，也是加强自然资源用途管制的基本方式之一。但是，从某种意义上讲，行政许可和用途管制之间存在一种辩证关系，行政许可是对自然资源赋予开发利用的权力，而用途管制则是对自然资源开发利用的规模进行限制。因此，在自然资源用途管制中使用行政许可的手段，需要把握好"度"，即把握好自然资源许可中对于自由裁量权的运用。

行政管理是指政府在实施自然资源用途管制的过程中，对于实施自然资源用途管制的行政主体进行不同程度的管理方式，包括指导、强制和处罚三种措施。对于准备进行自然资源开发利用的相对人，可进行行政指导这一管制手

① 中共中央国务院．生态文明体制改革总体方案［R］．中华人民共和国国务院公报，2015（28）：4-12.

段，通过引导和协商获得行政相对人的理解与配合，达到对自然资源开发和利用有效指引的效果，提高自然资源开发利用的效率。对于不顾管制措施，在引导或劝告后仍然违反自然资源用途管制法律的资源开发利用者，可进行行政强制的管制手段，依据法定权限和程序，对相对人的人身、财产和行为等方面采取强制性的措施，以避免其资源开发利用行为造成该区域更大程度的生态破坏。对于违法进行自然资源开发和利用的相对人，可依据法定程序进行行政处罚的管制手段，作为自然资源用途管制的一道屏障，可对相对人给予实在的法律制裁，要求为其行为所带来的后果付出相应代价。

### （二）法律手段

完善的法律制度体系是实现自然资源用途管制的基本依据，在对自然资源进行用途管制的同时必然会对当地的生产、生活和生态空间产生一定程度的影响，会涉及环境保护、土地征收、资源开发利用等多个领域的问题，因此为了更好地加强对自然资源用途管制的调控和管理，必须采取法律手段，制定一系列完整的法律体系进行补充和支撑，以明确用途管制的依据、主体、目标、程序和保障等内容，同时明确开发者、治理者和使用者各自需承担的责任义务。如荷兰政府为了将多种许可证制度进行整合，实现"多证合一"，颁布并实施了《瓦波法》；为了能够临时简化用途管制程序，推进一些基础设施和建筑项目尽快完成，颁布并实施了《危机和复苏法》；为了确保政府可以先于投机者或开发商与土地所有者进行谈判并优先获得土地所有权，颁布并实施了《优先购买权》；除此之外，荷兰政府还通过颁布《环境许可法令》《开采法》《土壤保护法》《建筑法令》等法律作为其实施自然资源用途管制的依据。

### （三）经济手段

在对自然资源进行用途管制的过程中，应充分发挥市场在自然资源配置、开发、利用及保护过程中的作用，市场可以起保证区域均衡发展的作用，主要通过对自然资源进行统一登记、有偿使用、构建资产负债表、设计税费制度和生态补偿制度等方式促进自然资源的用途管制。通过构建权责明确的自然资源资产产权制度，可维护区域内自然资源所有者和经营者的合法权益；通过对自然资源进行有偿使用、设计税费制度和生态补偿制度，可建立自然资源的长效保护机制以及增加多渠道的生态建设投入机制，以提高治理者的治理效率；通过构建自然资源的资产负债表和审计体系，可对自然资源的损害责任实行终身追究，以实现对治理者和开发者的监督管理。如美国将自然资源产权登记作为加强自然资源用途管制的基础性工作，通过对自然资源进行监督和管理，限制自然资源的私人拥有者对该自然资源进行滥采等行为；在欧盟，有的国家专门制定生态审计计划，即在该计划上有登记备案的生产企业，必须进行自然资源审计，同时向欧盟相关的生态管理部门提供其审计报告。

### (四) 技术手段

当前技术不断发展，大数据、遥感、GIS 等优势技术可助力自然资源信息平台的建设，构建自然资源用途管制动态监测系统，提升自然资源用途管制的现代化水平。一方面，信息化平台是自然资源用途管制的必备条件，平台通过整合各类信息（规划成果、管理信息以及市场信息等），可实现规划、建设和使用等自然资源利用不同阶段的全流程管理服务，有助于简化管理机构的规划和管理流程、减少市场信息的不对称性、助力投资者了解自然资源基本信息并做出决策。如日本专门建立了信息中心和空间检测网络，并构建相应的指标体系，完成自然资源的信息化平台建设，并利用大数据技术加强对于自然资源的用途监管，完善各类自然资源用途管制的指标，加强对使用者的批准考核。另一方面，运用新技术可提升自然资源用途管制的效率。如美国政府将碳吸收与封存等生态系统评估服务引入自然资源用途管制当中，将碳服务纳入现有的环境法规中，在保护和恢复沿海栖息地工作中取得良好效果。

## 三、自然资源用途管制的现状

自然资源用途管制已成为当前优化国土空间开发的主要手段，同时也是生态文明体制机制改革的重点领域。自然资源用途管制本质是一项政策行为，内容涉及自然资源开发利用的整个环节：即自然资源的前期规划、中期利用以及后期监管三个方面。我国采取的自然资源用途管制主要通过四个环节来实现自然资源利用的全程监督：①对自然资源的用途进行登记，以明确自然资源的用途；②编制自然资源总体利用规划，为自然资源的用途管制提供方向指引；③进行自然资源总体利用规划，划分出自然资源功能区；④确定自然资源各功能区内自然资源的使用限制条件，并且对自然资源的用途变更实施严格审批。

我国当前针对不同的自然资源管制区域，还未制定专门的自然资源用途管制法律，虽然在耕地、森林、草原、水域等自然资源方面建立了相应的用途管控制度，针对其中比较重要的区域通过划定基本农田、自然保护区、森林公园、湿地公园、地质公园等方式加以保护。但是，上述自然资源的保护和管控具有相互独立的制度体系，在国土、林业、水利等部门对所管辖范围内的自然资源管制制度也有明显的差异，导致不同自然资源的管制步伐不一致，因此需要进一步对自然资源用途管制的配套设施和责任机制进行完善，以有效规范自然资源的开发秩序，最终推进生态文明体制的改革。促进我国自然资源用途管制的有效实施，一方面有利于保护好我国的自然资源，另一方面也有利于促进我国经济社会的可持续发展。下面分别从土地资源用途管制、水资源用途管制、矿产资源用途管制、森林资源用途管制和自然资源用途管制 5 个方面来描述自然资源用途管制的现状。

### （一）土地资源用途管制现状

土地资源用途管制是我国最早提出的自然资源用途管制制度，相对于其他自然资源的用途管制具有成熟的制度体系。从 1998 年修订《土地管理法》开始，我国正式提出"土地用途管制"，并将土地用途管制确定为我国土地管理的根本制度；2004 年我国对《中华人民共和国土地管理法》进行修订，提出"国家实行用途管制制度""国家编制土地利用总体规划，规定土地用途，将土地分为农用地、建设用地和未利用地。严格限制农用地转为建设用地，控制建设用地总量，对耕地实行特殊保护""使用土地的单位和个人必须严格按照土地利用总体规划确定的用途使用土地"等规定。因此可见，土地用途管制与土地利用规划紧密关联。

现行的土地用途管制制度由国土资源管理部门建立并负责实施，主要包括土地利用总体规划制度、土地利用年度计划制度、耕地占补平衡制度、基本农田保护制度、用地预审制度、农用地专用审批制度等，是围绕严格保护耕地等公共利益需要而建立起来的一系列政府管控制度。土地用途管制工作的开展主要基于相关政策、法律以及规划方面的支持。政策方面，我国颁布的《基本农田保护条例》（1998 年）、《关于深化改革严格土地管理的决定》（2004 年）、《关于严格管理防止违法违规征地的紧急通知》（2013 年）、《节约集约利用土地规定》（2014 年）等文件和规章条例中提出"对于基本农田要实行特殊保护""深化改革、健全法制、统筹兼顾、标本兼治""加强征地管理，防止违法违规征地""建立节约集约用地制度"等完善了符合我国国情的最严格的土地管理制度的明确要求。法律方面，我国主要以《土地管理法》（2004）为核心构建土地资源用途管制的法律体系，结合《农村土地承包法》（2002）和《农业法》（2012 修正）等法律，从"土地使用权"和"把农业放在发展国民经济的首位"等方面对土地资源用途管制的法律体系进行完善，并对今后地方性法规及部门规章的制定提供指导。规划方面，当前主要依据《国土资源"十三五"规划纲要》（2016 年）对我国的国土资源进行有效保护、提升集约节约利用水平、加强生态建设、促进改革创新以及提升管理水平。因此，土地用途管制制度是以保护耕地为核心，涵盖了部分建设用地节约集约利用的要求，对农用地实行特殊管制，以实现对土地的宏观调控和有效管理，对促进我国土地资源合理利用做出了巨大贡献。

### （二）水资源用途管制现状

水资源的多样化利用行为可给人类生活和生产提供巨大的社会、经济和生态利益，但无节制的利用必然会造成水资源配置效率低和生态环境恶化的后果，因此为了达到提高水资源配置效率和保护生态环境的目的，需要政府对不规范的用水行为进行管理和控制。在此背景下，我国水资源用途管制被提出并逐渐完善，但因水资源相对于土地资源而言具有复杂性，因此我国水资源用途管制发展较慢。

水资源用途管制是指国家为提高水资源配置效率和保护生态环境，通过明确规定水资源用途、科学编制水资源规划，采用经济手段、行政手段和法律手段等强制性管理手段，按照水资源规划依法从其利用方式、利用程度和用途变更方面，对不合理、无秩序的水资源利用行为进行管理和规制，以确保用水者严格按照国家规定的用途合理利用水资源的制度。我国通过不断建立和完善水资源用途管制的相关制度措施，现已初步搭建起了水资源用途管制的基本框架，形成了以保护水体功能为主要目标的水资源管理制度。

现行的水资源用途管制制度由水利部门建立并负责实施，目前已建立以《水法》为核心，包括水资源综合规划、水资源论证、用水总量控制、定额管理和取水许可管理、水功能区监督管理等方面的制度体系。当前我国水资源用途管制的具体实施工作主要通过政策、法律法规以及规划三个方面进行。

在政策方面，我国颁布的《中共中央关于全面深化改革若干重大问题的决定》（2013 年 11 月）和《关于加快推进生态文明建设的意见》（2015 年 4 月）均提出要通过建立健全自然资源用途管制制度，对水资源论证和水许可制度进行严格落实；《生态文明体制改革总体方案》（2015 年 9 月）中，提出"要将用途管制扩大到所有自然生态空间，严禁任意改变自然资源的用途"，进一步为各项自然资源实施用途管制做出了总体的部署和安排，也为水资源用途管制的部分管制内容和管制措施提出了严格的要求，并提供了政策依据。

在法律方面，我国的水资源用途管制主要依据《水法》搭建初步框架，对水资源用途管制相关制度的详细规定，是我国水资源用途管制的最直接的法律依据；另一项法律依据是《中华人民共和国水污染防治法》，对水污染防治的各项指标、许可制度以及对各用途水资源污染防治措施做了详细规定，并对我国的生态用水利用行为进行了严格的管制，为我国生态环境的改善提供了法律保障。以上两部法律构成了我国水资源用途管制最高效力的依据，为今后的行政法规、地方性法规以及部门规章的制定提供了重要的指导作用。除此之外，我国的水资源用途管制还在行政法规和部门规章层面有所依据，如国务院颁布的《取水条例》（2006 年 4 月），水利部制定的《建设项目水资源论证管理办法》（2002 年 5 月）、《水利部关于水权转让的若干意见》（2005 年 1 月）、《水权制度建设框架》（2005 年 1 月）、《取水许可管理办法》（2008 年 4 月）、《水资源费征收使用管理办法》（2008 年 11 月）、《水权交易管理暂行办法》（2016 年 4 月）、《关于加强水资源用途管制的指导意见》（2016 年 7 月）等。

在规划方面，水资源用途管制主要依据《全国水资源综合规划 2010—2030 年》《全国重要湖泊水功能区划（2011—2030 年）》和《水利改革发展

"十三五"规划》对我国的水资源利用进行约束和规范。其中《全国水资源综合规划》主要是从全国、流域以及行政区域三个层面对我国水资源开发利用与保护管理进行综合部署，从宏观角度为我国水资源用途管制提供了重要依据；《全国重要湖泊水功能区划（2011—2030年）》则是对我国的水资源用途区域进行划分，通过确定不同水域的功能，协调不同用水行业间关系，实现我国水资源的科学管理和有效保护；《水利改革发展"十三五"规划》则对于生活、农业、工业和生态用水分别做出了科学的规划，并提出具体的利用要求。综上所述，水资源的用途管制是一种水资源的约束机制，是为了对水资源的使用进行规范，对水资源的浪费及不合理利用进行防范，以达到保障水资源的可持续利用，促进整体环境的可持续发展。

### （三）矿产资源用途管制现状

矿产资源是国家经济发展的基础，区别于其他自然资源，可作为现代化军事武器原材料的主要来源，能够为国家的政治、军事安全提供重要保障。随着对矿产资源进行大规模的开发利用，对区域生态环境造成了巨大压力，因此需要政府对于矿产资源的勘探、采选等不同开发阶段进行有效的管理和控制。在此背景下我国通过制定相关法律、法规和规划等一系列措施，构建了我国矿产资源用途管制体系的基本框架，对矿产资源的管理、开发利用以及保护进行有效保障和控制。

法律方面，1986年3月全国人民代表大会常务委员会制定了《中华人民共和国矿产资源法》，标志着我国的矿产资源的用途管制正式进入有法可依的时代。之后，我国的立法机关逐步颁布实施了《煤炭法》《矿山安全法》《环境保护法》等法律。我国现已建立了以《宪法》为基础，《矿产资源法》和其他法律法规构成的矿产资源法律体系。法规方面，国务院的国土资源部及其他部委先后制定了一系列部门规章：《矿产资源法实施细则》《矿山地质环境保护规定》《地质矿产调查评价项目管理办法》《矿产资源勘查区块登记管理办法》《关于进一步规范矿业权出让管理的通知》《矿业权交易规则》《开采总量控制矿种指标管理暂行办法》《矿产资源规划编制实施办法》《开采总量控制矿种指标管理暂行办法》《矿产资源补偿费征收管理规定》等，对于矿产资源的有效开发、可持续利用、补偿征收以及矿山环境保护等方面进行了详细规定，确立了我国矿产资源管理的基本法律制度，为矿产资源的利用与保护提供了切实有效的纲领。规划方面，《矿产资源总体规划》是对区域内矿产资源进行合理勘探、开发、利用以及保护的总体部署和指导性文件，是我国政府对矿产资源进行宏观调控的依据，当前我国政府正在进一步加强矿产资源的规划管理，建立规划实施保障和信息反馈体系，为强化资源安全保障、优化资源勘探开发保护布局与结构、推进资源高效利用和加快矿业绿色发展提供指导方向。

### (四) 森林资源用途管制现状

我国关于森林资源的保护工作起步较早，主要由林业部门统一开展，发展至今已形成了比较完善的森林保护管理体制。森林资源用途管制是自然资源用途管制的一部分，是国家为了建设生态文明、保持生态平衡，而对森林资源进行合理配置的一种手段，具体工作是通过对森林资源用途进行登记，编制林业发展规划，确定功能分区并对各功能区森林资源用途转用进行严格限制。森林资源用途管制的目的一方面是通过保证森林资源的数量，对区域的生物多样性进行保护，进而保持生物资源的平衡；另一方面是通过对森林资源的用途、经营模式以及手段加以明确，规避对森林资源的盲目经营，进而提升森林资源的整体质量。

当前我国森林资源用途管制具体工作的实施也是在政策、法律法规以及规划三个方面进行。政策方面，我国颁布的《关于各地区"十一五"期间年森林采伐限额审核意见的通知》（2008 年 3 月）、《关于加快林下经济发展的意见》（2012 年 8 月）、《深化农村改革综合性实施方案》（2015 年 11 月）、《"十三五"生态环境保护规划》（2016 年 12 月）、《天然林保护修复制度方案》（2019 年 7 月）等文件分别从"建立征用占用林地专家评审制度和林业主管部门预审制度""依法执行林木采伐制度""实行森林分类经营管理，有序停止天然林商业性采伐""严格保护林地资源，分级分类进行林地用途管制""建立包括天然林休养生息制度和严管天然林地占用等在内的天然林用途管制制度"等方面逐渐完善了我国的森林资源用途管制。法律法规方面，我国先后出台了《森林法》《中华人民共和国森林法实施条例》《森林采伐更新办法》《关于进一步加强森林资源管理工作的意见》等法律、行政法规和部门规章，为促进森林资源用途管制奠定了坚实的法制基础。规划方面，按照国务院出台的《全国林地保护利用规划纲要（2010—2020 年）》，国务院林业保护部门会同有关部门编制全国林业发展规划。在此基础上，依据全国林业区划，结合各区域省级和县级编制的不同林业发展规划，初步形成了国家—省—县三级林地保护利用规划体系，为林业分类经营管理奠定了基础。

### (五) 自然资源用途管制现状

纵览我国的自然资源用途管制现状，"分散"和"杂乱"是其明显的缺陷，最突出的问题便是不同类型自然资源的制度建设步调不一致。由于土地资源用途管制制度起步最早，针对土地资源用途管制的法律较为全面，并且当前已经建立起"土地规划—土地利用—土地督察"这一相对完善的用途管制制度体系。而其他自然资源的用途管制方面对应的全国人大立法相对滞后、建设步调不一致，导致同一生态系统下不同类型的自然资源其用途管制的力度不平衡，缺乏对于自然资源进行整体性和协调性的用途管制，进而不利于生态环境保护。因此，改变这种"不统一、不均衡、不到位"的自然资源用途管制局面，成为当前生态文明体制改革进程中亟待解决的一个问题。

实施自然资源用途管制，是我国推进生态文明建设的必然要求。十八大以来党中央、国务院以及国务院相关部委颁布了一系列政策文件，对自然资源用途管制提出相关的部署，如《关于加快推进生态文明建设的意见》（2015 年）中提出"完善自然资源资产用途管制制度，明确各类国土空间开发、利用、保护边界"、《生态文明体制改革总体方案》（2015 年）中提出"将分散在各部门的有关用途管制职责，逐步统一到一个部门，统一行使所有国土空间的用途管制职责"以及《关于统筹推进自然资源资产产权制度改革的指导意见》（2019 年）中提出"加强陆海统筹，以海岸线为基础，统筹编制海岸带开发保护规划，强化用途管制"等内容，表明了我国对于自然资源的用途管制建设方面不断深化的认识。2018 年国务院机构改革后，自然资源部用途管制司承担了统一行使国土空间用途管制的职责，开始推动国土空间用途管制基本框架体系、技术体系、法律政策研究及重点区域国土空间用途管制研究等工作。但当前我国自然资源用途管制制度的建设处于刚起步阶段，存在立法相对滞后的现状，缺乏响应的立法将不同时期出台的文件精神有效衔接，并形成系统的自然资源用途管制制度，因此当前自然资源用途管制的实施缺乏完整的法律体系来保障。

### 专栏：日本国土空间用途管制基本框架

| 分区<br>（都道府县级） | 细化分区 | 管制内容 | 管制手段 |
| --- | --- | --- | --- |
| 城市地区<br>《城市规划法》 | 市街化地域<br>市街化调整地域<br>其他地域 | 控制城市无序蔓延，限制土地地价上涨，划定限制区域内审查土地交易价格和土地使用目的 | 城市分区规划＋控制分区＋开发许可 |
| 农业地域<br>《农业振兴地区建设法》 | 一、二、三类农田<br><br>甲、乙种农田<br><br>白地 | 促进农业健康发展、资源的合理利用；划分优良农田：一类、甲种农田原则不许可开发；集体农田、近郊农田；二类农田原则不许可，例外许可；市街化区域：三类农田原则可开发；完整开发，确保农业用途 | 分级分区＋规划许可＋税制优惠＋交换分合 |

（续）

| 分区<br>（都道府县级） | 细化分区 | 管制内容 | 管制手段 |
|---|---|---|---|
| 森林地域<br>《森林法》 | 国有林<br>地域森林规划<br>对象民有林<br>保育林 | 森林保护，森林生产力；森林资源的保护与可持续利用，每5年制定15年全国森林规划，按森林规划区、流域等其他要素划分森林规划区；每5年对私有林地方制定10年森林规划 | 指标＋<br>规划＋<br>许可 |
| 自然公园地域<br>《自然公园法》 | 特别地域<br>（核心区） | 资源利用，生物多样性；分为国立公园、国定公园、都道府县自然公园 | 名录管理＋<br>规划＋<br>分级分区＋<br>特别地域土地<br>交易审批＋<br>许可 |
| | 特别保护地区<br>（次重点区域） | 特别保护地域保护得到根本强化，次重点保护地区开发压力得到缓解，发展压力转向了缓冲区。划分调整去可作为特定时段控制进入 | |
| | 普通地域<br>（缓冲区） | 保护规划＋利用规划并行，对公园自然资源保护，灾害预防，基础设施建设与限定环境影响行为 | |
| 自然保护区地域<br>《自然环境保护法》 | 自然保护地域<br>原生自然环境保护地域<br>特别地域 | 自然保护，生物多样性。特别地区内的开发及影响环境的活动需获得环境大臣的许可 | 分区＋<br>许可＋<br>特别地域土地<br>交易审批 |

# 第三节　自然资源保护管理

自然资源在为人类社会的不断进步和经济逐渐发展提供物质和能量保证的同时，其消耗量日益加大。伴随着人类对自然资源的开发越来越广泛，不少地区出现不可更新资源枯竭、可更新资源消耗量超过再生速度的现象，导致当地的生态平衡出现失调。因此资源的有限性和资源需求的日益膨胀间的矛盾愈加严重，迫切要求人类对自然资源进行切实的保护。

## 一、自然资源保护的含义

针对不同的层面和研究领域，自然资源保护有不同的含义。以下从生态伦理、可持续发展和经济发展三个不同层次对自然资源保护的含义进行说明。

在生态伦理层面，强调应将伦理道德的视域延伸至人与环境之中，并且肯定其他物种的生存价值和生存权力。因此，在生态伦理的层次，自然资源和自然环境也像人一样具有价值和权力，就像人类的价值和权力应该得到保护一样，对于自然资源和自然环境，他们的价值和权力也是需要得到保护的。

在可持续发展层面，要求人们在增加生产的同时，要注意生态环境的保护和改善，以确保发展的可持续性。因此，自然资源保护就是为了遵循可持续发展中的代际平等的公平性原则，为后代留下同等的对自然资源进行利用的机会和条件，以实现自然资源利用的社会效益、经济效益以及生态效益。故自然资源保护的含义为我们应当对地球上的自然资源进行保护，保持其潜力和效率不降低，或者保持其潜力和效率近似于自然状态下的条件，或者仅允许明智地对自然资源进行消耗。

在经济发展层面，随着社会的不断发展，人口的不断增加，人类对自然资源的需求也越来越大，为了保障人类的生存和发展，不可能采取不利用任何自然资源的策略，应该在自然资源保护政策与有效利用方案不矛盾的范围内进行自然资源利用，要强调自然资源的最佳利用目标，保障自然资源的有序高效利用，减少并消除自然资源浪费，最终使得社会、经济及生态三者均达到长期净收益的最大化。

## 二、自然资源保护的技术手段

### （一）自然保护地体系建设

世界自然保护联盟（IUCN）是自然环境保护与可持续发展领域唯一的联合国大会永久观察员的国际组织，是世界上规模最大、历史最悠久的全球性自然保护国际组织，主要致力于帮助当前全世界所关注的环境和发展问题，并寻找有效的以自然为本的解决方案，为保护生物多样性及保障生物资源利用的可持续性，为自然资源的保护与管理制定各种策略及方案。我国自然资源部，经国务院批准，于 2019 年成为世界自然保护联盟的国家会员代表。

当前，世界各国均建立了各种各样的自然保护地，但对于其解释和定义并未有统一的标准，世界自然保护联盟（IUCN）发布的自然保护地分类指南成为关于自然保护地的全球性标准，对自然保护地定义为：具有明确界定的地理空间，经由法律或其他有效方式得到认可、承诺和管理，实现对自然及其生态系统服务和文化价值的长期保护。

IUCN 按照管理的严格程度将自然保护地划分为三类七级的分类体系（表7-3），即严格保护类（Ia、Ib、II）、一般保护类（III、IV）和可持续利用类（V、VI）。各国依据此分级管理经验，结合本国国情也形成不同的各具特色的自然保护地体系，如美国构建起国家公园、国家荒野保护地、国家森林（草原）、国家野生生物避难地、国家海洋避难地和江河口研究保护地、国家自然与风景河流保护地等分类体系，并在此基础上确立"分级管理、适度开发"的原则，通过联邦、州和地方三个层级的管理机构对自然保护地进行管理，根据不同保护地类型实行保护优先、适度开发。根据《自然保护区条例》的定义，我国所有的自然保护区均属于 IUCN 自然保护地类别的 Ia 级别，即严格意义的自然保护区，但实际上我国很多自然保护区兼具生物多样性保护和接待游客的功能，由于我国自身的分类体系还存在不完善的管理目标、检查标准和管理方式，我国所有保护区的管理要求均应按照《自然保护区条例》进行严格管理。因此，这也是当前我国自然保护区所面临的问题之一，是今后需要对自然保护区的管理方面进行不断完善的方向。

**表 7-3　IUCN 自然保护地分类及目标**

| 类别代码 | 类别名称 | 主要目标 |
|---|---|---|
| Ia | 严格自然保护区 | 主要用于科研的保护地 |
| Ib | 原野保护地 | 主要用于保护自然荒野面貌的保护地 |
| II | 国家公园 | 主要用于生态系统保护及娱乐活动的保护地 |
| III | 自然纪念物 | 主要用于保护独特的自然特性的保护地 |
| IV | 栖息地/物种管理区 | 主要用于通过积极干预进行保护的保护地 |
| V | 陆地/海洋景观保护地 | 主要用于陆地/海洋景观保护及娱乐的保护地 |
| VI | 资源保护地 | 主要用于自然生态系统持续性利用的保护地 |

## 专栏：我国首批国家公园

2021 年 10 月 12 日，我国正式设立三江源、大熊猫、东北虎豹、海南热带雨林、武夷山等第一批国家公园，涉及青海、西藏、四川、陕西、甘肃、吉林、黑龙江、海南、福建、江西等 10 个省区，保护面积 23 万平方千米，涵盖了我国近 30％的陆域国家重点保护野生动植物种类。其中，三江源国家公园地处青藏高原腹地，实现了长江、黄河、澜沧江源头整体保护；大熊猫国家公园保护了全国 70％以上的野生大熊猫；东北虎豹国家公园分布着我国境内规模最大、唯一具有繁殖家族的野生东北虎、东北豹种群；海南热带雨林国家公园是全球最濒危的灵长类动物——海南长臂猿唯一分布地；武夷山国家公园分布有全球同纬度最完整、面积最大的中亚热带原生性常绿阔叶林生态系统。

我国首批国家公园的设立充分体现我国"生态保护第一、国家代表性、全民公益性"的国家公园理念，保护了最具影响力的旗舰物种、典型自然生态系统和珍贵的自然景观、自然文化遗产，实现了重要生态区域大尺度整体保护，对建立以国家公园为主体的自然保护地体系具有重要的示范引领作用。

## （二）自然资源保护区制度

当前对于自然资源的保护，依据不同的目的主要有两种常见的方法，即就地保护和异地保护。就地保护是指将需要保护的自然资源划定范围并加以保护，同时配套立法给予法律保障，形成自然保护区；异地保护是指针对自然界中受到严重威胁或者珍稀、濒危物种，通过植物园、动物园、物种繁育中心等方式对自然资源进行饲养、繁殖，当其数量达到一定值时，再放回自然界。由于建立自然保护区可对自然资源及其所在生态系统进行保护，同时对当地的社会经济发展带来效益，因此现阶段建立自然保护区的作用已超越了最初的单纯目的。

我国对于自然保护区的定义为：对有代表性的自然生态系统、珍稀濒危野生动植物物种的天然集中分布区、有特殊意义的自然遗迹等保护对象所在的陆地、陆地水体或者海域，依法划出一定面积予以特殊保护和管理的区域。自然保护区最初的管理方式是不允许在区域内有人类的生产生活，需要将自然保护区严格封闭起来，但这种方式极易产生自然保护区与当地人民生产生活之间的矛盾，因此随着人们认识到需要将自然保护与社会发展结合起来后，国际上逐步对自然保护区采用功能分区的管理模式，用于协调资源利用与环境保护之间的关系，并实现自然保护与社会经济共同发展的目标。

当前国际上通用的自然保护区功能分区模式为"三圈层同心圆"模式，即核心区、缓冲区和实验区。核心区是需要进行严格保护的区域，仅可以开展监测、研究、宣传以及其他对该区域低影响的活动；缓冲区位于核心区的周边及邻近地区，主要用于开展对该区域生态友好的活动，如进行环境教育、生态旅游和相关研究等；实验区是指自然保护区最外层的区域，可用于当地社区、科学机构、非政府组织、文化团体等机构进行的农业、居住和其他的相关活动。这种自然保护区的功能分区管理模式，可适应社会经济的发展变化，并从更广的角度认识和发挥自然保护区的价值和作用，有利于开展当地自然资源的保护与管理工作。

当前我国共有 474 个国家级自然保护区（附录1），根据不同研究区域，可对自然保护区进行不同方式的划分，综合考虑自然资源的类型、保护对象的性质和任务，可将自然保护区划分为五种类型（图7-6）。

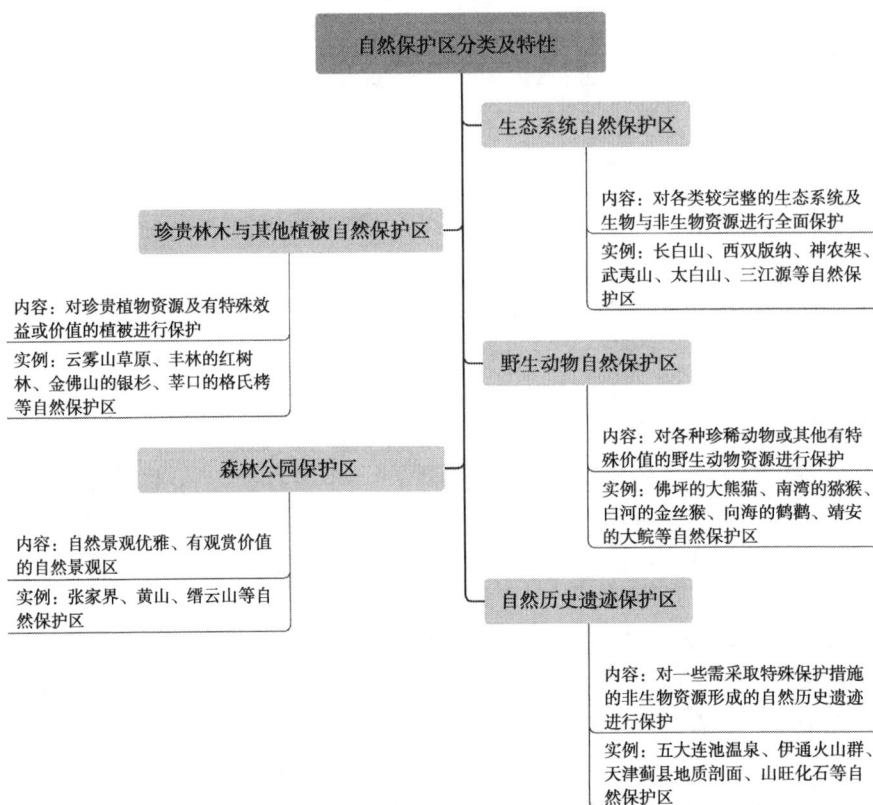

图 7-6　我国自然保护区的类型及特点

## 三、自然资源保护的内容

自然资源保护是自然资源合理利用和科学管理的有机结合，是资源可持续利用和经济建设不可分割的部分，对于不同种类的自然资源，由于其开发利用程度不同，所采取的保护内容也不相同，以下分别以土地资源、水资源、矿产资源和森林资源为例，分析各自然资源的保护内容。

### （一）土地资源保护

人类的生存与发展，需要保证一定数量的土地资源、恢复和改善土地资源的物质生产能力、对土地资源的环境污染进行防治，以实现土地资源的可持续利用。依据不同内容，土地资源保护可分为对土地资源的数量保护、防止土地资源污染的土地资源生态保护、维护土地的生产潜力和提高土地资源生产力的土地资源质量保护①。

---

① 孔祥斌．土地资源利用与保护［M］．北京：中国农业大学出版社，2010.

土地资源的数量保护是指以克制非农用地盲目扩展的农业用地的保护，主要包括土地资源种类和资源的保护。针对我国耕地数量不断减少，严重威胁我国粮食安全与生态安全的问题，我国政府管理部门结合我国土地资源国情，提出要严守"18亿亩耕地红线"的概念，作为我国进行土地利用规划的具有法律效力的约束性指标，体现出我国对于土地资源数量保护的重视程度。关于土地资源数量保护的措施，大致分为制度措施、法律措施、监测措施以及管理措施，其中制度措施包括针对土地资源所采取的用途管制及耕地占补平衡制度；法律措施包括我国为了进一步加强耕地资源的保护，而颁布并设施的《土地管理法》《土地管理法实施条例》《基本农田保护条例》等法律；监测措施主要有利用遥感、地理信息系统、Web 等技术构建土地资源遥感动态监测服务平台，提高对土地资源进行土地执法、耕地保护的监测信息化水平；管理措施主要是指政府部门针对土地资源所制定的相关规划和法规体系，通过发挥规划的统筹、管控和引导作用，结合土地资源开发利用的专门法规细则，可对土地资源的数量进行有效保护，以实现土地资源的可持续开发利用。

土地资源的生态保护是指对土地资源的生态状况进行维持和改善。由于在对土地资源进行开发和利用的过程中会出现改变土壤的整体结构、影响土壤肥力、造成土壤流失等问题，导致土壤物理结构产生严重破坏，最终形成土壤板结、土壤贫瘠现象，使得土地资源的生态环境呈现出恶化的趋势。因此针对以上问题，在土地资源的开发利用过程中可从合理开发和保护耕地、合理整治废弃宅基地、注重修建排水系统、保护生物多样性与生态功能、引入生态保护监督考评机制等方面来维持生态环境与土地开发利用之间的平衡，实现土地资源的合理分配。

土地资源的质量保护是针对土地资源的适宜性、生产潜力和价值等属性的维持和提高。土地资源适宜性作为土地资源利用的前提和基础，是土地利用结构调整的根本依据；土地资源生产潜力是监测土地资源质量保护的核心内容，可明显体现土地资源质量问题的实质，有利于制定具有针对性的政策；土地资源价值的评估和监测则是土地资源进行质量保护的必要补充，可为制定相应的经济调控政策提供依据。针对当前土地资源的质量问题，可采取成立专门的耕地质量破坏鉴定机构、建立补充耕地等别的国家督察制度、建立耕地等别变化和产能安全年度报告制度、建立基于耕—园—林—草优化配置的土地整治新模式、建立占有耕地综合效益年度报备制度等措施落实土地质量保护的目标。

### （二）水资源保护

水资源为人类社会进步、经济发展提供了必要的基本物质保证，但当前在水资源的开发利用过程中，出现了水资源短缺、生态环境恶化、水资源污染严重、水资源浪费巨大等问题，因此对于水资源进行有效保护已成为人类社会持续发展的重要课题之一。水资源保护是指通过行政的、法律的、经济的手段，合理开发、管理和利用水资源，防止水污染、水源枯竭，以满足社会实现经济可持续发展对淡水资源的需求①。

当前对于水资源保护的主要内容包括以下几个方面。首先是饮用水水源地的保护。水源安全直接影响人民群众的生命安全，因此我国的《水法》和《水污染防治法》均对饮用水水源保护提出相应的具体要求，要保障饮用水水源保护的优先性。其次是对水生态系统的保护和修复。为了实现水生态系统的良性循环，提高水资源利用的综合效益，应重视对于水生态系统的保护与修复工作。最后是对水功能区的监测和监督管理。作为水资源合理开发、有效保护和科学管理的依据，我国已将水域按照主导功能进行了划分，水功能区的监测是为了保护水质不被恶化所开展的重要工作。

### （三）矿产资源保护

矿产资源是人类赖以生存和发展的物质基础和能量来源，由于其具有开采后不可再生的特点，使得对矿产资源进行保护成为当前国家经济和社会发展中的一项重要举措。矿产资源保护是指为了防止对资源的不合理开发利用和破坏，使其对人类社会高质量发展实现持续性供给所采取的一系列策略、措施和行动的总称。因此，矿产保护的目标是可持续使用，包括资源基础可持续、生产可持续以及生态环境可持续等三个方面。

矿产资源保护的核心是推动其利用方式的根本转变，因此矿产资源保护的内容包括以下几个方面：第一是需树立人类活动不能超越矿产资源环境承载能力的底线意识，可从加快新技术、新工艺、新方法等方面的研发，提升矿产资源保护与开发的水平；第二是需加强矿产资源的综合勘查，构建资源、生态、技术和经济四位一体的综合评价体系，推动有效的矿产资源开发活动；第三是需推进矿产资源的总量管理，实行科学配置和全面节约的策略，合理调控矿产资源开发的强度和总量，降低矿产资源的消耗速度；第四是需推动矿产行业走清洁、高效且低碳的路径，通过发展绿色矿业，减小矿产资源的环境代价；第五是需推动矿产资源的可循环利用方式，寻找可替代产品，减少对于原生矿产的开采量。

### （四）森林资源保护

森林资源是重要的自然资源之一，在产生巨大的生态效益的同时，还可带来良好的经济和社会效益，是推进生态经济可持续发展的重要基础和必要条件。但随着我们对森林资源的需求量逐渐增加，而我们对于森林资源的保护和管理工作未能及时跟进，导致当前森林资源受到严重的破坏，会对人类生产和

---

① 李广茂，张旭，张思聪，等．水资源利用与保护［M］．北京：中国建筑工业出版社，2020.

社会经济发展产生不利影响。森林资源保护是指增加森林资源的总量、改善森林资源质量以及强化森林生态系统中的物种繁衍功能，发展林下经济以及效益的保护性策略。

当前对于森林资源保护的措施主要包括以下几个方面内容。第一是需要更新森林资源保护的观念，明确森林资源保护是国家进行生态建设和经济发展的重要基础，要将森林资源保护与经济发展相衔接，使两者相互促进，达到经济与生态共赢的结果。第二是需优化林业经济的结构，森林资源的可持续发展离不开林业经济结构的优化，只有通过合理调整林业经济的产业链，才能提高森林资源的经济价值，并对森林资源的种植、养护和采伐等方面进行合理规划，最终形成一个可持续的经济产业模式。第三是需加强森林的管理力度，只有加大森林资源的监督力度，消除人为和自然因素对森林资源进行破坏的可能性，才能使得森林资源得到有效保护。第四是需提高森林资源的灾害防治能力，可通过混交林的方式，增加森林资源的多样性，提高森林抵御病虫害的能力，同时积极使用各种技术，如化学药剂、生物防治以及物理防治等消除病虫害的根源，并且可增加森林资源的智能监控仪器，消除人为和自然因素造成火灾的可能性。第五是需建立完善的森林资源保护体系，制定清晰的奖惩制度，明确各部门的具体职责，充分落实森林资源的保护工作。第六是需积极建立专业性团队，作为森林资源保护工作顺利实施的保障，可使得林业实现可持续发展，全面落实林业资源的保护工作。第七是需加强现代信息技术的运用，积极推动科技体系的创新，重视技术推广，使林业相关的科技不断创新，降低对于森林资源保护的难度，最终促进预期目标的完成。

上述各类自然资源保护的工作，虽然性质、范围、对象不同，但是彼此之间是密切联系、相互促进的，共同组成了自然资源保护体系的重要部分，应在统一的管理机构下安排和开展。

---

### 专栏：国土空间生态修复

党的十八大首次把生态文明建设提到中国特色社会主义建设"五位一体"总体布局的战略高度，之后生态文明又被写入宪法，因此推进生态文明建设已成为关乎国家生态安全、中华民族永续发展的根本大计。在此背景下，我国提出国土空间生态修复的工作，是基于新时期国家生态文明建设重大战略的内在需求。

当前我国国土空间的生态环境状况不容乐观，面临着生态系统功能退化、水土流失、土壤污染等生态资源环境问题，虽然已开展多项生态修复工程，但大多数修复工程仅立足于植被恢复、废弃矿山修复、水土保持治理等单一目标，忽视了生态系统的多维空间特性，总体效果不够理想，难以适应党的十九大提出"实现山水林田湖草整体保护、系统修复、综合治理"的战略要求。因此国土空间生态修复必须遵循"人与自然生命共同体"的理念，坚持"自然恢复为主、人工修复为辅"基本原则，从单一的要素修复转向山、水、林、田、湖、草等全要素的全域、全过程协同治理。

由于"国土空间生态"是一个典型的"自然—经济—社会"复合系统，国土空间生态系统的健康，不仅是山、水、林、田、湖、草等要素构成的自然生态系统健康，还包括建立在自然生态系统基础上社会经济系统的健康。一方面，要通过国土空间用途管制制度等相关制度建设，约束人们对国土空间的利用行为，确保系统提升自我恢复能力；另一方面，要采取工程、生物等措施对生态系统进行积极干扰，优化系统空间结构、促进能量循环和物质转换的畅通。

因此，国土空间生态修复要遵循"山水林田湖草生命共同体"和"人与自然生命共同体"两个基本理念，科学处理好"点"与"面"、国土空间生态系统"存在功能"与"使用功能"两组关系，切实体现和落实国土空间生态修复的系统思维、整体视角、综合治理的内在要求（图7-7）。

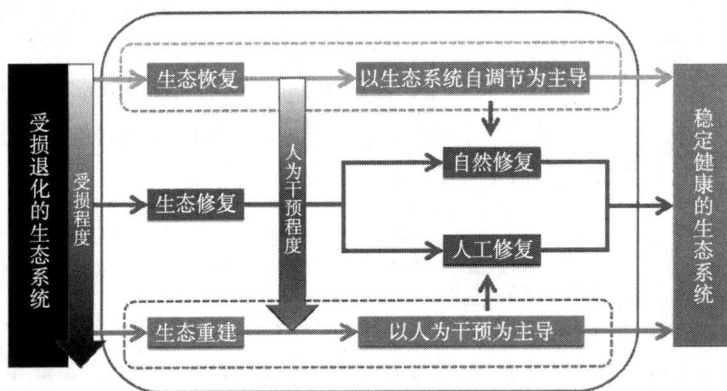

图 7-7　生态修复的含义

## 思考题

1. 自然资源规划的主要内容有哪些？

2. 自然资源用途管制的概念是什么?

3. 常用的自然资源用途管制的手段有哪些?

4. 自然资源保护的定义是什么?

5. 我们应采取哪些措施来进行自然资源保护工作?

# 第八章  自然资源信息化管理

## 第一节  自然资源管理信息化概述

### 一、自然资源管理的发展演化

长期以来，我国自然资源管理形成了集中统一管理与分区管理、分类管理、中央政府与地方政府分级管理相结合的多元分治架构，如土地、矿产、海洋等三类资源中的大部分职能集中统一由国土资源部门管理；而水、森林、草原等资源，则相对独立地分别由水利、林业等部门管理。各级政府基于本级政府事权行使本行政辖区内的相应管理职能。多元分治带来诸多问题。

在这样的背景下，基于山、水、林、田、湖生命共同体的理念，国家组建自然资源部并自上而下推动组织机构改革，并从保障自然资源生态价值和经济价值的角度，赋予其统一行使全民所有自然资源资产所有者职责和统一行使所有国土空间用途管制和生态保护修复职责的"两统一"职责。并将其分解到调查监测、确权登记、所有者权益、空间规划、用途管制、开发利用及生态修复七个关键环节。

各级政府结合本级事权组建自然资源部门并建立内设机构，虽然各级事权和职能、工作重点有所不同，但自然资源管理的业务主要包括基础性业务、核心业务与综合性业务等3类。基础性业务中，调查监测、确权登记，主要是要摸清家底，确定权属，统一底图底数，要由原来部门分治管理时土地、森林等分头调查确权统一到以"三调"为基础的自然资源一张底图。调查体系、调查标准、确权登记规则如何衔接，历史数据如何衔接，是相关工作中面临的实际难题。地质和防灾减灾是国土空间管理的一项基础性业务；而测绘和地理信息业务主要是建立自然资源及国土空间数据基准，进行数据采集，并提供信息化技术支撑。

核心业务主要包括所有权权益、空间规划、用途管制、开发利用、生态修复等全要素综合管理板块及耕地资源，矿产资源，海洋资源，森林资源，湿地资源，草原资源等单要素管理板块。综合性业务，包括保障自然资源业务运行的政策法规及科技教育、执法监督等相关业务内容。其中执法监督主要履行自然资源监管者职能，查处管理国土空间规划和自然资源违法案件、自然资源信访及配合自然资源督察等相关工作。

自然资源管理，条块结合、全要素综合管理与单要素管理交织并存。主要体现在按调查监测、确权登记、所有者权益、空间规划、用途管制、开发利用等业务板块。按业务链条，主要是围绕资源开发利用的过程，从规划到审批，再到开发利用的全过程，也就是规—批—征—供—用—登—修的全过程。

从各地的机构设置来看，国土空间规划、国土空间生态修复面向全域全要素的综合管理，而单要素管理，体现在耕地资源、矿产资源、海洋资源、森林资源、湿地资源、草原资源的相对独立管理。其中林地、草地和湿地，改革前由林草部门单独管理，改革后纳入自然资源统一管理体系，森林资源、海洋资源在原体系下具有其特定的用途管制要求。纳入统一管理后，涉及很多的业务融合问题，面向所有国土空间的用途管制及开发利用等业务跟仍然保留的森林、湿地等单要素管理业务体系如何继承、如何重构、如何协同，审批流程如何优化等，是改革重点之一。

始于 20 世纪 90 年代的国土资源信息化建设，经过近 30 年的努力，成绩斐然，当前全面推进自然资源信息化建设，必须以国土资源信息化建设的既有成果为基础，继往开来，与时俱进。

长期以来，原国土资源管理部门按照中央"放管服"改革要求，为加强国土资源监管，不断深化拓展信息化应用，围绕"天上看、地上查、网上管"，既有国土资源信息化管理体系基本形成。一是夯实基础、强化监管、做好服务。"一张图"核心数据库持续得到丰富和完善。2017 年 6 月全面完成基本农田上图入库，为加强耕地保护奠定了重要基础；落实生态文明建设要求，将国家级自然保护区数据与"一张图"比对分析，有效支撑矿业权项目的全面清理。充分利用综合监管平台，加强事前、事中、事后监管机制，实现了"不见面"审批。二是基本建成了"国土资源云"。目前已完成了机房的全面改造，其间数据、系统实现不间断运行。形成了"国土资源云"基本框架，信息化建设的技术水平上了新台阶。三是不动产登记信息平台作为首个重大应用在"云"上得以实现。

## 二、自然资源信息化管理内涵、需求及内容

### （一）信息化管理的内涵

要以中国特色社会主义思想为指导谋划自然资源信息化工作，坚持问题导向、需求导向，更好地服务于自然资源管理改革，服务于政府部门对自然资源信息的需求，服务于企业与社会大众。一是进一步完善不动产登记信息平台。在自然资源管理体制改革中，发挥基础支撑和保障作用。下大力气推进存量登记数据的整合与汇交，不断深化信息平台应用，加快实现不动产登记信息与相关部门的实时互通和共享，完善便民利民和提升服务效能的措施。二是抓紧推

进国土空间基础信息平台建设。按照党的十九大提出统一行使所有国土空间用途管制和生态保护修复职责的要求，进一步夯实数据基础，加快形成统一的国土空间工作"底图""底线"和"底板"，为各部门提供共享服务，为重大工程和项目建设提供支撑，构建"用数据说话、用数据决策、用数据管理、用数据创新"的国土空间治理新机制。三是不断完善"自然资源云"。创新信息化工作方式，形成云平台应用标准。将现有的"一张图"、办公自动化、行政审批、综合监管等数据系统和平台逐步迁移到云环境，最终达到"全面上云"的目标。通过政府采购方式，向社会购买云服务，在确保安全的前提下，逐步将部分外网应用迁移到公共云平台。

## （二）背景形势

《深化党和国家机构改革方案》明确，组建自然资源部，统一行使所有国土空间用途管制和生态保护修复职责，建立国土空间规划体系并监督实施，对自然资源开发利用和保护进行监管，统一行使全民所有自然资源资产所有者职责，统一调查和确权登记，建立自然资源有偿使用制度。建设生态文明是中华民族永续发展的千年大计，自然资源部的组建是生态文明建设的客观要求。新时代的自然资源管理工作必须树立"人与自然和谐共生""绿水青山就是金山银山""山水林田湖草是生命共同体"等理念，坚持节约优先、保护优先、自然恢复为主的方针，优化国土空间开发格局，强化国土空间用途管制，促进生态文明建设。这对自然资源信息化提出了新的更高要求。

新形势下开展自然资源信息化工作，一是需要形成全覆盖的三维自然资源数据底板。要以全覆盖、全要素、立体调查监测为基础，整合已有国土资源、海洋、测绘地理数据，构建"地上地下、陆海相连"并相互关联的自然资源数据底板，形成统一协调的支撑自然资源和国土空间开发利用与保护的数据基础。二是构建以数字化、网络化和智能化为支撑的国土空间规划体系并监督实施。以自然资源数据底板为基础，整合集成社会经济数据、相关部门数据，构建科学合理的国土空间规划体系，形成人与自然和谐共生的国土空间开发和保护格局，通过数据综合分析挖掘增强监管和决策能力，严格保护和节约资源，管控"三条红线"。三是建立"互联网＋自然资源政务服务"体系。运用现代信息网络技术为社会公众提供优质的自然资源政务服务，为全社会监督自然资源管理和开发创造条件。四是加强自然资源数据共享。通过数据共享促进与其他部门的业务协同，形成生态文明建设合力。

新一代信息技术的广泛应用与快速发展为自然资源信息化创造了新的条件。当前，信息技术已向各领域广泛渗透，人们的工作和生活已离不开互联网和移动互联网。自然资源管理涉及国计民生、关系千家万户、受到全社会广泛关注，社会信息化的深入发展给自然资源信息化带来了"不进则退"的压力和挑战。日新月异的新一代信息技术创新也为自然资源信息化创造了新的条件。

一是，对地观测与定位技术为自然资源动态监测提供了先进感知手段。现代空间对地观测的颠覆性技术不断涌现，北斗卫星定位、导航、授时服务，基于卫星遥感、航空遥感、无人机、倾斜摄影、先进传感器、物联网等现代遥感和监测技术，可提供精度达亚米级的全覆盖自然资源监测和重点地区全天候实时观测服务，在轨国产遥感卫星系列使得获取覆盖全国高分辨率遥感数据的周期大大缩短，对同一地区可实现全方位立体观测。

二是，计算机硬件与网络的发展为自然资源信息化提供了高效的计算和访问能力。存储器和服务器运算能力的提高，轻、小、薄和低功耗的集成度，为自然资源海量数据存储、处理和传输带来了极大的便利。信息网络技术的迅猛发展和移动智能终端的广泛普及，互联网与移动互联网以其泛在、连接、智能、普惠等突出优势，已经成为自然资源管理创新发展的新领域、公共服务的新平台、信息共享的新渠道，自然资源管理模式的网络化特征将更加突出。

三是，云计算、大数据与人工智能的发展为自然资源智能化管理与服务提供了技术手段。云计算、大数据、新一代人工智能、区块链等相关领域发展，理论建模、技术创新、软硬件升级等整体推进，正在引发链式突破，推动经济社会各领域向数字化、网络化、智能化加速跃升，为实现自动的分析研判和管理决策、提高自然资源治理的能力和水平提供有力技术支撑。

四是，信息安全技术的发展为自然资源信息化筑起牢固防护墙。密码技术、云安全、可信计算、安全态势感知、主动防御等前沿技术将更好地保护信息系统和网络中的信息资源免受各种类型的威胁、干扰和破坏，将对自然资源安全保障体系建设起到重要支撑作用。

## （三）需求分析

为了全面履行党中央和国务院赋予的"两统一"职责，坚持"节约优先、保护优先、自然恢复为主"的基本方针，推进自然资源治理体系和治理能力现代化，需要信息化对自然资源业务的全面支撑（图8-1）。

一是落实国家信息化发展战略需要全面推进自然资源信息化。自然资源管理、国土空间规划与用途管制担负着科学合理配置资源、促进高质量发展和生态文明建设的重任。自然资源信息化是国家信息化的重要组成部分，是"数字中国"建设的基础支撑；自然资源数据是国家基础性、战略性信息资源；通过将自然资源信息系统接入国家政务服务和监管平台，形成国家统一的信息化应用机制，推进国家治理体系和治理能力现代化。

二是全面履行自然资源部"两统一"职责需要建立全业务全流程数字化、网络化、智能化机制。加强自然资源开发与保护监管，对自然资源进行统一调查和确权登记，建立自然资源有偿使用制度，履行全民所有各类自然资源资产

| 相关政府部门 | 企事业单位 | 社会公众 |
|---|---|---|

执法警察

| 自然资源资产和权益管理 | 国土空间规划与用途管制 | 国土空间生态修复 | 耕地保护 | 地质矿产管理与防灾减灾 | 海洋管理 | 测绘与地理信息管理 | 综合管理 |
|---|---|---|---|---|---|---|---|

自然资产和不动产登记

自然资源调查监测评价

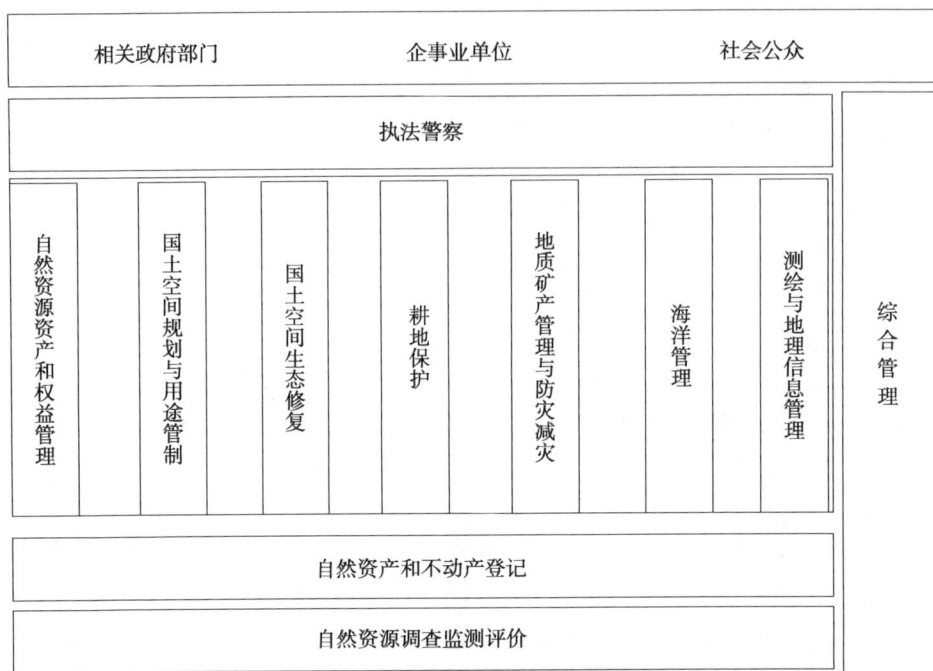

图 8-1  自然资源信息化建设需求

所有者职责和所有国土空间用途管制和生态保护修复职责，落实海洋强国战略，需要构建覆盖全国陆海、信息共享、智能感知的技术平台，形成多级联动、业务协同、精准治理的自然资源管理新模式，不断提升自然资源治理的能力和现代化水平。

三是强化自然资源监管与决策需要建立统一、全面、准确的自然资源数据底板。坚持山、水、林、田、湖、草生命共同体理念，树立自然资源系统观，建立统一的空间规划体系并监督实施，统一行使国土空间用途管制和生态修复职责，需要以基础地理、各类自然资源以及生态保护红线、永久基本农田、城镇开发边界等管控性数据为底板，建立统一的国土空间基础信息平台，形成"用数据审查、用数据监管、用数据决策"的国土空间管控新机制。

四是提升自然资源服务能力需要建立高效、智能、便捷的一体化"互联网＋政务服务"应用机制。贯彻以人民为中心的发展思想，落实深化"放管服"改革要求，更好地履行土地审批、矿业权审批、海域使用权审批和相关测绘、地质行业管理职责，需要依托互联网及电子政务外网建立自然资源政务服务体系，实现一网申报、智能核验、协同审批，并推动自然资源信息向社会开放。

五是全面推进自然资源信息化需要建立完善强有力的网络安全体系保障。

加强信息基础设施和网络安全防护是国家网络安全的重要要求。搭建互联互通的自然资源网络和运行环境，建立自然资源信息安全保障体系，加强自然资源数据安全，提升网络安全防护能力，是实行网上审批、网上监管、网上服务的重要保障。

### （四）信息化建设的内容

基于以上总体的业务架构，主要业务板块的定位及其相互关系梳理如下。

#### 1. 自然资源调查

监测主要是以"国土三调"为基础，构建统一的自然资源调查监测体系，掌握各类自然资源家底和变化情况。开展自然资源基础调查和专项调查，并构建由常规监测、专题监测和应急监测构成的自然资源监测体系等，为开展自然资源管理提供底数、底图、底板。

#### 2. 自然资源确权登记

广义的确权登记涉及两个方面，一方面是当前正在试点及计划开展的自然资源确权登记，主要目的是摸清产权家底，维护权益、夯实监管、化解纠纷，是解决所有权主体不落实的支撑工作，工作内容包括清晰界定各类自然资源资产的产权主体及划清"四个边界"，是对自然资源所有权的确权。另一方面是对不动产用益物权和担保物权的确权，也就是不动产统一登记，包括各种使用权、抵押权的确权，比如农村房地一体的建设用地确权、农村土地承包经营权确权登记、城市国有土地确权、林权确权等，需要逐步纳入不动产统一登记。自然资源确权登记应以不动产登记工作为基础，并实现登记信息关联。

#### 3. 自然资源所有者权益

自然资源所有者权益是履行全民所有自然资源资产所有者职能的核心板块，包括全民所有自然资源资产管理政策、全民所有自然资源资产清查统计、自然资源资产价值评估和资产核算、全民所有自然资源考核评价、全民所有自然资源资产划拨、出让、租赁、作价出资和土地储备管理、国有企业的国有土地资产处置、国有自然资源资产报告等相关业务内容。

#### 4. 国土空间规划

国土空间规划主要是面向全域全要素，建立基于四体系的五级三类国土空间规划体系，编制相关总体规划、专项规划和详细规划，并纳入统一管理，为国土空间用途管制及自然资源开发利用等提供基础。

#### 5. 国土空间用途管制

我国已建立包括耕地、森林、草原、水域、海洋等自然资源以及建设用地的用途管制制度，并通过各类规划划定功能区或用途区，确定开发利用的限制条件，实行用途审批及变更许可制度等抓手来实施，但存在全域国土空间用途统筹管控缺失、用途管制未能真正覆盖全部国土空间及缺乏统一有效的用途管制行政运行体系等问题。针对用途管制的问题，目前推进的相关改革，如广东省探索用地、用海、用林审批改革，探索一体化审批。一是统筹用地和用海预审，二是统筹用地、用海、用林审批。统筹方式由自然资源系统内部不同处（科、股）和局"分别收件、分别办理、分别出文"，优化为"统一收件、统筹办理、统一出文"。面向深化"放管服"改革和优化营商环境的要求，以"多规合一"为基础推进规划用地"多审合一、多证合一"改革，合并规划选址和用地预审，合并建设用地规划许可和用地批准，推进多测整合、多验合一（以统一规范标准、强化成果共享为重点，将建设用地审批、城乡规划许可、规划核实、竣工验收和不动产登记等多项测绘业务整合，归口成果管理，推进"多测合并、联合测绘、成果共享"），简化报件审批材料等等。

### 6. 自然资源开发利用

自然资源开发利用包括自然资源资产有偿使用，自然资源市场调控及监测监管，政府公示自然资源价格体系及分等定级估价，自然资源开发利用标准节约集约利用及评价考核，存量再开发（"三旧"改造）等方面。

当前，自然资源开发利用的重点改革主要是优化营商环境，全面开展工程建设项目审批制度改革，以推进政府治理体系和治理能力现代化为目标，以更好、更快方便企业和群众办事为导向，加大转变政府职能和简政放权力度，统一审批流程，统一信息数据平台，统一审批管理体系，统一监管方式，实现工程建设项目审批"四统一"。具体包括"多审合一、多证合一""多测合一"、区域评估等改革。

### 7. 国土空间生态修复

以国土空间规划和国土空间生态修复规划为依据，以国土综合整治为平台；坚持尊重自然、顺应自然、保护自然的理念，坚持节约优先、保护优先、自然恢复为主的方针；建立健全多元化投入机制，综合采取工程、技术、生物等多种措施开展生态修复工程，以达到生态功能提升、空间格局优化、空间效率提升、人居环境改善等目标。其具体业务一般包括制定国土空间生态修复政策、编制实施国土空间生态修复专项规划、开展各类国土空间生态修复工作以及生态保护补偿等。

生态修复工程包括在重点生态功能区、国家重大战略重点支撑区、生态问题突出区实施山、水、林、田、湖、草生态系统修复工程；在城市化地区实施低效用地再开发和人居环境综合整治工程；在乡村地区实施土地综合整治与生态修复工程；在矿产集中开发区实施矿山生态修复工程；在海域、海岛、海岸带实施海洋生态修复工程。

由于自然资源管理对象多、业务链条多、业务关系复杂，需要借助信息化和大数据等科技手段实现自然资源管理的数据快速精准采集、信息共享、协同审批、精准决策及统一监管，促进自然资源智慧治理。国家自然资源信息化总体建设方案提出建设自然资源"一张网""一张图""一个平台"及三大应用体系（自然资源调查监测评价、自然资源监管决策、"互联网＋自然资源政务服务"）的总体框架（图 8-2）。

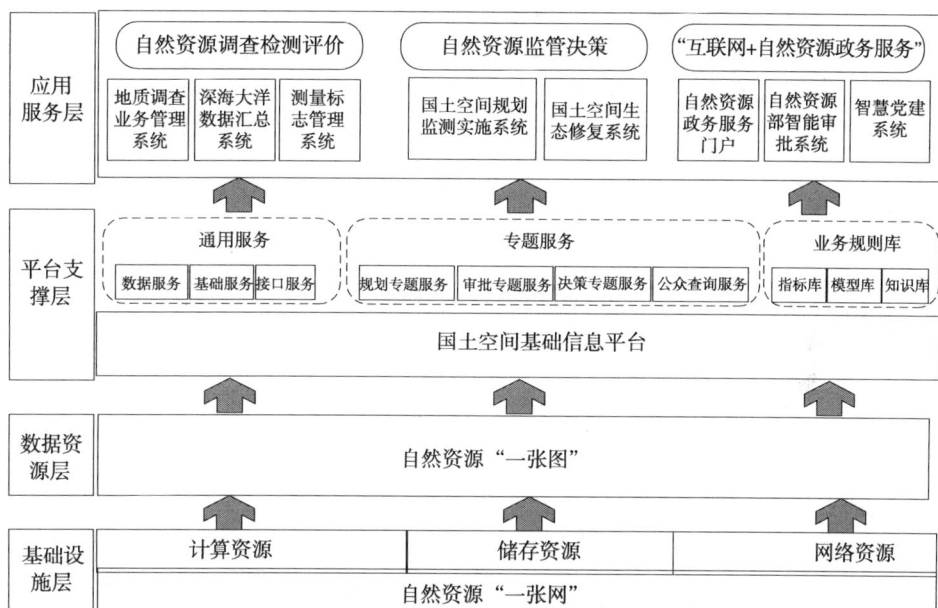

图 8-2　自然资源信息化基础平台总体框架

## 三、自然资源大数据管理的需求及内容

### （一）现实需求

大数据时代是一个将海量数据视为核心资产的时代。习近平总书记在不同场合多次发表有关大数据的论述，提出"要运用大数据提升国家治理现代化水平""建设全国一体化的国家大数据中心"等要求。大数据作为积极的国家治理资源主要体现在以下几个方面：第一，大数据的总体思维接近于对全体数据的认知，能够把握大数据时代之前无法预见的规律与相关关系，基于此做出的决策将更为科学；第二，大数据的发展将推动数据的开放和流动，实现对公众需求的精准感知，从而推动国家公共服务由封闭低效转向协同高效、由普适化转向个性化；第三，大数据有助于政府实现精细化监管，同时通过社交媒体等方式，形成多方参与的公众监管体系；第四，大数据分析有助于提升对自然灾害、突发事件等的预测预警能力。

我国过去自然资源管理长期存在政出多门、九龙治水的现象，其本质在于数出多门以及部门间数据运行管理机制不畅导致"信息孤岛"的存在。自然资源部成立后，从组织体制角度上看，与自然资源相关的土地、矿产、地质调查、测绘、海洋、林业、草原、水资源等数据将进行整合，长期以来制约自然资源各专题数据在部门间流动、共享的体制障碍已经得到解决。自然资源数据当中，以结构化数据为主的政府数据资源（包括业务数据和调查数据两类）、以半结构化数据为主的物联网数据和以非结构化数据为主的互联网数据资源，弥散分布在政府、市场与社会公众中。大数据的优势在于能够显著提升政府部门、企业与公众数据资源相互间的开放度、关联度、共享度。通过整合多源、海量的自然资源数据及其相互关联的数据，推动自然资源管理从经验决策向数据决策转变，从权力治理向数据治理转变，从公共事务服务向公共数据服务转变。

**（二）技术路线图**

自然资源大数据中心建设的技术路线（图 8-3）：获取多源、多类型、碎片化的自然资源数据，在对结构化、半结构化和非结构化数据进行集成与抽取后，将各类数据进行整合和关联，通过数据清洗、去噪、脱敏等技术以及数据质量管理，得到海量关联数据并存储，针对自然资源管理及公众服务的多种应用形式，利用统计分析模型、数据挖掘、机器学习等多种数据分析方法，将自然资源大数据应用以可视化、交互等方式展现给不同用户。

**（三）主要内容**

一是建立自然资源大数据物联网。充分依托现有水文、土壤、林业、海洋等各类资源环境监测网络以及测绘基准网络，统筹航空航天遥感资源获取，建立与自然资源相关的互联网信息采集系统以及其他相关系统，通过物联网技术手段将各类网络、卫星、系统互联，最终形成交叉、立体、融合的自然资源大数据物联网。

二是构建自然资源大数据存储、处理平台。采用云计算的技术架构和开放的应用体系，以"物理分散、逻辑互联、全国一体"方式建立满足自然资源海量数据需求的自然资源云平台，分别构建满足多源数据管理需求的结构化和非结构化数据存储系统。针对不同的数据模式，构建批量数据处理系统、流数据处理系统、并行数据库系统等，最终实现各类型的自然资源数据的统一接入、高效处理。

三是建设自然资源大数据分析平台。针对不同自然资源的应用场景，优化和开发各类自然资源大数据分析算法，包括基于对象的数据连接、相似性连接等自然资源数据融合技术，网络挖掘、特异群组挖掘、图挖掘等新型数据挖掘技术，基于图理论的网络分析模型，用于提取自然资源类型、数量、质量等特征的各类深度学习算法等，建设适用于自然资源的大数据分析平台。

用户　　政府机构　科研机构　企业　社会公众

数据表达　可视化技术　数据展示　人机交互　……

数据分析及应用

自然资源管理　公共服务　……

空间规划　国土空间用途管制　调查检测评价　债权登记　负债表编排　资源开发利用　生态修复　耕地保护　依法监督　……　行政审批　防灾减灾　地理信息　公共管理　行业管理　信息服务　……

统计分析　数据挖掘　机器学习（深度学习）　其他　知识表示、推理、自然语言处理、（视觉）感知　……

海量关联数据

数据处理及储存

数据清洗、去噪、脱敏　整合与关联　数据质量管理　可信赖数据

数据集成　数据抽取

数据资源

结构化数据　半结构化数据　非结构化数据

政府数据资源　企业数据资源　社会公开数据

各类资源数据库、各类资源环境监测网络数据、社会经济统计数据、影像数据、物联网数据、位置数据、文档图片、网页数据……

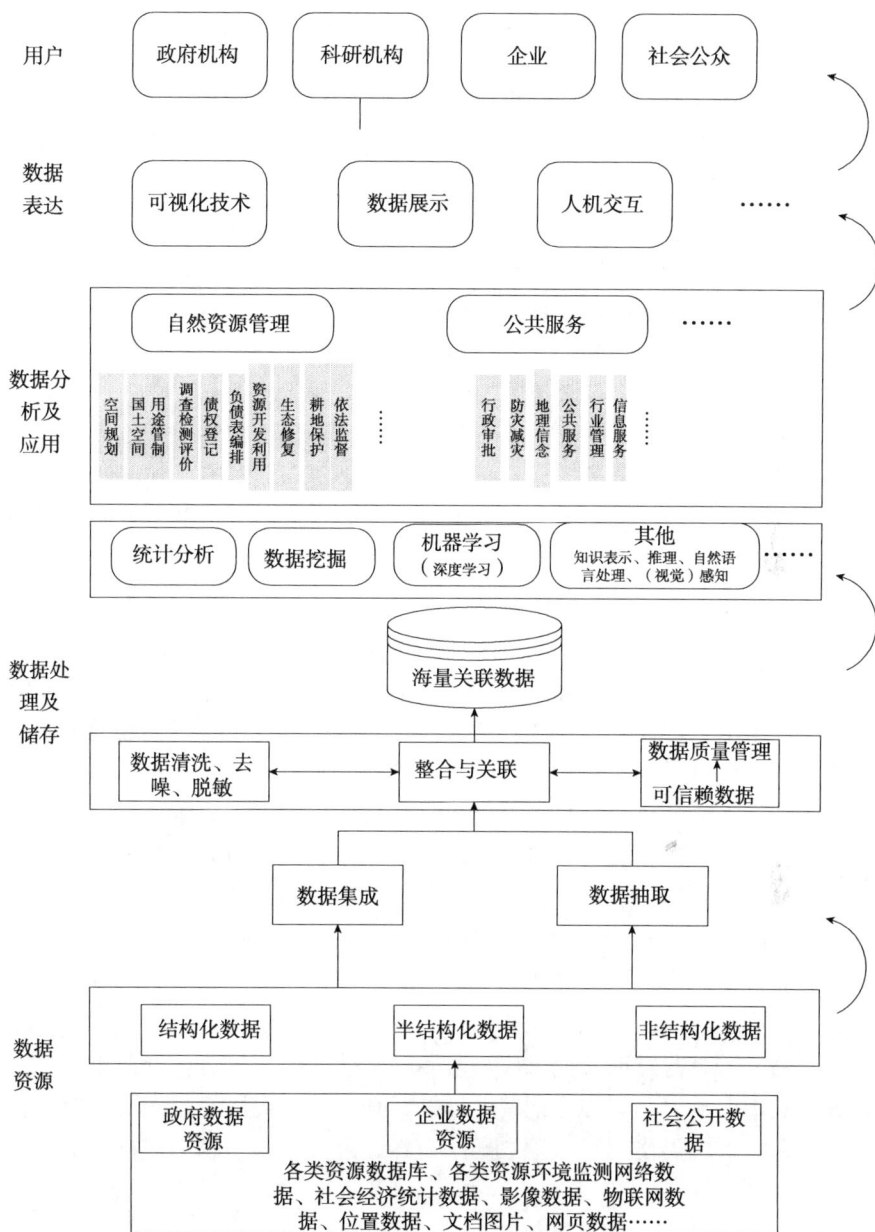

图 8-3　自然资源大数据技术路线

# 第二节　自然资源权籍管理的信息化

自然资源部、财政部、生态环境部、水利部、国家林业和草原局五部委联

合印发《自然资源统一确权登记暂行办法》（以下简称《暂行办法》），在登记信息管理与应用一节中提出，要实现自然资源确权登记信息与不动产登记信息有效衔接，信息纳入不动产登记管理基础平台。自然资源部后又印发《自然资源确权登记操作指南》（以下简称《操作指南》），在数据库建设与管理中提出，各级登记机构按照国家制定的自然资源登记数据库标准建设数据库及应用系统，开展工作时，要保证自然资源确权登记信息与既有不动产登记信息的有效衔接和高度融合。首先，对具有完整生态功能的自然生态空间和全民所有单项自然资源开展统一确权登记，包括各类自然保护地（自然保护区和自然公园等）、主要河流与湖泊、海域、生态功能重要的湿地和草原、国有林场、矿产资源等。其次，逐步实现对水流、山岭、草原、荒地、森林、滩涂、海域等全部国土空间内的自然资源登记全覆盖。使用自然资源确权登记信息系统，统一标准开展工作，实现与不动产登记信息、国土调查、专项调查信息实时关联，建立本级自然资源确权登记信息数据库，实现自然资源登记信息实时共享和统一管理，加强自然资源登记信息的管理应用，加强与生态环境、水利、林草等部门资料共享和信息互通，服务自然资源确权登记，实行有效监管。根据党中央国务院、自然资源部、地方部门下发的相关文件提出的做好自然资源统一确权登记工作，对实现自然资源信息实时共享和统一管理提出的要求。自然资源统一确权登记信息化建设与实现，是开展各类自然资源统一确权登记工作的重要基础保障，也是服务自然资源有效监管的重要基础，根据《暂行办法》的规定和《操作指南》的要求，自然资源统一确权登记的工作流程主要包括4个部分。①准备阶段：包括资料收集、工作底图制作、登记单元预划、通告发布等环节。叠加空间数据完成自然资源工作底图编制，预划登记单元，确定登记范围。②调查阶段：包括内业调查、调查核实、实地补充调查、关联信息等环节。摸清登记单元内自然资源边界、类型、数量、质量、权属状况及公共管制情况。③数据入库阶段：包括调查成果上图、数据库建设环节，实现调查成果信息化管理。④登簿发证及成果应用阶段：包括审核、公告、登簿等环节。在调查成果基础上对自然资源登记单元界线、登记单元内所有权界线、相关权利和许可信息、不同类型自然资源之间的边界、公共管制信息等进行核实，并记载于登记簿。

## 一、准备阶段

总体框架设计基于国土空间基础信息平台，构建自然资源地籍调查管理系统，满足自然资源确权调查数据成果建库全流程和信息化服务需求，建立统一标准的自然资源确权登记调查数据库，完善数据汇交机制，实现自然资源确权登记成果的信息统一管理，提高综合分析能力和信息实时汇聚。通过全省自然资源确权登记成果信息汇总，对自然资源数量指数、质量指数、变化情况等进行分析，提供数据共享服务。

体系架构实现自然资源确权登记信息系统体系架构，包括业务管理体系和数据服务体系。业务管理体系是确权信息登记的过程，在登记客体上将权利登记给登记主体，并将登记结果记载于登记簿，包含自然资源确权登记机构、登记客体、登记主体和登记过程等内容。数据服务体系为业务管理体系提供成果应用，包含数据共享服务、统计分析服务和公众服务。

## 二、权籍信息化模型构建

自然资源确权建库系统，提供新建建库工程、导入工作底图数据、导入影像数据、绘制登记单元、绘制类型斑块、生成通告、要素提取、自动赋值、生成地籍调查初表、上传核实结果、生成地籍调查终表、查看登记簿、数据质检、制作图件、导出成果包等功能，实现各类自然资源的调查建库。①工程管理。提供针对土地调查数据库工程的工程管理，包括工程的新建、打开、保存、关闭；支持元数据的管理，包含标识信息、数据质量、空间参考、内容信息、分发信息、联系信息等的管理；提供工程用到的影像信息的管理功能。②数据交换。提供数据的导入导出功能，支持 shp 数据、vct 数据、mdb 数据；提供成果数据的管理功能，支持成果目录管理与建库成果质检包导出。③数据处理。提供索引处理功能，包括行政区索引、图幅索引、坐落索引等；提供图形处理功能，包括线状地物构面、拓扑处理等；提供属性处理的功能，包括标识码更新、要素代码赋值、属性赋值等；提供面积计算功能。④数据编辑。提供对象操作、对象绘制、对象编辑等功能，提供图斑标注工具和采集工具。⑤数据检查。提供空间拓扑错误检查、业务属性错误检查、空间拓扑错误修复和业务属性错误修复等功能。数据质量的检查和修复都由程序自动处理，避免手工质检和错误修复的烦琐操作。⑥查询分析。提供图幅定位、权属单位定位、登记单元、类型斑块定位功能；提供当前打开地图要素的空间查询功能以及 SQL 查询功能。⑦系统管理。提供要素字典管理、数据备份与恢复功能。提供软件许可管理，提供软件使用的许可授权服务。

## 三、权籍信息化建库

权籍信息化建库主要工作内容如下。①基础地理数据处理入库：将行政区范围数据（行政区划、地籍区划数据）、遥感影像数据、DEM 地形数据等基础地理数据处理入库，是以遥感影像、DEM 等数据为底板，整合叠加各类自然资源调查数据，沉淀自然资源确权登记数据，建立自然资源确权登记数据库（图 8-4）。②调查成果检查数据入库：对数据完整性、逻辑一致性和各种自定义数据进行检查，对收集到的数据进行检查并入库；对各级登记和调查确权数据进行自动逻辑检查与入库，并针对数据入库情况，自动生成数据入库报告。③系统功能分析及服务应用：根据自然资源的数量、质量、分布、变化情况，通过数据查询、抽取、加载、转换、数据报表、自定义分析、多维分析、指标提取、模型评价、成果预测、分析报告制作、数据输出等，实现自然资源确权登记信息的应用服务，做到信息融会贯通，满足相关部门应用需求。

登记信息分析系统可以利用各种类型分析模型，建立数据分析模型库，根据不同主题，提供空间预测、时序预测、异常报警等功能。模型预测功能模块主要采用简单线性回归模型、多项式回归模型、差分自回归移动平均模型等预测自然资源确权登记面积、自然资源确权登记量等指标，为形势分析、决策等提供支撑。

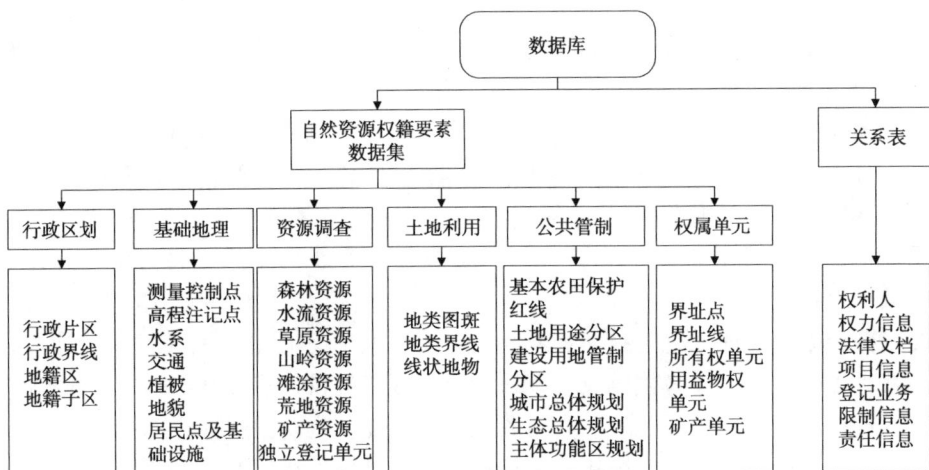

图 8-4　自然资源权籍数据库结构

# 第三节　自然资源保护管理的信息化

## 一、自然资源利用和生态环境保护现状

目前，我国在自然资源利用和环境保护方面仍存在诸多不足，尽管我国对相关工作提出了一些要求，但结果仍然不尽如人意。因此，国家必须采取有效措施，不断提高公民对环境保护的认识，加强关于自然资源和环境利用的法律法规的制定，确保所有法律法规得到充分有效的执行。继续致力于社会经济和环境可持续发展的方针和要求，以提高自然资源的效率和质量，保护环境。

我国环境保护信息化经历了长时间的发展。目前我国对于环境保护工作非常重视，投入了大量的资源和资金，环保信息化建设发展速度极快，并且取得了非凡的成就。在进行环保工作的过程中，管理的力度也在逐渐加大，在采集环境信息、传送和处理环境信息以及分析应用环境信息等各方面都有了很多新要求。目前，我国一些地区的环境信息化工作依然处于基础性的建设、探索及经验积累的初级阶段，环保信息化应用创新的缺乏严重阻碍了业务模式的发展。除此之外，需求量逐渐增加且支撑不足的问题也变得非常尖锐。因此，对环境进行信息化管理逐渐成为非常重要的工作。

## 二、自然资源利用和生态环境保护存在的问题

对自然资源和生态环境的价值缺乏科学认识。发展中国市场经济时，人们普遍认为原材料的价值是由生产原材料所需的劳动时间决定的，而不是由劳动或贸易决定的，而是由事物本身决定的。受限于这种传统意识，人们通常对自然资源和环境本身的价值缺乏科学和明确的认识，因此在生产活动中会发生过度掠夺和开采资源的情况，这种情况可能会无限期地破坏自然资源和环境。当今我国经济增长的主要指标是国内生产总值，它主要考虑工业和农业产品和服务的价值，包括有形资产的折旧，但不考虑自然资源损失和环境损害。因此，人们注意到，虽然经济指标持续改善，但自然资源的利用率很低，许多资源受到不同程度的影响，环境污染继续增加。这些现象威胁着人类的生存，限制了人类文明和经济的发展。

在自然资源利用和环境保护方面缺乏明确的权限和责任分配以及统一的协调机制。20世纪80年代以来，我国通过了关于自然资源利用和环境保护的法律和政策，在维护生态平衡和保护自然环境方面发挥了一定作用。但是，目前我国环境保护立法的内容仍存在许多空白、重叠和冲突。在我国自然资源的开发和利用中，往往没有根据资源分配和当地生态环境的实际情况来利用自然资源。结果，我国自然资源分配不均的问题加深，生态环境受到严重破坏，严重阻碍了社会经济和生态环境的可持续发展，偏离了我国的国民经济发展目标。此外，我国的人均自然资源占用率普遍较低，自然资源的利用存在着不合理的现象，加剧了人口、自然资源和生态环境之间的矛盾，不利于生态平衡的维护。

## 三、自然资源保护信息化建设的策略

环保信息化建设最重要的环节就是制定相关的规划，并设计合理的方案，开发并使用与环保信息化相关的软件，同时也要提高监督技术，在协调工作的过程中也要足够科学。因为很多工作的行业性和专业性比较明显，比如开发应用程序或者进行网络维护等，并不是依靠环境信息中心就可以完成的，因此必须和外单位进行合作。在建成环保信息化系统之后，要以环境信息中心作为切

入点来运转以及维护系统，但是不管是环保信息化建设，或是建成之后的使用，为了让环保信息化工作得以完善，就必须得到更多社会支持。仅仅根据本地区的基础力量来完成工作显然是不足的，所以不同地区的环境信息中心，在充分利用自身的计算机技术优势的同时，还要得到大专院校或相关公司的技术支持。

自然资源保护信息化建设是提升自然资源保护质量与效能的有效措施之一，在自然资源保护信息化建设工作中应发挥以往取得的成果，坚持成熟的工作经验，同时结合新时代经济社会高质量发展的目标和要求，运用信息技术提升自然资源信息化建设的效率与质量。对于自然资源保护信息化建设工作而言，可以从以下几个方面进行探索和尝试。

一是自然资源保护信息化建设应提高重视，加强组织领导。信息技术的不断发展为自然资源保护的科学性、有效性提供了强大的技术支持，同时，自然资源的保护也依赖信息技术的支持。因此，在自然资源保护信息化建设中应提高对于信息化建设工作重要性的认识，加强组织领导，选派专人进行自然资源保护信息化建设工作。同时，在自然资源保护信息化建设工作中应制定相应的综合规划和专项规划，提升自然资源保护信息化建设工作的决策科学性和执行有效性。

二是自然资源保护信息化建设应完善网络基础环境和硬件环境。信息化建设的基础是网络环境以及能够提供信息化工作开展的硬件环境。自然资源保护信息化建设与一般的办公信息化、管理信息化建设不同，需要对所管理的自然资源进行全面系统的掌握，并且使信息化的措施、技术能够落实在自然资源领域的各个区域，确保各项数据的采集、分析、应用，这就要求自然资源保护信息化建设工作在网络基础环境和硬件环境建设工作中，根据所管理的自然资源的范围进行动态完善，及时发现基础环境建设中的短板并进行补充完善，使基础环境和硬件设施能够保证后续管理信息系统、GIS 系统、大数据技术的应用。

三是自然资源保护信息化建设应充分发挥信息技术对于信息化建设工作的促进作用。随着信息技术的发展为自然资源保护信息化建设提供了新科技、新成果，能够大幅度的提升自然资源保护的效率与质量，特别是运用 5G、人工智能、大数据技术与自然资源保护工作实际相结合，能够提升自然资源信息保护的观测精度、数据采集便利程度、数据分析能力以及系统管理的科学性等。因此，从当前自然资源保护信息化建设工作的重点上看是将不断发展的信息技术与自然资源保护工作相融合，实现新的信息技术的本地化应用。

四是自然资源保护信息化建设应防范信息化建设中的信息安全风险。自然资源保护信息化建设中不容忽视的是信息安全问题。因此，在自然资源保护信息化建设工作中应高度重视信息安全风险的及时查找与相应保护措施的完善。自然资源保护信息化建设工作是一项长期性、系统性工作，在自然资源保护信息化建设工作开展中应提高对自然资源保护信息化建设工作重要性的认识，加强组织领导，完善基础环境，优化软件换件，善用信息技术，防范信息安全风险，全面、全方位以信息化建设提升资源保护的水平和质量，为新时代经济社会高质量发展提供有益的支持。

# 第四节　自然资源利用管理的信息化

重视自然资源管理的信息化建设，有助于提高自然资源管理的效益，自然资源管理部门应遵循国务院领导要求和时代发展需求，构筑自然资源管理的信息化平台，完善自然资源管理注册系统，为自然资源管理提供信息化服务。

组建自然资源资产管理信息化平台，实现当代自然资源资产信息化管理目标，提升自然资源资产管理水平，首先要积极引入信息化技术，构建信息化管理平台，对自然资源资产管理信息化系统与架构进行细化。

行政管理部门主要是负责审批与监管自然资源资产，主管部门须做好本单位的自然资源资产审查管理工作与核对工作，行政管理部门理应代表政府全面开展自然资源资产的审批和监督管理活动。省级、市级、县级自然资源信息均应纳入自然资源资产管理系统，各地主管部门与行政管理部门能够通过安全登录政管部门准确处理自然资源资产信息，系统会自动审核自然资源资产管理登记信息。

同时，将所有信息统一存入政管部门服务系统之中，实现数据信息存储方式、数据格式与资产核算口径的统一管理，从而有效提升自然资源资产管理工作效率。此外，下级政管部门应结合自然资源资产管理工作标准体系做好数据信息的逐级汇总工作，并及时报送这些数据信息。

## 一、完善自然资源登记管理信息化

构建行之有效的自然资源资产管理登记制度从整体视角来看，自然资源资产管理登记工作属于自然资源资产管理工作的重要内容。在 21 世纪的信息时代背景下，全面提高自然资源资产管理登记工作效率，首先要着重改良自然资源资产管理登记制度，借助自动化信息系统对矿藏资源、水流资源、森林资源、山岭资源、草原资源、荒地资源、海域资源和滩涂资源进行分类，正确组建信息项。其次，各级自然资源资产管理部门应根据资产卡片管理方法及其理念做好自然资源资产的分类维护工作。最后，工作人员须根据自然资源资产管理的分类标准要求，组建良好的自定义信息分类体系，针对自然资源资产的公共信息与私有信息内容进行横向扩展，以此实现自然资源资产的高效化与细致化管理。此外，如果自然资源资产出现了变动（特别是不同类别的自然资产资源），自然资源资产管理登记系统须能够自动显示资产变更信息项。

目前，自动化系统已经能够科学把控自然资产批量变更信息和单项自然资源资产变动信息管理。通常在填写自然资源资产信息变更报告单的过程中，工作人员要注意查看该变更资产是否有相关文档，如果有就要对相关信息进行修改，然后，将所修改的信息输入系统，并提交辅助说明资料。

## 二、优化自然资源核算信息化

优化自然资源资产核算体系，加强自然资源资产管理信息化建设，必须准确核算自然资源资产参数。因此，要充分发挥信息技术的优势，对自然资源资产核算体系进行全面优化、创新与完善。在具体操作中，自然资源资产管理人员须借助信息化技术组建三层化自然资源资产核算体系。需要注意的是，该体系的基础是自然资源资产实体层面、开采层面与经营层面。其次，组建完善的自然资源资产核算体系，必须综合运用市场法、成本法、意愿法和收益法来构建自然资源资产价值量估算模型，以此准确核算自然资源资产的增减量与产存量，并分析自然资源资产出现变化的原因。

## 三、加强自然资源监察管理信息化

加强自然资源资产监督管理制度，健全信息时代背景下的自然资源资产监督管理制度，工作人员必须充分发挥行政事业部门的监督审核作用。在具体工作中，行政事业部门应结合分类模板的标准要求，对自然资源资产进行分类管理，然后提交给政管部门与主管部门予以审批，做好交叉性自然资源资产日常监督审核工作。其次，要正确运行"省级—市级—县级"分层管理架构和"三级管理"模式，这样有助于维护自然资源资产管理制度内容的一致性和统一性。最后，要充分借助 GIS 技术与 RS 技术实现自然资源资产管理的有效监督和预警管理，避免自然资源被破坏或者闲置。

## 四、融合多元信息技术应用

实现自然资源资产管理人员的离任审计，需要充分借助"3S"技术，即 RS 技术、GIS 技术和 GPS 技术。通常，需要运用 RS 技术来获取自然资源资产管理人员被审计区域的遥感影像资料，用 GIS 技术来进行定位、对比与计算，借助 GPS 技术开展被审核区域的既定目标定位活动，同时，要确保测量取证工作的精确性。另外，要充分借助大数据技术、物联网技术和 GIS 技术构建完善的自然资源资产管理中心，为自然资源资产管理工作提供动态数据信息与参考依据。

## 五、优化自然资源评价与优化决策信息化

借助信息技术开展自然资源资产管理综合评价与汇总工作，需要运用计算机自动化系统对自然资源资产储存量、消耗率、使用价值和极限值指标进行评价，并构建良好的评价模型，编撰评价数据报告。要做好业务数据的汇总工作，运用信息化技术编制自然资源资产管理报表，实现报表的自动生成，同时，要对自然资源资产总账、分类台账、明细账与负债表进行细分。

优化自然资源资产管理决策支持体系，首先要借助信息化技术来实现自然资源资产数据的多维度分析，组建时间维度与空间维度分析体系，准确反映自然资源资产结构与层次。其次，要运用信息化技术平台实现政管部门、主管部门和行政管理部门的横向数据与纵向数据的共享与衔接。最后，要运用图文并茂的方式来准确呈现自然资源资产管理数据信息，以此掌握自然资源资产动态，全面提高监督效率。

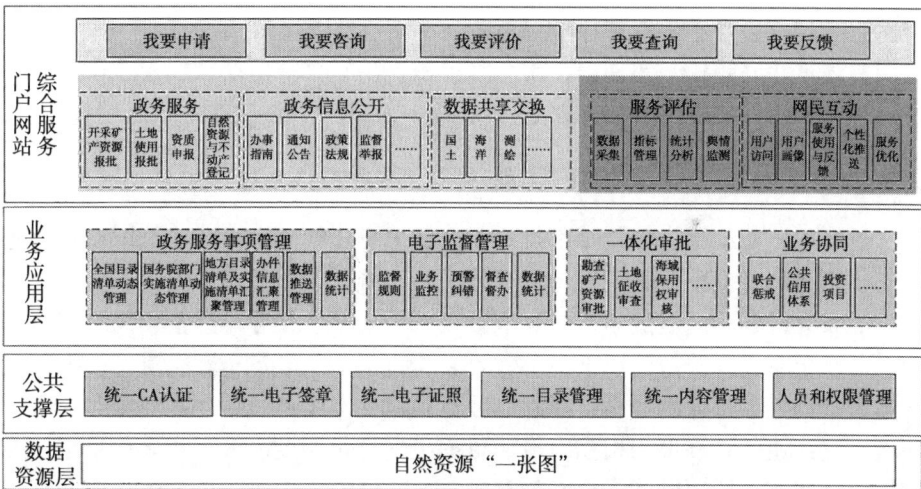

图 8-5　自然资源利用管理政务管理信息化

# 第五节　自然资源信息化建设保障措施

始于 20 世纪 90 年代的国土资源信息化建设，经过近 30 年的努力，成绩斐然，当前全面推进自然资源信息化建设，必须以国土资源信息化建设的既有成果为基础，继往开来，与时俱进。新时代对自然资源信息化管理的新要求主要体现在，自然资源部的成立，特别是三定方案的内容决定了未来工作重点和

方向。概括地讲就是：重生态、重规划、重管控、重监管。政务大力提倡的"互联网＋政务服务"，打造便民、利民的服务体系。

自然资源相关综合性监管平台的建设成为自然资源信息化发展的重要助力，是自然资源信息化创新发展有力而重要的保障。国家高度重视自然资源信息化的建设，强调充分利用已完成的国土空间调查成果和国土空间规划数据，为自然资源现代化建设提供有力的数据支撑，为科学规划和决策提供数据保障。

随着国土空间信息技术的发展，各级政府部门高度重视自然资源的整合及自然资源数据的集聚，积极响应国家的政策，贯彻落实自然资源部出台的一系列的部署和要求，完成了基础地形、土地利用、不动产、国土空间规划等在内的综合国土空间基础数据库。但是，自然资源信息化建设过程中也出现了一些技术瓶颈，如综合统筹难度大、数据标准不统一、成果应用范围小等问题。

为解决当前面临的局限，加快推进自然资源现代管理方式，全面提升自然资源科学管理水平，运用信息化技术推进创新管理，进行自然资源综合动态智能监管系统建设。为统一行使全民所有自然资源资产所有者职责，统一行使所有国土空间用途管制和生态保护修复职责，着力解决自然资源所有者不到位、空间规划重叠等问题，实现山、水、林、田、湖、草整体保护、系统修复、综合治理。具体的解决策略如下。

## 一、加强组织领导和统筹坚持统一领导

统筹规划，成立自然资源部网络安全和信息化领导小组，对全国自然资源网络安全和信息化工作集中统一领导，统筹协调自然资源网络安全和信息化发展中的重大问题、发展战略、长远规划及重要事项。领导小组下设网络安全和信息化领导小组办公室（以下简称"网信办"），负责统筹落实领导小组确定的方针政策、战略规划和工作要求。强化信息化建设的统筹，避免分散与重复建设。坚持业务管理部门根据自身职责提出信息化建设需求、指导信息系统推广应用。网信办按照网络安全和信息化领导小组的部署要求，统筹各业务管理部门需求，形成信息化建设计划，组织协调各技术支撑单位，推进并监督信息化工作的实施。各技术支撑单位负责做好数据库建设、应用系统开发和运行维护等支撑与保障。

## 二、健全信息化管理制度

建立自然资源数据汇集管理和共享服务相关制度，全面调查和梳理制定自然资源数据目录，制定自然资源数据管理与共享服务办法，明确数据生产、汇交的要求和负责单位，确保数据的准确性和及时性；科学确定数据的保密安全

等级和共享应用范围及服务方式，奠定数据共享的制度基础。建立重要业务系统应用管理规定。制定国土空间规划实施监督、国土空间生态修复监管、自然资源资产评估核算管理、"互联网＋自然资源政务服务"等信息系统应用相关管理办法和实施细则，进一步推进自然资源信息公开与数据开放制度化。完善自然资源信息系统运行管理制度，保障系统的正常运行。制定国土空间基础信息平台运行管理办法，协调和明确平台参建各单位的工作任务、责任与权利。建立自然资源部涉密内网、自然资源业务网和自然资源云基础设施建设与管理办法，确保网络资源、云基础设施资源的高效共享利用。各单位要把信息化工作纳入单位考核内容，明确责任与目标，以方便人民群众办事和提升政府工作效能为中心，力求实效，加快推进，逐项落实，努力为提升自然资源管理和国土空间治理水平提供支撑。将各单位推进《总体方案》建设内容进展作为单位考核的重要内容，纳入部考核体系，综合考核各单位工作实效。

## 三、强化信息化标准制订与推广

加强自然资源管理业务流程梳理，建立与信息化管理相适应的业务模型，明确业务逻辑和关联关系。遵循标准先行的原则，将自然资源信息化标准规范体系框架的建设和应用贯穿于数据采集、数据库建设、应用系统开发、数据共享和数据服务等自然资源信息化建设的始终。以统一的标准来约束和规范自然资源全系统的信息化建设，确保数据标准一致，促进网络互联互通、应用系统无障碍操作和信息顺畅共享。在充分吸纳和借鉴土地、地质、矿产、测绘、海洋信息化相关标准规范体系的基础上，建立和完善贯穿自然资源管理决策和社会化服务全过程的自然资源信息化标准体系，包括自然资源信息标准参考模型、自然资源信息专用标准规则、自然资源数据库标准及数据库建设规范、自然资源数据产品与生产标准、自然资源数据质量控制标准、自然资源数据管理标准、自然资源数据共享与服务标准、自然资源应用系统建设标准、网络建设标准和自然资源业务信息化体系建设标准等。落实机构和人员，把数据标准化体系建设作为重要工作任务，加强自然资源数据标准化管理，推动自然资源数据资源分类分级管理，建立和完善自然资源数据采集、管理、交换、共享等方面的标准规范。加强自然资源数据资源目录管理、整合管理、质量管理、安全管理，提高数据准确性、可用性、可靠性。开展自然资源信息化标准服务，推动自然资源信息化标准的试点示范应用，完善自然资源信息化标准服务体系和工作机制。推动自然资源系统信息化领域的跨部门协同、业务衔接和资源共享，逐步消除信息孤岛，深入推进自然资源管理决策和社会化服务综合应用，实现自然资源信息资源高效整合和共享服务。

## 四、加强信息技术应用创新

充分利用人工智能、区块链、云计算、物联网、大数据和移动互联网等新一代信息技术发展成果，提高遥感影像、岩石矿物等自动判读识别精度，开展利用视频等实景信息自动识别自然资源开发利用行为，进一步发展三维国土空间快速建模与管理技术，积极探索新技术在自然资源信息化领域的深度应用。加快建设国土空间大数据、地学大数据等工程技术创新中心，探索"建管用"统筹、"产学研"联动、科研与应用相结合的自然资源信息技术创新发展的新机制，形成一批适用于国土空间规划和自然资源管理的信息技术创新成果，推进自然资源信息化建设模式创新、方法创新、技术创新、服务创新。

### （一）提高信息化管理的重视力度

信息化管理模式是提升我国自然资源管理水平的主要措施，因此相关部门应加强对信息化管理的重视力度。首先，应加强管理部门人员对信息化管理的认知能力。通过对信息化管理意义及作用的了解和掌握，使自然资源的信息化管理不再停留在表面，而是结合我国制定的相关政策法规，发挥管理的真正效用。其次，加大投入力度。加强对信息化发展的扶持力度，加大资金的投入力度，确保信息化建设工作的有序开展。最后，相关管理部门要通过多种方式，获取更多可利用的资金。

### （二）加强数据信息的整合和收集力度

信息收集和整理是建设信息化系统的先决条件。因此，在实际工作中，第一，要确保信息收集的准确性、真实性以及完整性。我国土地辽阔，自然资源信息收集的工作内容也比较多，为了确保自然资源信息的延展性以及可移植性，方便以后进行科学的管理工作，必须要加强资料收集的真实可靠性。第二，要对收集的数据进行合理规划和保存，便于数据库的建立。不仅要对收集到的资源数据进行相应的分类和编号，还要对自然资源的形状、面积以及方位进行相应的检测和调查，并将其进行存档。之后再将整合的所有信息数据输入计算机内，完成数据库的建设工作，方便查阅。第三，建立完善的测绘、土地、地矿等方面的数据库。结合我国相应政策，以及我国矿产资源的发展状况以及潜能评价，进行我国矿产资源的信息数据收集和整理工作，从而完善自然资源数据库的建设工作。第四，结合实际的需求，对原有的数据资源进行合理的整合和规制，对自然资源的相关数据及时更新，形成计算机可识别的数字化资料。第五，建立完善的自然资源信息网络系统，通过自然资源相关资料的逐渐更新和完善，最终实现资源功效的提升，使人们明确我国自然资源的发展状况。

### （三）健全管理制度

对于信息化管理最为基础的硬件及软件设施应当构建专门的管理机构，在对其进行操作、维修等工作时，应当由专门的信息工作人员负责，并建立网络运维保障制度，建立信息处理规范标准，制定网络响应制度，使得信息化管理设施得到良好的使用，并以高效状态运行。另外还要健全信息公开制度，及时将政务信息在网上公示，使得公众能够实时了解与自然资源管理相关的行政动态、业务办理介绍、各项法律法规、自然资源管理的工作介绍等信息。

**思考题**

1. 概述自然资源管理信息化的历史进程。

2. 自然资源信息化建设背景下，如何有效实现数据共享服务机制，实现部门的协同？

# 附录 1　全国 474 处国家级自然保护区名单

| 省份 | 数量（个） | 名称 |
|------|------|------|
| 北京市 | 2 | 百花山、北京松山 |
| 天津市 | 3 | 古海岸与湿地、八仙山、蓟州区中上元古界地层剖面 |
| 河北省 | 13 | 青崖寨、驼梁、昌黎黄金海岸、柳江盆地地质遗迹、小五台山、泥河湾、大海陀、河北雾灵山、茅荆坝、滦河上游、塞罕坝、围场红松洼、衡水湖 |
| 山西省 | 8 | 灵空山、黑茶山、阳城莽河猕猴、历山、芦芽山、五鹿山、庞泉沟、太宽河 |
| 内蒙古自治区 | 29 | 毕拉河、乌兰坝、罕山、青山、古日格斯台、大青山、阿鲁科尔沁、高格斯台罕乌拉、赛罕乌拉、白音敖包、达里诺尔、黑里河、大黑山、大青沟、鄂尔多斯遗鸥、鄂托克恐龙遗迹化石、西鄂尔多斯、红花尔基樟子松林、辉河、达赉湖、额尔古纳、大兴安岭汗马、哈腾套海、乌拉特梭梭林－蒙古野驴、科尔沁、图牧吉、锡林郭勒草原、内蒙古贺兰山、额济纳胡杨林 |
| 辽宁省 | 19 | 楼子山、葫芦岛虹螺山、青龙河、大黑山、章古台、大连斑海豹、蛇岛老铁山、成山头海滨地貌、辽宁仙人洞、恒仁老秃顶子、丹东鸭绿江口湿地、白石砬子、医巫闾山、海棠山、双台河口、努鲁儿虎山、北票鸟化石、白狼山、五花顶 |
| 吉林省 | 24 | 通化石湖、集安、白山原麝、四平山门中生代火山、汪清、靖宇、黄泥河、波罗湖、松花江三湖、伊通火山群、龙湾、哈泥、鸭绿江上游、查干湖、大布苏、莫莫格、向海、雁鸣湖、珲春东北虎、天佛指山、吉林长白山、园池湿地、头道松花江上游、甑峰岭 |
| 黑龙江省 | 49 | 北极村、公别拉河、碧水中华秋沙鸭、翠北湿地、太平沟、老爷岭东北虎、大峡谷、中央站黑嘴松鸡、茅兰沟、明水、三环泡、乌裕尔河、绰纳河、多布库尔、友好、小北湖、扎龙、黑龙江凤凰山、东方红湿地、珍宝岛湿地、兴凯湖、宝清七星河、饶河东北黑蜂、大沾河湿地、新青白头鹤、丰林、凉水、乌伊岭、红星湿地、三江、八岔岛、洪河、挠力河、牡丹江、穆棱东北红豆杉、胜山、五大连池、呼中、南瓮河、黑龙江双河、盘中区、平顶山、乌马河紫貂、岭峰、黑瞎子岛、七星砬子东北虎、仙洞山梅花鹿、朗乡、细鳞河 |
| 上海市 | 2 | 九段沙湿地、崇明东滩鸟类 |
| 江苏省 | 3 | 盐城湿地珍禽、大丰麋鹿、泗洪洪泽湖湿地 |
| 浙江省 | 11 | 临安清凉峰、浙江天目山、象山韭山列岛、南麂列岛、乌岩岭、长兴地质遗迹、大盘山、古田山、浙江九龙山、凤阳山－百山祖、安吉小鲵 |

（续）

| 省份 | 数量（个） | 名称 |
|---|---|---|
| 安徽省 | 8 | 古井园、铜陵淡水豚、鹞落坪、古牛绛、金寨天马、升金湖、安徽扬子鳄、安徽清凉峰 |
| 福建省 | 17 | 峨眉峰、闽江河口湿地、茫荡山、汀江源、雄江黄楮林、厦门珍稀海洋物种、君子峰、龙栖山、闽江源、天宝岩、戴云山、深沪湾海底古森林遗迹、漳江口红树林、虎伯寮、福建武夷山、梅花山、梁野山 |
| 江西省 | 16 | 婺源森林鸟类、铜钹山、赣江源、庐山、齐云山、阳际峰、鄱阳湖南矶湿地、鄱阳湖候鸟、桃红岭梅花鹿、九连山、井冈山、官山、江西九岭山、江西马头山、江西武夷山、南风面 |
| 山东省 | 7 | 马山、黄河三角洲、昆嵛山、长岛、山旺古生物化石、荣成大天鹅、滨州贝壳堤岛与湿地 |
| 河南省 | 13 | 高乐山、大别山、新乡黄河湿地鸟类、河南黄河湿地、小秦岭、南阳恐龙蛋化石群、伏牛山、宝天曼、丹江湿地、鸡公山、董寨、连康山、太行山猕猴 |
| 湖北省 | 22 | 巴东金丝猴、洪湖、南河、大别山、十八里长峡、堵河源、木林子、咸丰忠建河大鲵、赛武当、青龙山恐龙蛋化石群、五峰后河、石首麋鹿、长江天鹅洲白鱀豚、长江新螺段白鱀豚、龙感湖、九宫山、星斗山、七姊妹山、神农架、长阳崩尖子、大老岭、五道峡 |
| 广东省 | 15 | 云开山、罗坑鳄蜥、石门台、南澎列岛、南岭、车八岭、丹霞山、内伶仃岛一福田、珠江口中华白海豚、湛江红树林、徐闻珊瑚礁、雷州珍稀海洋生物、鼎湖山、象头山、惠东港口海龟 |
| 广西壮族自治区 | 23 | 银竹老山资源冷杉、七冲、邦亮长臂猿、恩城、元宝山、大桂山鳄蜥、崇左白头叶猴、大明山、千家洞、花坪、猫儿山、合浦营盘港一英罗港儒艮、山口红树林、北仑河口、防城金花茶、十万大山、雅长兰科植物、岑王老山、金钟山黑颈长尾雉、九万山、木论、大瑶山、弄岗 |
| 海南省 | 10 | 鹦哥岭、东寨港、三亚珊瑚礁、铜鼓岭、大洲岛、大田、霸王岭、尖峰岭、吊罗山、五指山 |
| 重庆市 | 6 | 五里坡、阴条岭、缙云山、金佛山、大巴山、雪宝山 |
| 四川省 | 32 | 千佛山、栗子坪、小寨子沟、诺水河珍稀水生动物、黑竹沟、格西沟、长江上游珍稀特有鱼类、龙溪一虹口、白水河、攀枝花苏铁、画稿溪、王朗、雪宝顶、米仓山、唐家河、马边大风顶、长宁竹海、老君山、花萼山、蜂桶寨、卧龙、九寨沟、小金四姑娘山、若尔盖湿地、贡嘎山、察青松白唇鹿、长沙贡玛、海子山、亚丁、美姑大风顶、白河、南莫且湿地 |
| 甘肃省 | 21 | 秦州珍稀水生野生动物、黄河首曲、漳县珍稀水生动物、太子山、连城、兴隆山、民勤连古城、张掖黑河湿地、太统一崆峒山、甘肃祁连山、安西极旱荒漠、盐池湾、安南坝野骆驼、敦煌西湖、敦煌阳关、白水江、小陇山、甘肃莲花山、洮河、尕海一则岔、多儿 |
| 宁夏回族自治区 | 9 | 南华山、火石寨丹霞地貌、云雾山、宁夏贺兰山、灵武白芨滩、哈巴湖、宁夏罗山、六盘山、沙坡头 |

（续）

| 省份 | 数量（个） | 名称 |
|------|------|------|
| 云南省 | 20 | 乌蒙山、云龙天池、元江、轿子山、会泽黑颈鹤、哀牢山、大山包黑颈鹤、药山、无量山、永德大雪山、南滚河、云南大围山、金平分水岭、黄连山、文山、西双版纳、纳板河流域、苍山洱海、高黎贡山、白马雪山 |
| 贵州省 | 10 | 佛顶山、宽阔水、习水中亚热带常绿阔叶林、赤水桫椤、梵净山、麻阳河、威宁草海、雷公山、茂兰、大沙河 |
| 西藏自治区 | 11 | 麦地卡湿地、拉鲁湿地、雅鲁藏布江中游河谷黑颈鹤、类乌齐马鹿、芒康滇金丝猴、珠穆朗玛峰、羌塘、色林错、雅鲁藏布大峡谷、察隅慈巴沟、玛旁雍错湿地 |
| 陕西省 | 26 | 丹凤武关河珍稀水生动物、黑河珍稀水生野生动物、老县城、观音山、略阳珍稀水生动物、黄柏塬、平河梁、韩城黄龙山褐马鸡、太白湑水河珍稀水生生物、紫柏山、周至、陇县秦岭细鳞鲑、太白山、陕西子午岭、延安黄龙山褐马鸡、汉中朱鹮、长青、陕西米仓山、青木川、桑园、佛坪、天华山、化龙山、牛背梁、摩天岭、红碱淖 |
| 青海省 | 7 | 大通北川河源区、柴达木梭梭林、循化孟达、青海湖、可可西里、三江源、隆宝 |
| 新疆维吾尔自治区 | 15 | 霍城四爪陆龟、伊犁小叶白蜡、巴尔鲁克山、布尔根河狸、艾比湖湿地、罗布泊野骆驼、塔里木胡杨、阿尔金山、巴音布鲁克、托木尔峰、西天山、甘家湖梭梭林、哈纳斯、阿勒泰科克苏湿地、温泉新疆北鲵 |

# 附录 2    2019 年土地利用及国土调查分类

**表 A1    土地利用现状分类**

| 一级类 | | 二级类 | | 含义 |
|---|---|---|---|---|
| 编码 | 名称 | 编码 | 名称 | |
| 01 | 耕地 | | | 指种植农作物的土地，包括熟地，新开发、复垦、整理地，休闲地（含轮歇地、休耕地）；以种植农作物（含蔬菜）为主，间有零星果树、桑树或其他树木的土地；平均每年能保证收获一季的已垦滩地和海涂。耕地中包括南方宽度<1.0 米，北方宽度<2.0 米固定的沟、渠、路和地坎（埂）；临时种植药材、草皮、花卉、苗木等的耕地，临时种植果树、茶树和林木且耕作层未破坏的耕地，以及其他临时改变用途的耕地。 |
| | | 0101 | 水田 | 指用于种植水稻、莲藕等水生农作物的耕地。包括实行水生、旱生农作物轮种的耕地。 |
| | | 0102 | 水浇地 | 指有水源保证和灌溉设施，在一般年景能正常灌溉，种植旱生农作物（含蔬菜）的耕地。包括种植蔬菜的非工厂化的大棚用地。 |
| | | 0103 | 旱地 | 指无灌溉设施，主要靠天然降水种植旱生农作物的耕地，包括没有灌溉设施，仅靠引洪淤灌的耕地。 |
| 02 | 园地 | | | 指种植以采集果、叶、根、茎、汁等为主的集约经营的多年生木本和草本作物，覆盖度大于 50% 或每亩株数大于合理株数 70% 的土地。包括用于育苗的土地。 |
| | | 0201 | 果园 | 指种植果树的园地。 |
| | | 0202 | 茶园 | 指种植茶树的园地。 |
| | | 0203 | 橡胶园 | 指种植橡胶树的园地。 |
| | | 0204 | 其他园地 | 指种植桑树、可可、咖啡、油棕、胡椒、药材等其他多年生作物的园地。 |
| 03 | 林地 | | | 指生长乔木、竹类、灌木的土地，及沿海生长红树林的土地。包括迹地，不包括城镇、村庄范围内的绿化林木用地，铁路、公路征地范围内的林流、沟渠的护堤林。 |
| | | 0301 | 乔木林地 | 指乔木郁闭度≥0.2 的林地，不包括森林沼泽。 |
| | | 0302 | 竹林地 | 指生长竹类植物，郁闭度≥0.2 的林地。 |
| | | 0303 | 红树林地 | 指沿海生长红树植物的林地。 |

（续）

| 一级类 | | 二级类 | | 含义 |
|---|---|---|---|---|
| 编码 | 名称 | 编码 | 名称 | |
| 03 | 林地 | 0304 | 森林沼泽 | 以乔木森林植物为优势群落的淡水沼泽。 |
| | | 0305 | 灌木林地 | 指灌木覆盖度≥40％的林地，不包括灌丛沼泽。 |
| | | 0306 | 灌丛沼泽 | 以灌丛植物为优势群落的淡水沼泽。 |
| | | 0307 | 其他林地 | 包括疏林地（树木郁闭度≥0.1、＜0.2的林地）、未成林地、迹地、苗圃等林地。 |
| 04 | 草地 | | | 指生长草本植物为主的土地。 |
| | | 0401 | 天然牧草地 | 指以天然草本植物为主，用于放牧或割草的草地，包括实施禁牧措施的草地，不包括沼泽草地。 |
| | | 0402 | 沼泽草地 | 指以天然草本植物为主的沼泽化的低地草甸、高寒草甸。 |
| | | 0403 | 人工牧草地 | 指人工种植牧草的草地。 |
| | | 0404 | 其他草地 | 指树木郁闭度＜0.1，表层为土质，不用于放牧的草地。 |
| 05 | 商服用地 | | | 指主要用于商业、服务业的土地。 |
| | | 0501 | 零售商业用地 | 以零售功能为主的商铺、商场、超市、市场和加油、加气、充换电站等的用地。 |
| | | 0502 | 批发市场用地 | 以批发功能为主的市场用地。 |
| | | 0503 | 餐饮用地 | 饭店、餐厅、酒吧等用地。 |
| | | 0504 | 旅馆用地 | 宾馆、旅馆、招待所、服务型公寓、度假村等用地。 |
| | | 0505 | 商务金融用地 | 指商务服务用地，以及经营性的办公场所用地。包括写字楼、商业性办公场所、金融活动场所和企业厂区外独立的办公场所；信息网络服务、信息技术服务、电子商务服务、广告传媒等用地。 |
| | | 0506 | 娱乐用地 | 指剧院、音乐厅、电影院、歌舞厅、网吧、影视城、仿古城以及绿地率小于65％的大型游乐等设施用地。 |
| | | 0507 | 其他商服用地 | 指零售商业、批发市场、餐饮、旅馆、商务金融、娱乐用地以外的其他商业、服务业用地。包括洗车场、洗染店、照相馆、理发美容店、洗浴场所、赛马场、高尔夫球场、废旧物资回收站、机动车、电子产品和日用产品修理网点、物流营业网点，及居住小区及小区级以下的配套的服务设施等用地。 |

（续）

| 一级类 | | 二级类 | | 含义 |
|---|---|---|---|---|
| 编码 | 名称 | 编码 | 名称 | |
| 06 | 工矿仓储用地 | | | 指主要用于工业生产、物资存放场所的土地。 |
| | | 0601 | 工业用地 | 指工业生产、产品加工制造、机械和设备修理及直接为工业生产等服务的附属设施用地。 |
| | | 0602 | 采矿用地 | 指采矿、采石、采砂（沙）场，砖瓦窑等地面生产用地，排土（石）及尾矿堆放地。 |
| | | 0603 | 盐田 | 指用于生产盐的土地，包括晒盐场所、盐池及附属设施用地。 |
| | | 0604 | 仓储用地 | 指用于物资储备、中转的场所用地，包括物流仓储设施、配送中心、转运中心等。 |
| 07 | 住宅用地 | | | 指主要用于人们生活居住的房基地及其附属设施的土地。 |
| | | 0701 | 城镇住宅用地 | 指城镇用于生活居住的各类房屋用地及其附属设施用地，不含配套的商业服务设施等用地。 |
| | | 0702 | 农村宅基地 | 指农村用于生活居住的宅基地。 |
| 08 | 公共管理与公共服务用地 | | | 指用于机关团体、新闻出版、科教文卫、公用设施等的土地。 |
| | | 0801 | 机关团体用地 | 指用于党政机关、社会团体、群众自治组织等的用地。 |
| | | 0802 | 新闻出版用地 | 指用于广播电台、电视台、电影厂、报社、杂志社、通讯社、出版社等的用地。 |
| | | 0803 | 教育用地 | 指用于各类教育用地，包括高等院校、中等专业学校、中学、小学、幼儿园及其附属设施用地，聋、哑、盲人学校及工读学校用地，以及为学校配建的独立地段的学生生活用地。 |
| | | 0804 | 科研用地 | 指独立的科研、勘察、研发、设计、检验检测、技术推广、环境评估与监测、科普等科研事业单位及其附属设施用地。 |
| | | 0805 | 医疗卫生用地 | 指医疗、保健、卫生、防疫、康复和急救设施等用地。包括综合医院、专科医院、社区卫生服务中心等用地；卫生防疫站、专科防治所、检验中心和动物检疫站等用地；对环境有特殊要求的传染病、精神病等专科医院用地；急救中心、血库等用地。 |
| | | 0806 | 社会福利用地 | 指为社会提供福利和慈善服务的设施及其附属设施用地。包括福利院、养老院、孤儿院等用地。 |
| | | 0807 | 文化设施用地 | 指图书、展览等公共文化活动设施用地。包括公共图书馆、博物馆、档案馆、科技馆、纪念馆、美术馆和展览馆等设施用地；综合文化活动中心、文化馆、青少年宫、儿童活动中心、老年活动中心等设施用地。 |

（续）

| 一级类 | | 二级类 | | 含义 |
|---|---|---|---|---|
| 编码 | 名称 | 编码 | 名称 | |
| 08 | 公共管理与公共服务用地 | 0808 | 体育用地 | 指体育场馆和体育训练基地等用地，包括室内外体育运动用地，如体育场馆、游泳场馆、各类球场及其附属的业余体校等用地，溜冰场、跳伞场、摩托车场、射击场，以及水上运动的陆域部分等用地，以及为体育运动专设的训练基地用地，不包括学校等机构专用的体育设施用地。 |
| | | 0809 | 公用设施用地 | 指用于城乡基础设施的用地。包括供水、排水、污水处理、供电、供热、供气、邮政、电信、消防、环卫、公用设施维修等用地。 |
| | | 0810 | 公园与绿地 | 指城镇、村庄范围内的公园、动物园、植物园、街心花园、广场和用于休憩、美化环境及防护的绿化用地。 |
| 09 | 特殊用地 | | | 指用于军事设施、涉外、宗教、监教、殡葬、风景名胜等的土地。 |
| | | 0901 | 军事设施用地 | 指直接用于军事目的的设施用地。 |
| | | 0902 | 使领馆用地 | 指用于外国政府及国际组织驻华使领馆、办事处等的用地。 |
| | | 0903 | 监教场所用地 | 指用于监狱、看守所、劳改场、戒毒所等的建筑用地。 |
| | | 0904 | 宗教用地 | 指专门用于宗教活动的庙宇、寺院、道观、教堂等宗教自用地。 |
| | | 0905 | 殡葬用地 | 指陵园、墓地、殡葬场所用地。 |
| | | 0906 | 风景名胜设施用地 | 指风景名胜景点（包括名胜古迹、旅游景点、革命遗址、自然保护区、森林公园、地质公园、湿地公园等）的管理机构，以及旅游服务设施的建筑用地。景区内的其他用地按现状归入相应地类。 |
| 10 | 交通运输用地 | | | 指用于运输通行的地面线路、场站等的土地。包括民用机场、汽车客货运场站、港口、码头、地面运输管道和各种道路以及轨道交通用地。 |
| | | 1001 | 铁路用地 | 指用于铁道线路及场站的用地。包括征地范围内的路堤、路堑、道沟、桥梁、林木等用地。 |
| | | 1002 | 轨道交通用地 | 指用于轻轨、现代有轨电车、单轨等轨道交通用地，以及场站的用地。 |
| | | 1003 | 公路用地 | 指用于国道、省道、县道和乡道的用地。包括征地范围内的路堤、路堑、道沟、桥梁、汽车停靠站、林木及直接为其服务的附属用地。 |
| | | 1004 | 城镇村道路用地 | 指城镇、村庄范围内公用道路及行道树用地，包括快速路、主干路、次干路、支路、专用人行道和非机动车道，及其交叉口等。 |

（续）

| 一级类 | | 二级类 | | 含义 |
|---|---|---|---|---|
| 编码 | 名称 | 编码 | 名称 | |
| 10 | 交通运输用地 | 1005 | 交通服务场站用地 | 指城镇、村庄范围内交通服务设施用地，包括公交枢纽及其附属设施用地、公路长途客运站、公共交通场站、公共停车场（含设有充电桩的停车场）、停车楼、教练场等用地，不包括交通指挥中心、交通队用地。 |
| | | 1006 | 农村道路 | 在农村范围内，南方宽度≥1.0 米、≤8 米，北方宽度≥2.0 米、≤8 米，用于村间、田间交通运输，并在国家公路网络体系之外，以服务于农村农业生产为主要用途的道路（含机耕道）。 |
| | | 1007 | 机场用地 | 指用于民用机场、军民合用机场的用地。 |
| | | 1008 | 港口码头用地 | 指用于人工修建的客运、货运、捕捞及工程、工作船舶停靠的场所及其附属建筑物的用地，不包括常水位以下部分。 |
| | | 1009 | 管道运输用地 | 指用于运输煤炭、矿石、石油、天然气等管道及其相应附属设施的地上部分用地。 |
| 11 | 水域及水利设施用地 | | | 指陆地水域，滩涂、沟渠、沼泽、水工建筑物等用地。不包括滞洪区和已垦滩涂中的耕地、园地、林地、城镇、村庄、道路等用地。 |
| | | 1101 | 河流水面 | 指天然形成或人工开挖河流常水位岸线之间的水面，不包括被堤坝拦截后形成的水库区段水面。 |
| | | 1102 | 湖泊水面 | 指天然形成的积水区常水位岸线所围成的水面。 |
| | | 1103 | 水库水面 | 指人工拦截汇集而成的总设计库容≥10 万立方米的水库正常蓄水位岸线所围成的水面。 |
| | | 1104 | 坑塘水面 | 指人工开挖或天然形成的蓄水量＜10 万立方米的坑塘常水位岸线所围成的水面。 |
| | | 1105 | 沿海滩涂 | 指沿海大潮高潮位与低潮位之间的潮浸地带。包括海岛的沿海滩涂。不包括已利用的滩涂。 |
| | | 1106 | 内陆滩涂 | 指河流、湖泊常水位至洪水位间的滩地；时令湖、河洪水位以下的滩地；水库、坑塘的正常蓄水位与洪水位间的滩地。包括海岛的内陆滩涂。不包括已利用的滩地。 |
| | | 1107 | 沟渠 | 指人工修建，南方宽度≥1.0 米、北方宽度≥2.0 米用于引、排、灌的渠道，包括渠槽、渠堤、护堤林及小型泵站。 |
| | | 1108 | 沼泽地 | 指经常积水或渍水，一般生长湿生植物的土地。包括草本沼泽、苔藓沼泽、内陆盐沼等。不包括森林沼泽、灌丛沼泽和沼泽草地。 |
| | | 1109 | 水工建筑用地 | 指人工修建的闸、坝、堤路林、水电厂房、扬水站等常水位岸线以上的建（构）筑物用地。 |
| | | 1110 | 冰川及永久积雪 | 指表层被冰雪常年覆盖的土地。 |

（续）

| 一级类 | | 二级类 | | 含义 |
|---|---|---|---|---|
| 编码 | 名称 | 编码 | 名称 | |
| | | | | 指上述地类以外的其他类型的土地。 |
| | | 1201 | 空闲地 | 指城镇、村庄、工矿范围内尚未使用的土地。包括尚未确定用途的土地。 |
| | | 1202 | 设施农用地 | 指直接用于经营性畜禽养殖生产设施及附属设施用地；直接用于作物栽培或水产养殖等农产品生产的设施及附属设施用地；直接用于设施农业项目辅助生产的设施用地；晾晒场、粮食果品烘干设施、粮食和农资临时存放场所、大型农机具临时存放场所等规模化粮食生产所必需的配套设施用地。 |
| 12 | 其他土地 | 1203 | 田坎 | 指梯田及梯状坡地耕地中，主要用于拦蓄水和护坡，南方宽度≥1.0米、北方宽度≥2.0米的地坎。 |
| | | 1204 | 盐碱地 | 指表层盐碱聚集，生长天然耐盐植物的土地。 |
| | | 1205 | 沙地 | 指表层为沙覆盖、基本无植被的土地。不包括滩涂中的沙地。 |
| | | 1206 | 裸土地 | 指表层为土质，基本无植被覆盖的土地。 |
| | | 1207 | 裸岩石砾地 | 指表层为岩石或石砾，其覆盖面积≥70%的土地。 |

## 表A2　第三次全国国土调查工作分类

| 一级类 | | 二级类 | | 含义 |
|---|---|---|---|---|
| 编码 | 名称 | 编码 | 名称 | |
| | | | | 指红树林地，天然的或人工的，永久的或间歇性的沼泽地、泥炭地，盐田，滩涂等。 |
| | | 0303 | 红树林地 | 沿海生长红树植物的土地。 |
| | | 0304 | 森林沼泽 | 以乔木森林植物为优势群落的淡水沼泽。 |
| | | 0306 | 灌丛沼泽 | 以灌丛植物为优势群落的淡水沼泽。 |
| | | 0402 | 沼泽草地 | 指以天然草本植物为主的沼泽化的低地草甸、高寒草甸。 |
| 00 | 湿地 | 0603 | 盐田 | 指用于生产盐的土地，包括晒盐场所、盐池及附属设施用地。 |
| | | 1105 | 沿海滩涂 | 指沿海大潮高潮位与低潮位之间的潮浸地带。包括海岛的沿海滩涂。不包括已利用的滩涂。 |
| | | 1106 | 内陆滩涂 | 指河流、湖泊常水位至洪水位间的滩地；时令湖、河洪水位以下的滩地；水库、坑塘的正常蓄水位与洪水位间的滩地。包括海岛的内陆滩地。不包括已利用的滩涂。 |
| | | 1108 | 沼泽地 | 指经常积水或渍水，一般生长湿生植物的土地。包括草本沼泽、苔藓沼泽、内陆盐沼等。不包括森林沼泽、灌丛沼泽和沼泽草地。 |

（续）

| 一级类 | | 二级类 | | 含义 | | |
|---|---|---|---|---|---|---|
| 编码 | 名称 | 编码 | 名称 | | | |
| 01 | 耕地 | | | 指种植农作物的土地，包括熟地，新开发、复垦、整理地，休闲地（含轮歇地、休耕地）；以种植农作物（含蔬菜）为主，间有零星果树、桑树或其他树木的土地；平均每年能保证收获一季的已垦滩地和海涂。耕地中包括南方宽度<1.0 米，北方宽度<2.0 米固定的沟、渠、路和地坎（埂）；临时种植药材、草皮、花卉、苗木等的耕地，临时种植果树、茶树和林木且耕作层未破坏的耕地，以及其他临时改变用途的耕地。 | | |
| | | 0101 | 水田 | 指用于种植水稻、莲藕等水生农作物的耕地。包括实行水生、旱生农作物轮种的耕地。 | | |
| | | 0102 | 水浇地 | 指有水源保证和灌溉设施，在一般年景能正常灌溉，种植旱生农作物（含蔬菜）的耕地。包括种植蔬菜的非工厂化的大棚用地。 | | |
| | | 0103 | 旱地 | 指无灌溉设施，主要靠天然降水种植旱生农作物的耕地，包括没有灌溉设施，仅靠引洪淤灌的耕地。 | | |
| 02 | 种植园用地 | | | 指种植以采集果、叶、根、茎、汁等为主的集约经营的多年生木本和草本作物，覆盖度大于 50% 或每亩株数大于合理株数 70% 的土地。包括用于育苗的土地。 | | |
| | | 0201 | 果园 | 指种植果树的园地。 | | |
| | | 0201K | 可调整果园 | | | 指由耕地改为果园，但耕作层未被破坏的土地。 |
| | | 0202 | 茶园 | 指种植茶树的园地。 | | |
| | | 0202K | 可调整茶园 | | | 指由耕地改为茶园，但耕作层未被破坏的土地。 |
| | | 0203 | 橡胶园 | 指种植橡胶树的园地。 | | |
| | | 0203K | 可调整橡胶园 | | | 指耕地改为橡胶园，但耕作层未被破坏的土地。 |
| | | 0204 | 其他园地 | 指种植桑树、可可、咖啡、油棕、胡椒、药材等其他多年生作物的园地。 | | |
| | | 0204K | 可调整其他园地 | | | 指由耕地改为其他园地，但耕作层未被破坏的土地。 |
| 03 | 林地 | | | 指生长乔木、竹类、灌木的土地。包括迹地，不包括沿海生长红树林的土地、森林沼泽、灌丛沼泽，城镇、村庄范围内的绿化林木用地，铁路、公路征地范围内的林木，以及河流、沟渠的护堤林。 | | |

（续）

| 一级类 | | 二级类 | | 含义 | | |
|---|---|---|---|---|---|---|
| 编码 | 名称 | 编码 | 名称 | | | |
| 03 | 林地 | 0301 | 乔木林地 | 指乔木郁闭度≥0.2的林地，不包括森林沼泽。 | | |
| | | | | 0301K | 可调整乔木林地 | 指由耕地改为乔木林地，但耕作层未被破坏的土地。 |
| | | 0302 | 竹林地 | 指生长竹类植物，郁闭度≥0.2的林地。 | | |
| | | | | 0302K | 可调整竹林地 | 指由耕地改为竹林地，但耕作层未被破坏的土地。 |
| | | 0305 | 灌木林地 | 指灌木覆盖度≥40%的林地，不包括灌丛沼泽。 | | |
| | | 0307 | 其他林地 | 包括疏林地（树木郁闭度≥0.1、<0.2的林地）、未成林地、迹地、苗圃等林地。 | | |
| | | | | 0307K | 可调整其他林地 | 指由耕地改为未成林造林地和苗圃，但耕作层未被破坏的土地。 |
| 04 | 草地 | | | 指生长草本植物为主的土地。不包括沼泽草地。 | | |
| | | 0401 | 天然牧草地 | 指以天然草本植物为主，用于放牧或割草的草地，包括实施禁牧措施的草地，不包括沼泽草地。 | | |
| | | 0403 | 人工牧草地 | 指人工种植牧草的草地。 | | |
| | | | | 0403K | 可调整人工牧草地 | 指由耕地改为人工牧草地，但耕作层未被破坏的土地。 |
| | | 0404 | 其他草地 | 指树木郁闭度<0.1，表层为土质，不用于放牧的草地。 | | |
| 05 | 商业服务业用地 | | | 指主要用于商业、服务业的土地。 | | |
| | | 05H1 | 商业服务业设施用地 | 指主要用于零售、批发、餐饮、旅馆、商务金融、娱乐及其他商服的土地。 | | |
| | | 0508 | 物流仓储用地 | 指用于物资储备、中转、配送等场所的用地，包括物流仓储设施、配送中心、转运中心等。 | | |
| 06 | 工矿用地 | | | 指主要用于工业、采矿等生产的土地。不包括盐田。 | | |
| | | 0601 | 工业用地 | 指工业生产、产品加工制造、机械和设备修理，及直接为工业生产等服务的附属设施用地。 | | |
| | | 0602 | 采矿用地 | 指采矿、采石、采砂（沙）场，砖瓦窑等地面生产用地，排土（石）及尾矿堆放地，不包括盐田。 | | |
| 07 | 住宅用地 | | | 指主要用于人们生活居住的房基地及其附属设施的土地。 | | |
| | | 0701 | 城镇住宅用地 | 指城镇用于生活居住的各类房屋用地及其附属设施用地，不含配套的商业服务设施等用地。 | | |
| | | 0702 | 农村宅基地 | 指农村用于生活居住的宅基地。 | | |

（续）

| 一级类 | | 二级类 | | 含义 |
|---|---|---|---|---|
| 编码 | 名称 | 编码 | 名称 | |
| 08 | 公共管理与公共服务用地 | | | 指用于机关团体、新闻出版、科教文卫、公用设施等的土地。 |
| | | 08H1 | 机关团体新闻出版用地 | 指用于党政机关、社会团体、群众自治组织，广播电台、电视台、电影厂、报社、杂志社、通讯社、出版社等的用地。 |
| | | 08H2 | 科教文卫用地 | 指用于各类教育，独立的科研、勘察、研发、设计、检验检测、技术推广、环境评估与监测、科普等科研事业单位，医疗、保健、卫生、防疫、康复和急救设施，为社会提供福利和慈善服务的设施，图书、展览等公共文化活动设施，体育场馆和体育训练基地等用地及其附属设施用地。 |
| | | 08H2A | 高教用地 | 指高等院校及其附属设施用地。 |
| | | 0809 | 公用设施用地 | 指用于城乡基础设施的用地。包括供水、排水、污水处理、供电、供热、供气、邮政、电信、消防、环卫、公用设施维修等用地。 |
| | | 0810 | 公园与绿地 | 指城镇、村庄范围内的公园、动物园、植物园、街心花园、广场和用于休憩、美化环境及防护的绿化用地。 |
| | | 0810A | 广场用地 | 指城镇、村庄范围内的广场用地。 |
| 09 | 特殊用地 | | | 指用于军事设施、涉外、宗教、监教、殡葬、风景名胜等的土地。 |
| 10 | 交通运输用地 | | | 指用于运输通行的地面线路、场站等的土地。包括民用机场、汽车客货运场站、港口、码头、地面运输管道和各种道路以及轨道交通用地。 |
| | | 1001 | 铁路用地 | 指用于铁道线路及场站的用地。包括征地范围内的路堤、路堑、道沟、桥梁、林木等用地。 |
| | | 1002 | 轨道交通用地 | 指用于轻轨、现代有轨电车、单轨等轨道交通用地，以及场站的用地。 |
| | | 1003 | 公路用地 | 指用于国道、省道、县道和乡道的用地。包括征地范围内的路堤、路堑、道沟、桥梁、汽车停靠站、林木及直接为其服务的附属用地。 |
| | | 1004 | 城镇村道路用地 | 指城镇、村庄范围内公用道路及行道树用地，包括快速路、主干路、次干路、支路、专用人行道和非机动车道，及其交叉口等。 |
| | | 1005 | 交通服务场站用地 | 指城镇、村庄范围内交通服务设施用地，包括公交枢纽及其附属设施用地、公路长途客运站、公共交通场站、公共停车场（含设有充电桩的停车场）、停车楼、教练场等用地，不包括交通指挥中心、交通队用地。 |

（续）

| 一级类 | | 二级类 | | 含义 | | | |
|---|---|---|---|---|---|---|---|
| 编码 | 名称 | 编码 | 名称 | | | | |
| 10 | 交通运输用地 | 1006 | 农村道路 | 在农村范围内，南方宽度≥1.0米、≤8.0米，北方宽度≥2.0米、≤8.0米，用于村间、田间交通运输，并在国家公路网络体系之外，以服务于农村农业生产为主要用途的道路（含机耕道）。 | | | |
| | | 1007 | 机场用地 | 指用于民用机场、军民合用机场的用地。 | | | |
| | | 1008 | 港口码头用地 | 指用于人工修建的客运、货运、捕捞及工程、工作船舶停靠的场所及其附属建筑物的用地，不包括常水位以下部分。 | | | |
| | | 1009 | 管道运输用地 | 指用于运输煤炭、矿石、石油、天然气等管道及其相应附属设施的地上部分用地。 | | | |
| 11 | 水域及水利设施用地 | | | 指陆地水域，沟渠、水工建筑物等用地。不包括滞洪区。 | | | |
| | | 1101 | 河流水面 | 指天然形成或人工开挖河流常水位岸线之间的水面，不包括被堤坝拦截后形成的水库区段水面。 | | | |
| | | 1102 | 湖泊水面 | 指天然形成的积水区常水位岸线所围成的水面。 | | | |
| | | 1103 | 水库水面 | 指人工拦截汇集而成的总设计库容≥10万立方米的水库正常蓄水位岸线所围成的水面。 | | | |
| | | 1104 | 坑塘水面 | 指人工开挖或天然形成的蓄水量＜10万立方米的坑塘常水位岸线所围成的水面。 | | | |
| | | | | 1104A | 养殖坑塘 | 指人工开挖或天然形成的用于水产养殖的水面及相应附属设施用地。 | |
| | | | | | | 1104K | 可调整养殖坑塘 | 指由耕地改为养殖坑塘，但可复耕的土地。 |
| | | 1107 | 沟渠 | 指人工修建，南方宽度≥1.0米、北方宽度≥2.0米用于引、排、灌的渠道，包括渠槽、渠堤、护路林及小型泵站。 | | | |
| | | | | 1107A | 干渠 | 指除农田水利用地以外的人工修建的沟渠。 | |
| | | 1109 | 水工建筑用地 | 指人工修建的闸、坝、堤路林、水电厂房、扬水站等常水位岸线以上的建（构）筑物用地。 | | | |
| | | 1110 | 冰川及永久积雪 | 指表层被冰雪常年覆盖的土地。 | | | |

（续）

| 一级类 | | 二级类 | | 含义 |
|---|---|---|---|---|
| 编码 | 名称 | 编码 | 名称 | |
| 12 | 其他土地 | | | 指上述地类以外的其他类型的土地。 |
| | | 1201 | 空闲地 | 指城镇、村庄、工矿范围内尚未使用的土地。包括尚未确定用途的土地。 |
| | | 1202 | 设施农用地 | 指直接用于经营性畜禽养殖生产设施及附属设施用地；直接用于作物栽培或水产养殖等农产品生产的设施及附属设施用地；直接用于设施农业项目辅助生产的设施用地；晾晒场、粮食果品烘干设施、粮食和农资临时存放场所、大型农机具临时存放场所等规模化粮食生产所必需的配套设施用地。 |
| | | 1203 | 田坎 | 指梯田及梯状坡地耕地中，主要用于拦蓄水和护坡，南方宽度≥1.0 米、北方宽度≥2.0 米的地坎。 |
| | | 1204 | 盐碱地 | 指表层盐碱聚集，生长天然耐盐植物的土地。 |
| | | 1205 | 沙地 | 指表层为沙覆盖、基本无植被的土地。不包括滩涂中的沙地。 |
| | | 1206 | 裸土地 | 指表层为土质，基本无植被覆盖的土地。 |
| | | 1207 | 裸岩石砾地 | 指表层为岩石或石砾，其覆盖面积≥70%的土地。 |

# 参 考 文 献

部咨询研究中心，2018. 关于当前自然资源管理中几个基本问题的研究［N］. 中国自然资源报，2018-06-01.

裴辉儒，2009. 资源环境价值评估与核算问题研究［M］. 北京：中国社会科学出版社.

潘海霞，赵民，2019. 国土空间规划体系构建历程、基本内涵及主要特点［J］. 城乡规划（5）：4-10.

莫斯塔法·卡·托尔巴，1990. 论持续发展—约束和机会［M］. 朱跃强，译. 北京：中国环境科学出版社.

封志明，杨艳昭，闫慧敏，等，2017. 自然资源资产负债表编制的若干基本问题［J］. 资源科学，39（9）：1615-1627.

封志明，2000. 20 世纪的资源科学思想［J］. 资源科学，22（5）：1-6.

陶建格，沈镭，何利，等，2018. 自然资源资产辨析和负债、权益账户设置与界定研究——基于复式记账的自然资源资产负债表框架［J］. 自然资源学报，33（10）：1686-1696.

雷明，1998. 资源—经济—体化核算——联合国 93'SNA 与 SEEA［J］. 自然资源学报（2）：49-57.

李金昌，高振刚，1987. 实行资源核算与折旧很有必要［J］. 经济纵横（7）：47-54.

李金昌，1991. 资源核算论［M］. 北京：海洋出版社.

李兆宜，苏利阳，2019. 绩效导向的自然资源资产管理与改革［J］. 中国行政管理（9）：29-34.

李广茂，张旭，张思聪，等，2020. 水资源利用与保护［M］. 北京：中国建筑工业出版社.

李艳，2019. 国土资源管理存在的信息化问题及解决策略［J］. 中国新通信 21（19）：130.

李瑛，2021. 世界自然保护联盟（IUCN）的知识产品及其国内适用现状［J］. 中国土地（2）：12-16.

李文华，1994. 持续发展与资源对策. 自然资源学报，9（2）：97-106

李裕伟，2018. 矿业权与矿政管理：中外矿事纵横谈（上册）［M］. 北京：中国大地出版社.

李晓敏，石少坚，孙兴华，等，2021. 自然资源确权登记信息管理和应用探索［J］. 河北地质大学学报，44（4）：6.

理查德·豪伊，1999. 边际效用学派的兴起［M］. 北京：中国社会科学出版社.

刘丽，陈丽萍，吴初国，2015. 国际自然资源资产管理体制概览［J］. 国土资源情报（2）：3-8.

刘琪，罗会逸，王蓓，2018. 国外成功经验对我国空间治理体系构建的启示 [J]. 中国国土资源经济，31 (4)：16-19，24.

刘灿，2009. 我国自然资源产权制度构建研究 [M]. 成都：西南财经大学出版社.

吕晓敏，刘尚睿，耿建新，2020. 中国自然资源资产负债表编制及运用的关键问题 [J]. 中国人口·资源与环境，30 (4)：26-34.

高振刚，1992. 资源经济论纲 [J]. 管理世界 (5)：190-194.

耿建新，胡天雨，刘祝君，2015. 我国国家资产负债表与自然资源资产负债表的编制与运用初探——以 SNA 2008 和 SEEA 2012 为线索的分析 [J]. 会计研究 (1)：15-24，96.

谷树忠，1999. 农业自然资源可持续利用 [M]. 北京：中国农业出版社.

弓小平，2014. 矿产资源行政管理 [M]. 北京：地质出版社.

科尔，2009. 污染与财产权 [M]. 北京：北京大学出版社.

孔含笑，沈镭，钟帅，等，2016. 关于自然资源核算的研究进展与争议问题 [J]. 自然资源学报，31 (3)：363-376.

孔祥斌，2010. 土地资源利用与保护 [M]. 北京：中国农业大学出版社.

胡咏君，谷树忠，2018. 自然资源资产研究态势及其分析 [J]. 资源科学，40 (6)：1095-1105.

洪旗，2017. 健全自然资源产权制度研究 [M]. 北京：中国建筑工业出版社.

戚道孟，2005. 自然资源法 [M]. 北京：中国方正出版社.

秦玥珩，孙在宏，王亚华，等，2020. 基于 LADM 的我国自然资源权籍模型研究 [J]. 南京师大学报（自然科学版），43 (1)：67-74.

叶公强，2009. 地籍管理（2 版）[M]. 北京：中国农业出版社.

肖国兴，1997. 论中国自然资源产权制度的历史变迁 [J]. 郑州大学学报（哲学社会科学版）(6)：19-25.

徐云和，2018. 自然资源资产管理信息化建设探析 [J]. 市场周刊·理论版 (40)：1.

朱道林，2016. 土地管理学 [M]. 北京：中国农业大学出版社.

朱启贵，2001. 绿色国民核算方法简评 [J]. 统计研究 (10)：11-22.

朱晓武，周正玉，刘剑，等，2021. 自然资源外业调查通用平台技术研究 [J]. 地理空间信息，19 (7)：27-31.

中国国土资源经济研究院，2015. 矿产资源规划方法 [J]. 中国国土资源经济，28 (3)：2.

中国资产评估协会，2016. 资产评估基础 [M]. 北京：中国财政经济出版社.

中华人民共和国国土资源部，2001. 全国矿产资源规划 [N]. 中国国土资源报，2001-06-27.

中华人民共和国国家统计局，2017. 2016 中国国民经济核算体系 [M]. 北京：中国统计出版社.

中华人民共和国自然资源部，2020. 关于全面开展矿产资源规划（2021—2025 年）编制工作的通知 [N]. 中国自然资源报，2020-03-13.

中华人民共和国自然资源部，2020. 关于印发《省级国土空间规划编制指南》（试行）的通知 [N]. 中国自然资源报，2020-01-17.

中央编办二司课题组，2016. 关于完善自然资源管理体制的初步思考［J］. 中国机构改革与管理（5）：29-31.

沈悦，靳利飞，刘天科，等，2019. 统一规划体系下自然资源规划顶层设计初探［J］. 中国国土资源经济，32（7）：52-57.

成金华，2002. 矿产资源规划的理论与方法［M］. 北京：中国环境科学出版社

自然资源部自然资源确权登记局，2019. 加快自然资源统一确权登记为生态文明建设夯实产权根基［J］. 旗帜（6）：69-70.

左其亭，陈曦，2003. 面向可持续水资源的水资源规划与管理［M］. 北京：中国水利水电出版社.

曹俊文，2004. 环境与经济综合核算方法研究［M］. 北京：经济管理出版社.

阿尔弗雷德·马歇尔，2017. 经济学原理［M］. 北京：中华工商联合出版社.

埃莉诺·奥斯特罗姆，2000. 公共事务的治理之道：集体行动制度的演进［M］. 余逊达，陈旭东，译. 上海：上海三联书店.

艾琳·麦克哈格，麦克哈格，胡德胜，等，2014. 能源与自然资源中的财产和法律［M］. 北京：北京大学出版社.

姚华军，2001. 我国国土资源管理体制的历史、现状及发展趋势［J］. 中国国土资源经济，14（11）：27-32.

吴凤敏，胡艳，陈静，等，2019. 自然资源调查监测的历史、现状与未来［J］. 测绘与空间地理信息，42（10）：42-44

吴优，曹克瑜，1998. 对自然资源与环境核算问题的思考［J］. 统计研究，1998（2）：59-63.

吴永高，冼春雷，2020. 矿业权出让方式的变迁［N］. 中国矿业报，2020-04-27.

魏远竹，2007. 森林资源资产化管理研究［M］. 北京：中国林业出版社.

王万茂，董祚继，王群，等，2018. 土地利用规划学［M］. 北京：科学出版社.

王乐锦，朱炜，王斌，2016. 环境资产价值计量：理论基础、国际实践与中国选择——基于自然资源资产负债表编制视角［J］. 会计研究（12）：3-11，95.

严金明，王晓莉，夏方舟，2018. 重塑自然资源管理新格局：目标定位、价值导向与战略选择［J］. 中国土地科学，32（4）：1-7.

严金明，2019. 自然资源资产产权制度改革的几个关键问题［J］. 中国土地（6）：8-10.

冯广京，2018. 自然资源科学研究和利用管理改革的基本思路与主要任务［J］. 中国土地科学，32（6）：8-14.

卢现祥，李慧，2021. 自然资源资产产权制度改革：理论依据、基本特征与制度效应［J］. 改革（2）：14-28.

孙利，2018. 行政法与行政诉讼法［M］. 北京：对外经济贸易大学出版社.

孙兴华，李晓敏，王默涵，2021. 塞罕坝示范点自然资源统一确权登记模式探索［J］. 河北地质大学学报（2）：89-93.

张斌才，朱延平，吴文魁，2019. 自然资源审计方法及实务［M］. 北京：测绘出版社.

张丽萍，2017. 自然资源学基本原理（2版）［M］. 北京：科学出版社.

张卉，2017. 生态文明视角下的自然资源管理制度改革研究［M］. 北京：中国经济出版社．

张星星，蔡青，何军军，2019. 贵州省自然资源统一确权登记的做法与思考［J］. 中国国土资源经济，32（6）：68-74.

张晓霞，2021. 探索中前行［N］. 中国信息报，2021-03-09.

张晔，2020. 浅析自然资源档案管理信息化建设的现状，问题及应对策略［J］. 经济师（3）：237-238.

杨世忠，谭振华，王世杰，2020. 论我国自然资源资产负债核算的方法逻辑及系统框架构建［J］. 管理世界，36（11）：132-144.

杨世忠，陈波，杨睿宁，2017. 论中国自然资源资产负债表编制的坐标系选择及其方法逻辑［J］. 河北地质大学学报，40（1）：65-72.

杨世忠，1998. 市场经济与国有资产管理［M］. 北京：中国社会科学出版社．

汤姆·蒂坦伯格，林恩·刘易斯，2016. 环境与自然资源经济学（10 版）［M］. 王晓霞，等，译．北京：中国人民大学出版社．

让·巴蒂斯特·萨伊，2017. 政治经济学概论［M］. 赵康英，符蕊，唐日松，译．北京：华夏出版社．

许文博，2017. 浅谈环境保护信息化在环保工作中的发展［J］. 信息系统工程（6）：1.

许书平，孔宁，陈志广，等，2018. 我国矿业权出让方式政策演变及建议［J］. 矿产保护与利用（2）：7-11，18.

谭荣，2021. 自然资源资产产权制度改革和体系建设思考［J］. 中国土地科学，35（1）：1-9.

钱阔，陈绍志，1996. 自然资源产业化管理——可持续发展的理想选择．北京：经济管理出版社．

陈根良，郭双仁，全思湘，等，2021. 湖南省自然资源调查监测体系构建［J］. 测绘通报（6）：139-142.

陈筱，2019. 自然资源确权研究［D］. 上海：华东政法大学．

陈红兵，李文博，黄亮，等，2020. 自然资源地籍调查数据模型研究［J］. 国土资源信息化（6）：11-15.

马永欢，吴初国，林慧，等，2019. 完善全民所有自然资源资产管理体制研究［J］. 中国科学院院刊，34（1）：60-70.

马永欢，吴初国，黄宝荣，等，2018. 构建全民所有自然资源资产管理体制新格局［J］. 中国软科学（11）：10-16.

**图书在版编目（CIP）数据**

自然资源管理 / 王兆林等编著 . —北京：中国农业出版社，2022.4（2024.7 重印）
ISBN 978-7-109-29320-5

Ⅰ.①自…　Ⅱ.①王…　Ⅲ.①自然资源－资源管理－中国　Ⅳ.①F124.5

中国版本图书馆 CIP 数据核字（2022）第 059009 号

中国农业出版社出版

地址：北京市朝阳区麦子店街 18 号楼
邮编：100125
策划编辑：边　疆　　责任编辑：张　丽
版式设计：杨　婧　　责任校对：周丽芳
印刷：北京印刷集团有限责任公司
版次：2022 年 4 月第 1 版
印次：2024 年 7 月北京第 2 次印刷
发行：新华书店北京发行所
开本：700mm×1000mm　1/16
印张：15
字数：300 千字
定价：78.00 元